200 RECETTES POUR RÉDUIRE LE CHOLESTÉROL

200 RECETTES POUR RÉDUIRE LE CHOLESTÉROL

RECETTES :
ANGELIKA ILIES, DORIS MULIAR, EDITA POSPISIL
PHOTOGRAPHIES :
MICHAEL BRAUNER

© 2001 Gräfe und Unzer Verlag, GmbH, Germany
Paru sous le titre *The low-cholesterol cookbook* chez Key Porter Books Limited en 2006

LES PUBLICATIONS MODUS VIVENDI INC.
55, rue Jean-Talon Ouest, 2ᵉ étage
Montréal (Québec)
Canada
H2R 2W8

Design de la couverture : Marc Alain
Infographie : Modus Vivendi
Traduction : Marielle Gaudreault

Dépôt légal : 1ᵉʳ trimestre 2006
Bibliothèque nationale du Québec
Bibliothèque nationale du Canada

ISBN : 2-89523-380-2

Nous reconnaissons l'aide financière du gouvernement du Canada par l'entremise du Programme d'aide au développement de l'industrie de l'édition (PADIÉ) pour nos activités d'édition.
Gouvernement du Québec — Programme de crédit d'impôt pour l'édition de livres — Gestion SODEC

Table des matières

Réduire son taux de cholestérol

Nous souhaitons tous vivre le plus longtemps possible en bonne santé, sans maladie débilitante, un désir qu'expriment bien les divers sondages d'opinion menés en général au début d'une nouvelle année.

La réponse la plus courante des gens est que la santé est la chose la plus importante dans la vie. Si un misérable petit bobo peut affecter notre qualité de vie, imaginez les conséquences désastreuses d'une grave maladie sur votre bien-être.

Les indices que quelque chose ne tourne pas rond sont habituellement perceptibles bien avant que la maladie n'apparaisse. Il est toutefois possible d'inverser cette tendance avant qu'il ne soit trop tard.

Ceci est particulièrement vrai pour les maladies coronariennes.

Une foule de maladies graves comme les crises cardiaques, les embolies et les troubles circulatoires font partie de cette catégorie. La moitié d'entre nous mourrons d'une pathologie coronaire quelconque. Mais nous pouvons retarder et même prévenir l'apparition d'une maladie cardiovasculaire et atteindre un âge vénérable sans être affecté par la maladie.

Comment est-ce possible? D'abord parce que nous connaissons les facteurs de risque liés à ce type de maladies. Ces facteurs de risque comprennent l'hypertension artérielle, le diabète, un excès important de poids et le tabagisme. Évidemment, le risque est décuplé lorsque plusieurs de ces facteurs de risque sont présents en même temps. Par ailleurs, cela signifie aussi qu'il est possible de réduire le risque de contracter une pathologie coronaire en réduisant ou en prévenant les effets de ces facteurs de risque.

Ces facteurs de risque sont facilement identifiables : le tabagisme est évident; un pèse-personne suffit à fournir des informations quant au poids d'une personne; l'hypertension artérielle et la présence de sucre dans l'urine sont faciles à mesurer. Toutefois, seule une prise de sang saura déceler le taux de cholestérol dans l'organisme.

Dès l'âge de vingt ans, nous devrions connaître notre taux de cholestérol et, plus important encore, savoir ce qu'est le cholestérol. Trop de LDL-cholestérol dans le sang favorise l'apparition d'une maladie cardio-vasculaire, alors que le HDL-cholestérol tend à faire exactement le contraire. Donc, plus le HDL d'une personne est élevé et moins celle-ci risque de contracter une maladie cardiovasculaire.

Les facteurs de risque les plus importants d'une crise cardiaque sont un taux élevé de LDL couplé à un faible taux de HDL; quant à l'hypertension artérielle, elle favorise l'apparition d'un accident vasculaire cérébral. Quiconque voulant se préserver d'une crise cardiaque devra donc s'efforcer de conserver un taux de LDL le plus bas possible et un taux de HDL le plus élevé possible. Bien sûr, les changements métaboliques d'une personne peuvent affecter ses taux de LDL et de HDL. Mais une mauvaise alimentation, couplée ou non à des changements métaboliques, a une incidence sur l'augmentation du taux de LDL. Un taux élevé de LDL, soit plus de 190 milligrammes par litre (mg/dL) ou 4,9 millimoles par litre (mmol/L), va habituellement de pair avec des changements métaboliques et une alimentation déficiente.

Il est donc judicieux de tenter d'abaisser votre taux de LDL en adoptant de meilleures habitudes alimentaires, surtout si le médecin en vient à vous prescrire des hypolipidémiants. Ce qui aura comme conséquence de requérir des doses moins importantes de médicaments et facilitera votre adaptation à ces médicaments, compte tenu que vous devrez souvent les prendre pour le reste de votre vie.

Il existe une autre raison pour vérifier le plus tôt possible le taux de LDL sanguin : une personne qui éprouve des douleurs dans la région de la poitrine souffre d'un rétrécissement d'au moins 70 % de ses artères coronariennes. De plus, nous savons aujourd'hui que la plupart des crises cardiaques se produisent sans qu'il y ait de rétrécissements notoires des artères coronariennes. Donc, il semble que la prévention précoce constitue la meilleure méthode pour contrer les crises cardiaques.

Ce livre vous démontrera qu'il est facile d'abaisser votre taux de LDL sans avoir à faire des changements draconiens à votre alimentation. Il faut plutôt apprendre à modifier votre alimentation en faisant de bonnes combinaisons alimentaires. Nous parlons de simples changements, et non de révolution. Il ne faut pas oublier de prendre le temps en compte. En commençant lentement à explorer cette nouvelle façon de s'alimenter, vous verrez bientôt que vos efforts auront porté fruits.

Bonne chance !
Docteur Werner Richter

Cholestérol : essentiel ou nuisible ?

Le cholestérol est un élément essentiel. C'est une composante importante de la membrane cellulaire. Il joue un rôle clé dans le fonctionnement des tissus nerveux et participe à la fabrication des hormones sexuelles. De plus, le cholestérol aide à synthétiser la vitamine D au niveau de la peau, une vitamine indispensable à la solidité des os puisqu'elle favorise l'absorption du calcium. Plus important, sur le plan quantitatif du moins, est la conversion du cholestérol en acides biliaires qui aident à extraire les gras et le cholestérol alimentaire dans l'intestin.

Les cellules de l'organisme produisent de grandes quantités de cholestérol qui couvrent amplement les besoins quotidiens indépendamment du cholestérol fourni par l'alimentation. Le cholestérol se retrouve exclusivement dans les aliments d'origine animale.

Taux élevé de cholestérol et ses conséquences

Une forte concentration de cholestérol dans le sang durant une longue période accroît le risque de boucher les artères et produit ce que l'on appelle de l'athérosclérose. Le cholestérol se dépose sur les parois des artères qui deviennent de plus en plus étroites, rendant le passage du sang de plus en plus difficile ou carrément impossible. Les tissus cellulaires – qui dépendent de ces artères pour leur irrigation – subissent avec le temps de graves lésions. Le plus grand risque est qu'une crise cardiaque se produise, ce qui mettra en péril la survie des tissus cellulaires et des organes vitaux.

Les vaisseaux sanguins les plus susceptibles de subir de tels dépôts sont les artères coronariennes, celles qui transportent le sang vers le cœur. La pathologie qui en résulte est une maladie coronarienne. Bien souvent, la maladie coronarienne n'est associée à aucune douleur. Dans la plupart des cas, l'athérosclérose se développe sans que personne ne s'en aperçoive, avant qu'il ne soit trop tard. Les effets du cholestérol sont insidieux. Même lorsque les artères sont bloquées à 70 %, il n'y a souvent aucune douleur au repos. L'angine de poitrine, qui se caractérise par de légères douleurs dans la région du cœur, n'apparaît que sous l'effet du stress ou de l'hypertension.

Les facteurs de risque liés aux troubles lipidiques

Les facteurs de risque pour la maladie coronarienne sont étroitement liés aux habitudes alimentaires et au style de vie.

Un taux de cholestérol élevé demeure le facteur de risque le plus déterminant pour les maladies coronariennes et les crises cardiaques. Quant au rétrécissement des artères du cerveau et à la possibilité d'un accident vasculaire cérébral, l'hypertension artérielle demeure le premier facteur de risque. D'autre part, le tabagisme est le principal facteur de risque qui menace les artères des membres inférieurs. Une combinaison de tous ces facteurs constitue une menace accrue pour les organes vitaux.

Plusieurs études ont démontré que l'alimentation joue un rôle majeur dans l'apparition des maladies coronariennes. Consommer trop de calories sous forme de matières grasses, une habitude fort répandue en Occident, crée une situation dangereuse qui favorise l'obésité, les troubles lipidiques, le diabète et l'hypertension artérielle.

Un manque de vitamines et de fibres, la sédentarité, le stress, l'alcool et la nicotine sont des facteurs aggravants qui contribuent à l'apparition des maladies coronariennes.

Réduire les taux de cholestérol

Une alimentation pauvre en gras est indispensable pour soigner l'hypercholestérolémie. L'étiquette « pauvre en gras » ne veut pas dire qu'il faille éviter tous les aliments

Les premières douleurs se déclarent lorsque les artères sont bouchées à 70 % et que l'approvisionnement des tissus en oxygène et nutriments est déjà insuffisant. Le serrement qu'éprouve la personne dans la région du cœur est un symptôme classique de l'angine de poitrine. Pour la plupart des gens toutefois, une crise cardiaque est tout à fait soudaine. Plus des deux tiers des crises cardiaques surviennent lorsque les artères sont bouchées dans une proportion de moins de 50 %. Vingt pour cent surviennent lorsqu'elles sont bouchées dans une proportion de 50 à 75 % et une crise cardiaque sur six survient dans les cas d'artères à peu près complètement obturées. La prévention est donc primordiale.

qui contiennent des matières grasses, mais vous devriez revoir votre alimentation pour identifier toutes formes apparentes et cachées de gras saturés (d'origine animale) et en réduire les quantités ingérées.

➤ Préférez des gras d'origine végétale, car ils ont la propriété de stimuler le métabolisme des gras.

➤ Au lieu de manger des aliments riches en calories, choisissez des aliments de grains entiers, des légumes, des pommes de terre et des fruits frais plus souvent.

➤ Ne buvez de l'alcool qu'à l'occasion et jamais plus d'un ou deux verres.

➤ Contrôlez votre poids, car un excès de poids est un facteur de risque de l'athérosclérose. Une perte de poids peut améliorer votre taux de cholestérol.

➤ Faites de l'exercice régulièrement. L'activité physique augmente le bon cholestérol. Les meilleurs types d'activités physiques sont les sports d'endurance comme le jogging, la bicyclette et la nage.

Connaître votre taux de cholestérol

Un bilan de santé comporte une analyse sanguine de votre taux de LDL et de HDL. Dès l'âge de 35 ans, il faut que vous fassiez vérifier votre taux de cholestérol à tous les deux ans. Mais il serait peut-être judicieux de passer un test plus tôt, surtout si un membre de votre famille a déjà eu une crise cardiaque ou un accident vasculaire cérébral, par exemple. Si tel est le cas, parlez-en à votre médecin.

Maladies cardiovasculaires

Environ 40 % des patients décèdent à la suite de leur première crise cardiaque. D'où l'importance pour tous et chacun de bien comprendre la gravité des facteurs en jeu.

Les maladies cardiovasculaires sont la principale cause de morbidité et de mortalité en Amérique du Nord et en Europe. Une diminution de l'apport en oxygène au muscle cardiaque est responsable de l'angine de poitrine, une situation presque toujours causée par une athérosclérose des artères coronariennes non soignée. Si, au fil des ans, rien n'est fait pour remédier à la situation, le muscle cardiaque continuera à se détériorer. Ce processus graduel cause rarement des douleurs, si ce n'est dans les derniers stades de la maladie. Plus de 80 % des victimes seront terrassées par une crise cardiaque soudaine, tandis que les autres verront leur fonction cardiaque sérieusement limitée.

Qui est le plus à risque ?

Quiconque mène une vie stressante et a des habitudes de vie malsaines risque de contracter une cardiopathie. Le manque d'exercice physique, un sommeil insuffisant, le stress, une alimentation inadéquate ainsi qu'une propension aux excès de table en sont des exemples. Ces conditions réunies offrent un terrain fertile pour plusieurs des facteurs de risque responsables de nombreuses maladies cardiovasculaires.

Les facteurs de risque reconnus comprennent les troubles lipidiques, l'hypertension artérielle, le tabagisme, le diabète et l'obésité. Toutefois, le risque de contracter une cardiopathie est plus grand pour ceux qui ont un membre de leur famille qui a eu une crise cardiaque tôt dans la vie (avant l'âge de 60 ans pour les hommes et avant 70 ans pour les femmes). Le risque augmente lorsque plusieurs facteurs de risque sont réunis. Même si le taux de cholestérol sanguin a été abaissé, réduisant ainsi les risques de crise cardiaque, tous les facteurs de risque doivent faire l'objet d'un suivi afin de prévenir une telle situation.

Athérosclérose

Le durcissement des artères ou l'athérosclérose est l'une des causes majeures des maladies cardiovasculaires. L'athérosclérose est un rétrécissement chronique des artères, qui mène à la crise cardiaque. Dans les derniers stades de la maladie, on constate une baisse appréciable de l'apport en oxygène au cœur. Si la maladie n'est pas soignée, le rétrécissement des artères continuera jusqu'à ce que 70 % des artères coronariennes soient bloquées, rendant ainsi le passage du sang de plus en plus difficile. Les tissus desservis par ces artères ne reçoivent plus l'apport en oxygène et en nutriments pour assurer leur bon fonctionnement. Le blocage complet d'une artère résulte de l'amoncellement de nombreuses plaquettes sanguines sur les parois de l'artère en question, ce qui peut provoquer une crise cardiaque.

Tout sur les artères en santé

Comme tous les vaisseaux sanguins, la paroi d'une artère coronarienne qui alimente le muscle cardiaque en oxygène et nutriments est constituée de trois couches, chacune jouant un rôle essentiel.

1. La couche interne, l'endothélium, a pour mission, entre autres, d'empêcher la formation de caillots et doit s'assurer qu'aucune particule pathogène ne s'introduise dans l'artère. Elle joue donc un rôle de protection.

2. La couche moyenne, composée de fibres musculaires dites lisses, régularise la contractilité de l'artère. Ce qui lui permet de répondre aux besoins en volume du flux sanguin de l'organisme en se dilatant et en se contractant selon le cas.

3. La couche externe est formée du tissu conjonctif recouvert de capillaires qui ont pour fonction de subvenir aux besoins des artères en oxygène et nutriments.

Les maladies cardiovasculaires seraient responsables du tiers et jusqu'à la moitié de tous les décès dans les pays industrialisés de l'Occident. En 2001, par exemple, elles ont été responsables de 34 % des décès au Canada. Cinquante-cinq pour cent de ces décès ont été causés par des cardiopathies ischémiques, une maladie qui affecte le bon fonctionnement du cœur et due à un apport sanguin insuffisant. Et 21 % de ces décès sont dus à un accident vasculaire cérébral causé en grande majorité par ce que l'on appelle communément une congestion cérébrale. Aux États-Unis, en l'an 2000, les maladies cardiovasculaires ont été responsables de 38 % de tous les décès au pays. En Angleterre, en 2003, on parle de 39 %. Les statistiques pour l'Europe sont encore plus dramatiques: 49 % de tous les décès de 2004 sont attribuables aux maladies cardiovasculaires. Il semble bien qu'on ait l'âge de ses artères ! Il ne faut toutefois pas oublier que la prévention précoce aide à ralentir ce processus et même, à l'inverser.

Les stades de l'athérosclérose

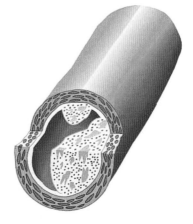

1. Artère en santé

2. Artère montrant des signes de lésions

3. Réduction presque totale de la lumière de l'artère

Comment les artères s'encrassent

La couche interne de la paroi artérielle en particulier joue un rôle important de protection. Elle est exposée à tout ce qui est transporté par le sang, incluant des agents pathogènes. Ces derniers peuvent grandement endommager l'endothélium et causer une inflammation qui rend l'artère encore plus perméable et donc plus vulnérable.

Les troubles lipidiques, qui vont souvent de pair avec un taux élevé de cholestérol, handicapent le bon fonctionnement de l'endothélium. Les changements qui conduisent à une détérioration de la paroi artérielle sont provoqués par une augmentation des dépôts de cholestérol sur la couche interne de l'artère. Le cholestérol déposé est ensuite absorbé par les cellules et s'infiltre entre les fibres des tissus.

Cette situation provoque une augmentation du nombre des fibres musculaires lisses et du tissu conjonctif. Ces excroissances nuisibles réduisent grandement la lumière de l'artère. Le cholestérol absorbé, retenu par les fibres du tissu conjonctif et par l'endothélium, ne peut donc plus être évacué par le flux sanguin. La fine couche de tissu conjonctif risque de céder et la couche interne de l'artère, de se détériorer. Lorsqu'une brèche dans la paroi artérielle se produit, un caillot de sang se forme qui réduira considérablement le diamètre de l'artère ou la bouchera carrément. Ce qui aura pour conséquence soit de réduire la circulation sanguine, soit de provoquer une crise cardiaque, selon l'étendue des dégâts.

Pour se développer, l'athérosclérose a besoin de cholestérol. L'excroissance du tissu conjonctif et des cellules musculaires sur la paroi artérielle est une des conditions de l'apparition de l'athérosclérose. La cholestérolémie, l'hypertension artérielle et le tabagisme affectent de façon permanente le bon fonctionnement de l'endothélium, pavant ainsi la voie à l'athérosclérose.

La prévention

Dès le milieu de la trentaine, certaines personnes sont déjà candidates aux maladies cardiovasculaires. Si des facteurs de risque ont été bien identifiés, un traitement préventif peut s'appliquer dès l'enfance. L'une des meilleures façons de prévenir l'athérosclérose est d'adopter une alimentation saine et des habitudes de vie sensées.

La famille entière peut profiter d'un changement d'alimentation positif. L'important, c'est de consommer moins d'aliments d'origine animale, riches en gras saturés. Du moment que vous n'avez pas de problème de poids, vous n'avez pas à suivre un régime hypocalorique. Il s'agit tout simplement de privilégier une alimentation variée et d'éviter les gras d'origine animale. Comme nous l'avons déjà vu, le cholestérol est un nutriment vital, indispensable à plusieurs fonctions métaboliques (voir page 6). Pour quelle raison est-il donc si décrié ?

Excès de cholestérol

HDL et LDL : lipoprotéines

Pour comprendre le lien qui existe entre le cholestérol, l'athérosclérose et les crises cardiaques, nous devons dire quelques mots sur les divers gras sanguins et comment ils sont métabolisés.

Comme le gras et le cholestérol ne sont pas hydrosolubles, le sang les élimine donc plus difficilement. Pour pallier ce désavantage, ils sont enveloppés dans une gaine de protéines. Ces complexes de forme sphérique se composent de protéines et de gras que l'on appelle des lipoprotéines (du grec lipos, ou gras) et varient selon leur densité. Lorsque l'on parle de cholestérolémie, les deux membres les plus importants de cette famille sont les lipoprotéines de faible masse volumique (LDL), qui fournissent le gras et les protéines aux cellules du corps, tandis que les lipoprotéines de haute masse volumique (HDL) se fixent sur le cholestérol excédentaire et le ramène vers le foie.

Pour simplifier notre compréhension de ces deux tâches opposées, Le LDL est souvent qualifié de « mauvais » cholestérol et le HDL de « bon » cholestérol.

Le rôle du LDL : fournir du cholestérol

Si votre médecin déclare que vous souffrez d'un taux élevé de cholestérol, cela signifie que votre sang a une concentration excessive de LDL. Le LDL contient la plus grande quantité de cholestérol dans le sang. Il transporte le cholestérol vers les divers organes de l'organisme, où des points d'absorption spéciaux, les récepteurs, transfèrent le cholestérol aux cellules de l'organisme. Si votre sang contient trop de LDL, si le nombre de récepteurs est insuffisant ou s'il n'y en a pas du tout, le LDL aura tendance à s'accumuler dans votre sang. Les macrophages (phagocytes), qui sont les policiers protégeant l'organisme contre tout ce qui pourrait nuire à sa santé, sont responsables de l'élimination du cholestérol accumulé. Les macrophages absorbent les LDL jusqu'à ce qu'ils soient eux-mêmes saturés de cholestérol et incapables de poursuivre leur travail de vidange; ils s'incrustent alors dans la paroi de l'artère.

C'est une situation dangereuse parce que les macrophages saturés de cholestérol peuvent déclencher le processus de l'athérosclérose. Avec le temps, de petites boursouflures apparaissent, réduisant la lumière de l'artère et réduisant ainsi la circulation sanguine. Si un caillot venait à se former dans une artère déjà endommagée, elle risque de se bloquer complètement, et c'est la crise cardiaque.

La concentration de LDL dans le sang

Des excès nuisibles de LDL dans le sang peuvent résulter d'une anomalie métabolique héréditaire. Les gens qui souffrent d'hypercholestérolémie familiale, par exemple, possèdent un nombre insuffisant de récepteurs de LDL. Une alimentation inadéquate joue aussi un rôle très important dans la façon dont le LDL est métabolisé.

La quantité de LDL qui circule dans le sang dépend, d'une part, de la quantité accumulée et, d'autre part, de la quantité absorbée par les cellules de l'organisme. Cette dernière fonction dépend du nombre de récepteurs de LDL présents. Si ces récepteurs spéciaux sont surchargés, les cellules n'absorberont plus de LDL, une situation qui se produit à des concentrations d'environ 200 mg/dL (5,2 mmol/L).

Le rôle du HDL : éliminer le cholestérol

Le HDL est produit dans les intestins, le foie et à partir de la décomposition des autres lipoprotéines contenues dans le sang. Le HDL s'attache aussi aux macrophages et réabsorbe le cholestérol transporté à l'origine par le LDL. Le HDL reconduit le cholestérol au foie, où il est métabolisé et transformé en acide biliaire, puis éliminé dans les intestins. À cause de cette habileté particulière à recueillir l'excédent de cholestérol, le HDL se distingue des autres lipoprotéines contenues dans le sang : le HDL prévient les dépôts athéromateux dans les vaisseaux sanguins. Donc, plus le taux de HDL est élevé et plus le cœur s'en trouve protégé.

Les lipoprotéines à faible densité volumique (LDL) transportent le cholestérol vers les cellules de l'organisme. Les lipoprotéines à haute densité volumique (HDL) réabsorbent le LDL des cellules qu'on appelle des macrophages, pour le conduire au foie.

Votre médecin peut mesurer le taux de ces deux lipoprotéines dans votre sang grâce à une analyse sanguine et, selon la relation qui existe entre le taux de LDL et de HDL, conclure à l'existence ou non d'un trouble lipidique.

Un taux élevé de LDL ou un faible taux de HDL pose un risque à la santé. Le risque d'une crise cardiaque est plus grand si un taux élevé de LDL est accompagné d'un faible taux de HDL.

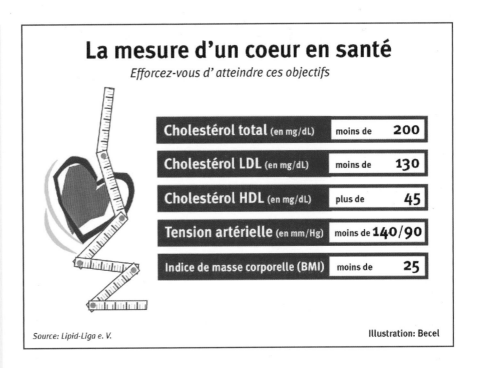

La mesure d'un coeur en santé

Efforcez-vous d'atteindre ces objectifs

Cholestérol total (en mg/dL)	moins de **200**
Cholestérol LDL (en mg/dL)	moins de **130**
Cholestérol HDL (en mg/dL)	plus de **45**
Tension artérielle (en mm/Hg)	moins de **140/90**
Indice de masse corporelle (BMI)	moins de **25**

Source: Lipid-Liga e. V.

Illustration: Becel

Triglycérides

Les triglycérides – des gras neutres – représentent le troisième groupe des gras sanguins d'importance qui peuvent jouer un rôle dans l'apparition de l'athérosclérose.

Les triglycérides sont la principale composante des gras que nous ingérons avec notre nourriture. Les tissus adipeux du corps se composent en grande partie de triglycérides, et ces derniers constituent la plus importante source d'énergie de l'organisme. En présence d'une anomalie métabolique, d'un excès de poids ou d'une alimentation inadéquate, le taux sanguin de triglycérides s'élève, surtout lorsqu'il y a consommation d'alcool, de glucides ou de sucres simples, des substances rapidement absorbées par l'organisme.

Évaluer le risque que posent les triglycérides pour la santé n'est pas facile puisque seules certaines formes de ces lipides favorisent les crises cardiaques. Mais en mesurant votre taux de triglycérides, votre médecin saura comment votre organisme métabolise les gras.

Advenant une forte augmentation du taux de triglycérides – plus de 1 000 mg/dL (11,2 mmol/L) – la viscosité du sang sera négativement affectée, surtout au niveau des capillaires.

Un taux élevé de triglycérides peut être abaissé rapidement et efficacement en :

➤ s'abstenant de consommer de l'alcool;

➤ évitant les sucres rapidement absorbés comme ceux que l'on retrouve dans les boissons gazeuses, les bonbons et les pâtisseries faites à partir de farine blanchie, et en mangeant des aliments à haute teneur en fibres comme les légumes, les légumineuses et les farines faites à partir de grains entiers;

➤ perdant du poids;

➤ augmentant l'activité physique.

Anomalies du métabolisme lipidique

Les causes de l'hypercholestérolémie sont bien connues, mais il n'en demeure pas moins que certaines personnes auront une crise cardiaque même si leur taux de LDL n'est pas particulièrement élevé. Dans de rares cas, des anomalies métaboliques héréditaires sont responsables de l'hypercholestérolémie. La plupart de ces cas sont attribuables à de légers changements biochimiques, bien que le taux de cholestérol LDL ne s'élève que lorsqu'un nouveau facteur de risque entre en jeu.

Une augmentation en flèche du LDL chez une personne en qui l'on a diagnostiqué une absence de récepteurs de LDL due à une anomalie génétique, requiert un suivi médical très rigoureux. Cette maladie génétique très rare qui affecte une personne sur un million, que l'on appelle **l'hypercholestérolémie familiale homozygote**, peut causer une crise cardiaque chez un individu avant l'âge de 15 ans.

Dans le cas de **l'hypercholestérolémie familiale**, une forme plus courante de maladie génétique qui affecte une personne sur 500, le nombre des récepteurs de LDL est réduit de moitié. Sans les traitements appropriés, la première crise cardiaque se produit souvent entre 40 et 60 ans. Si la personne n'est pas traitée, cette anomalie métabolique conduit dans presque tous les cas à un infarctus du myocarde.

Une autre anomalie génétique, complètement différente, modifie la protéine du LDL, rendant impossible la métabolisation du LDL par les récepteurs de LDL. Cette maladie, la déficience familiale en apolipoprotéine B100, provoque aussi un taux élevé chronique de LDL sanguin.

Dans la plupart des cas, la modification génétique de la façon dont s'arriment les enzymes et les protéines ne cause que des dommages mineurs au processus métabolique et ne provoque pas une élévation significative du LDL, sauf si d'autres facteurs de risque cardiovasculaire entrent en compte comme un excès de poids, le diabète, une alimentation riche en gras saturés et en calories, des troubles thyroïdiens et même la prise de certains médicaments. Dans de tels cas, l'augmentation du taux de LDL dans le sang pose un sérieux problème de santé appelé **hypercholestérolémie polygénique**.

Un autre type d'anomalie du métabolisme lipidique, le **polymorphisme de l'apolipoprotéine E4**, est la libération par les intestins d'un excédent de cholestérol alimentaire dans l'organisme. En présence de cet excès de cholestérol exceptionnellement élevé, le foie ne peut faire plus que de réabsorber le cholestérol sanguin, ce qui provoque une augmentation du cholestérol LDL.

En plus des anomalies du métabolisme lipidique identifiées jusqu'ici, il existe d'autres types de cholestérol LDL élevé qui sont prédéterminés génétiquement et qui augmentent les risques de crise cardiaque. Bien que l'augmentation du LDL puisse être minime ou même absente, le risque d'une crise cardiaque est néanmoins très sérieux. Ces anomalies du métabolisme lipidique sont la plupart du temps diagnostiquées parmi les gens qui ont eu un infarctus du myocarde avant l'âge de 60 ans, soit environ une personne sur 100. Généralement, ces maladies ne peuvent être détectées que par un médecin.

Comme le démontrent ces exemples, le risque cardiovasculaire que posent les anomalies du métabolisme lipidique est lié à d'autres facteurs et ne se limite pas à un taux élevé de cholestérol LDL. De plus, une élévation de la concentration de LDL dans le sang peut être causée par d'autres types d'anomalies métaboliques comme des problèmes biliaires, rénaux et l'hypothyroïdie. Un vaste éventail de médicaments peuvent aussi causer une hausse du taux de cholestérol LDL.

L'alimentation est aussi un facteur non négligeable de la hausse du taux de cholestérol dans le sang. Si l'on ingère plus de calories que l'on en dépense dans une journée et si les aliments ingérés sont riches en gras saturés et en cholestérol, le taux de LDL peut augmenter de façon significative. Dans 40 % des cas, cette hausse est attribuable à une alimentation inadéquate. Et la principale cause est l'ingestion de mauvais gras (voir pages 16 à 19).

Quelle qu'en soit la cause, un changement d'alimentation est toujours indiqué pour soigner l'hypercholestérolémie. Un taux faible de cholestérol HDL peut aussi être causé par un facteur génétique et va souvent de pair avec les anomalies du métabolisme lipidique, un taux élevé de triglycérides et un excès de poids.

Survol des principaux facteurs de risque

Cholestérol LDL

Si votre médecin vous annonce que vous avez un taux de cholestérol élevé, cela signifie habituellement que votre taux de LDL est trop élevé. Ce facteur favorise l'apparition de l'athérosclérose. Le HDL, au contraire, joue un rôle de protection cardiovasculaire.

Connaître votre taux de cholestérol total ne vous permettra pas d'évaluer votre risque cardiovasculaire, puisque les taux de HDL et de LDL sont tous deux pris en compte. Donc, un taux de cholestérol total élevé peut être autant le résultat d'un taux élevé de LDL ou de HDL. Toutefois, les implications quant à l'éventualité d'une crise cardiaque sont diamétralement opposées.

Comme tout changement à votre alimentation peut altérer le rapport entre le LDL et le HDL, il serait judicieux, avant de faire quelque changement que ce soit, de voir votre médecin.

Nicotine

Le tabagisme favorise l'apparition de l'athérosclérose et est considéré comme l'un des plus grands facteurs de risque cardiovasculaire. Fumer le cigare ou la pipe est moins dommageable pour la santé parce que la quantité de fumée inhalée est moindre.

Taux de cholestérol – normaux ou dangereux ?

Le risque pour la santé que posent des taux élevés de LDL et de HDL dépend de la présence d'un ou de plusieurs autres facteurs de risque. Selon l'Association américaine du cœur, le risque d'une maladie cardiovasculaire est minime si le LDL demeure sous la barre des chiffres suivants :

Moins de deux facteurs de risque	cholestérol LDL < 160 mg/dL
Deux facteurs de risque ou plus	cholestérol LDL < 130 mg/dL
Problèmes cardiovasculaires existants	cholestérol LDL < 100 mg/dL

Survol des autres facteurs de risque
Obésité • Hypertension artérielle • Tabagisme • Anomalies du métabolisme lipidique • Diabète • Sédentarité

Pour chacun des cas mentionnés plus haut, le rapport LDL/HDL devrait être moins d'un facteur 3. En d'autres termes, le taux de cholestérol LDL ne devrait pas dépasser le taux de cholestérol HDL multiplié par 3. Si aucun autre facteur de risque n'est présent, un rapport aussi élevé que 4 (LDL:HDL = 4:1) est considéré comme satisfaisant. Internationalement, on considère que des médicaments visant à réduire le taux de cholestérol devraient être prescrits lorsque les taux de LDL atteignent les chiffres suivants :

Moins de deux facteurs de risque	cholestérol LDL > 190 mg/dL
Deux facteurs de risque ou plus	cholestérol LDL > 160 mg/dL
Problèmes cardiovasculaires existants	cholestérol LDL > 130 mg/dL

Excès de poids

L'excès de poids a une influence négative sur le métabolisme des gras. Plus l'écart entre le poids santé et le poids réel est grand, plus les taux de cholestérol LDL et de triglycérides seront élevés, tandis que le taux de HDL s'abaissera. De plus, l'obésité contribue à l'émergence d'autres facteurs de risque comme le diabète, les anomalies du métabolisme lipidique et l'hypertension artérielle.

Perdre du poids aidera à augmenter votre taux de HDL et empêchera votre organisme de stocker du cholestérol. L'excès de poids et les moyens de le perdre sont commentés en page 22.

Hypertension artérielle

L'hypertension artérielle – considérée comme critique à des taux supérieurs à 140/90 mmHg – propulse le sang à travers les artères avec une telle force que les parois délicates des artères peuvent être endommagées. Et c'est exactement dans ces endroits que des changements peuvent s'opérer et mener à l'athérosclérose.

S'il se forme des dépôts dans les artères, la tension artérielle peut déloger en partie ces derniers qui seront entraînés par le flux sanguin et finiront un peu plus loin par bloquer l'artère.

Diète

On a cru longtemps que l'ingestion d'aliments riches en cholestérol augmentait le taux de cholestérol sanguin. Nous savons aujourd'hui que d'autres facteurs sont en jeu. Le cholestérol se retrouve principalement dans les aliments d'origine animale, riches en gras.

Lorsque ce genre de nourriture est consommé en grandes quantités, l'apport énergétique excède rapidement les besoins en calories. De plus, le surplus d'acides gras indésirables surcharge inutilement le métabolisme des gras. Ce sont des facteurs décisifs dans l'augmentation du taux de LDL. L'effet de ces facteurs varie d'une personne à l'autre. Une diète qui consiste à manger des mets de restauration rapide et des repas à base de viande augmente le risque de souffrir d'athérosclérose. Vous trouverez plus d'information au sujet de la diète en tant que facteur de risque cardiovasculaire à la page 16.

Stress

Beaucoup de gens ignorent qu'ils souffrent de stress. Les pressions subies dans le milieu de travail, dans la famille et durant les temps libres libèrent certaines hormones dans l'organisme qui ont un impact négatif sur la tension artérielle et le système immunitaire. Il est important de maintenir un équilibre en s'accordant suffisamment de repos et de sommeil, de pratiquer certaines techniques de relaxation et de s'adonner à des activités sportives.

Diabète

Le diabète exerce une influence négative sur le métabolisme des glucides et des lipides, facilitant ainsi l'apparition de l'athérosclérose. Demandez à votre médecin qu'il vérifie votre taux de sucre. À jeun, le taux ne devrait pas excéder 100 mg/dL (5,55 mmol/L). Deux heures après un repas (post-prandial), vous devriez atteindre un taux de glycémie de 120 mg/dL (6,6 mmol/L). Si votre taux de sucre excède ces niveaux, discutez avec votre médecin des méthodes pour le réduire de façon efficace et permanente. Un changement d'alimentation et la perte de poids sont les méthodes les plus souvent recommandées.

Sédentarité

Le mouvement régularise et normalise plusieurs processus métaboliques comme le métabolisme des gras et la tension artérielle. L'activité physique modérée – à peu près 30 à 60 minutes, trois à quatre fois par semaine – a de nombreux effets bénéfiques qui aident à réduire le risque d'athérosclérose : l'exercice améliore les fonctions cardiovasculaires, aide à réduire le stress, prévient la prise de poids et augmente le cholestérol HDL dans le sang.

Objectifs thérapeutiques

L'objectif principal dans le traitement de l'hypercholestérolémie est d'abaisser le taux de cholestérol LDL, nuisible à la santé. Un changement d'alimentation et des habitudes de vie plus saines s'avèrent l'approche thérapeutique la plus sensée. Des études démontrent que ces méthodes sont les plus efficaces pour réduire les risques de crise cardiaque.

Mais il ne faut pas se préoccuper uniquement du cholestérol LDL. Tous les facteurs de risque doivent être pris en compte et éliminés pour prévenir une crise cardiaque.

La base de tout traitement est d'adopter une alimentation saine, même dans les cas les plus graves d'hypercholestérolémie. Plus le taux est élevé au départ et plus la baisse réalisée sera appréciable !

> Souvenez-vous qu'une diète visant à réduire le taux de cholestérol LDL signifie des doses moins importantes de médicaments. Surtout en considérant le fait que vous devrez prendre ces médicaments pour le reste de votre vie.

Réduire le taux de cholestérol LDL

Les mesures suivantes seront appliquées étape par étape pour réduire le taux de LDL :

➤ Une alimentation appropriée et des changements aux habitudes de vie (cesser de fumer, plus d'exercice physique, moins de stress).

➤ Des médicaments pour réduire le LDL.

➤ Dans les cas plus graves, une aphérèse du LDL, un processus similaire à la dialyse, pour retirer le LDL du sang.

Augmenter le taux de cholestérol HDL

Les changements suivants aident à augmenter le taux de HDL :

➤ Perdre du poids : chaque kilo perdu est une petite victoire.

➤ Cesser de fumer est impératif. En cessant de fumer, non seulement vous éliminerez le facteur de risque du tabac, qui à lui seul a un sérieux impact sur la santé cardiovasculaire, mais vous augmenterez aussi votre taux de cholestérol HDL.

➤ Augmenter l'activité physique. Le taux de HDL augmente en moyenne de 1 mg/dL (0,02 mmol/L) pour chaque 800 mètres courus par semaine. Le manque d'exercice, d'autre part, favorise les crises cardiaques précoces. Donc, même l'activité physique de faible intensité aura une influence à long terme sur l'augmentation du HDL.

➤ Une consommation modérée d'alcool, si votre état bien sûr vous le permet. Voyez votre médecin à ce propos. Une consommation « modérée » signifie prendre moins de 15 g d'alcool par jour, soit environ une bouteille de bière (375 ml), un verre de vin (175 ml) ou un verre de spiritueux (45 ml). Si votre hypercholestérolémie est causée par un taux élevé de triglycérides, la consommation d'alcool ne fera que réduire votre taux de cholestérol HDL.

➤ Soigner les troubles métaboliques lipidiques qui accompagnent souvent un faible taux de cholestérol HDL. Plus le taux de triglycérides est élevé et plus le taux de HDL est faible.

➤ Prendre des médicaments pour réduire le LDL peut aussi avoir une influence positive sur le HDL.

La bonne stratégie alimentaire pour réduire le taux de cholestérol

Les éléments essentiels d'une stratégie alimentaire en vue de réduire le cholestérol LDL sont les suivants :

➤ perdre du poids, s'il y a lieu;

➤ réduire les quantités de gras ingérées et, surtout, consommer plus de gras d'origine végétale;

➤ manger moins d'aliments riches en cholestérol.

Pour y arriver, il suffit de faire quelques petits changements à son alimentation. En lisant les pages qui suivent, vous apprendrez comment une diète « pro-cardiovasculaire » peut vous aider à réduire votre taux de cholestérol LDL.

Faire le plein (adéquat) d'énergie

Une diète pour réduire un taux élevé de cholestérol LDL implique de faire le plein d'énergie, sans excès. En d'autres termes, il s'agit d'ingérer des quantités adéquates de calories afin de maintenir ou de lentement réduire votre poids, s'il y a lieu.

Il est bien entendu que la consommation de divers aliments ne vise qu'à combler les besoins en énergie sans jamais les dépasser. Si tel est le cas, les résultats ne seront pas ceux que l'on espère, même si la diète suit toutes les règles d'une bonne alimentation.

Vous pouvez calculer vos besoins énergétiques en appliquant la formule suivante :

Le poids corporel x 30, dans le cas d'une activité physique modérée

Le résultat est un simple point de référence, puisque plusieurs autres facteurs peuvent influencer vos besoins énergétiques, comme le choix des aliments et leur valeur en nutriments, votre type physique et votre métabolisme de base ainsi que votre niveau d'activité physique, que ce soit une activité sportive ou un travail physiquement demandant.

Réduire sa consommation de gras d'origine animale

Les acides gras saturés que l'on retrouve en général dans les aliments d'origine animale ont une influence négative sur le taux de cholestérol LDL dans le sang. Leur influence sur le cholestérol LDL varie d'une personne à l'autre.

Manger en abondance des gras saturés provoque une hausse malsaine du taux de cholestérol LDL. Les récepteurs de LDL se surchargent; le LDL excédentaire retourne donc dans le sang. Vous pouvez éviter ce phénomène en restreignant votre consommation de certains aliments d'origine animale.

Choisissez des aliments riches en gras monoinsaturés et polyinsaturés. Une bonne façon de réduire le cholestérol sanguin est de manger régulièrement du poisson. Les huiles de poisson comme l'oméga-3 aident à prévenir l'athérosclérose grâce à leur effet stabilisant sur les cellules du cœur et favorisent la réduction du taux de triglycérides. On recommande au moins deux repas de poisson par semaine.

Privilégier des aliments pauvres en cholestérol

Environ 50 % du cholestérol alimentaire est absorbé par l'organisme au cours de la digestion. Plus de 400 à 500 mg de cholestérol alimentaire par jour sera éliminé par les intestins. Mais ceci n'est qu'une partie du cholestérol total produit quotidiennement par l'organisme lui-même. L'influence du cholestérol ingéré sur le taux de cholestérol LDL est plutôt minime et n'a plus la triste réputation qu'on se plaisait à lui faire il n'y a pas si longtemps.

Néanmoins, il semble que la prudence s'impose et qu'il faille limiter la consommation d'aliments riches en cholestérol alimentaire. Ce sont souvent des aliments d'origine animale riches en gras saturés. Et comme nous l'avons précédemment mentionné, manger de grandes quantités de ces aliments favorise l'apparition de l'athérosclérose. En général, les mêmes règles s'appliquent tant pour les gens atteints d'hypercholestérolémie que pour les autres : la consommation quotidienne de cholestérol alimentaire ne doit pas dépasser 300 mg.

L'aliment à surveiller : le gras

Le gras fournit 9,3 calories par gramme; il est donc le plus grand fournisseur d'énergie. Tout type de gras, de toutes origines confondues, est un triglycéride (gras neutre). En effet, les triglycérides diffèrent selon leur composition moléculaire.

Les acides gras saturés : principalement dans les aliments d'origine animale comme le lait, le beurre, le lard et la viande et dans certains aliments d'origine végétale, comme l'huile de coco et de palme.

Les acides gras monoinsaturés : à la fois dans les aliments d'origine animale et végétale. Les huiles d'olive, de colza, de carthame sont en grande partie composées d'acides gras monoinsaturés.

Les acides gras polyinsaturés : comme les acides gras polyinsaturés ne sont pas produits par l'organisme, leur source est donc exclusivement alimentaire. Les acides gras polyinsaturés sont une composante importante dans la formation des hormones et des cellules. Les acides gras linoléiques insaturés à double liaison et les acides gras linoléiques polyinsaturés ne sont pas produits par l'organisme. Les gras oméga-3, communément appelés huiles de poisson, sont polyinsaturés et se retrouvent dans les poissons gras. Il n'y a pratiquement pas de source végétale d'oméga-3 d'origine végétale sauf dans l'huile de lin, l'huile de colza et l'huile de soya.

L'oméga-3 de source végétale se convertit dans une moindre mesure en « huile de poisson ». Les légumes verts comme les épinards, le brocoli et le chou frisé (kale) ainsi que les lentilles et les noix de Grenoble sont des aliments riches en acide linolénique, mais compte tenu de la faible teneur en gras des légumes et des légumineuses, ils ne pourront satisfaire vos besoins en gras.

L'acide linoléique à double liaison se retrouve dans les huiles végétales et dans les gras comme la margarine. L'huile de carthame, l'huile de colza, l'huile de soya et l'huile de germes de blé sont particulièrement riches en acide linoléique.

Les gras trans : les gras trans résultent de l'hydrogénation des huiles végétales, un procédé par lequel l'huile végétale liquide est transformée en gras solide et qui est utilisé, entre autres, dans la fabrication de la margarine.

On considère généralement que les gras trans contribuent à augmenter le LDL et à réduire le HDL. Les gras trans font l'objet de campagnes visant à l'éliminer en Amérique du Nord et en Europe. De petites quantités se retrouvent dans le beurre et la margarine ainsi que dans les aliments traités, dans les aliments de restauration rapide et dans le poulet frit. De nouvelles lois sur l'étiquetage des aliments rendra leur déclaration obligatoire. Méfiez-vous des aliments dont la description contient des termes comme « gras partiellement hydrogénés » sur la liste d'ingrédients.

Il existe des margarines qui ne contiennent pas de gras trans; bien lire les étiquettes pour s'en assurer.

L'influence des divers nutriments sur le cholestérol LDL et HDL

Sucre

Le sucre n'influence pas le taux de cholestérol LDL, mais il a un effet certain sur le métabolisme des gras si de grandes quantités d'aliments riches en sucre sont ingérées. Lorsque de grandes quantités de sucres simples – fructose, glucose et sucre brut – sont ingérées, le taux de triglycérides augmente. C'est la raison pour laquelle les boissons gazeuses, les jus de fruits, les friandises, les gâteaux et les pâtisseries doivent être consommés avec modération.

Protéines

Les protéines que l'on retrouve dans les aliments à base de soya diminuent le taux de cholestérol LDL parce qu'ils stimulent l'absorption du cholestérol par les récepteurs LDL de l'organisme, ce qui a pour effet de réduire le LDL dans le sang.

Fibres

Ce ne sont pas toutes les fibres alimentaires qui ont un effet sur le métabolisme des gras, mais certaines d'entre elles ont un effet direct sur la réduction du taux de cholestérol LDL – les fibres solubles contenues dans l'avoine peuvent réduire le LDL de 15 %. De plus, une consommation quotidienne d'aliments riches en pectine (pommes et agrumes) et en guar (un épaississant végétal) aide à réduire le LDL. Si vous ingérez plus de 10 g par jour de ces fibres, vous pouvez réduire votre taux de LDL d'environ 21 mg/dL (0,54 mmol/L) en mangeant, par exemple, trois à quatre pommes de grosseur moyenne, ou le réduire de 11 mg/dL (0,28 mmol/L) en ingérant du guar.

La prudence est de mise si vous prenez des médicaments pour réduire votre cholestérol. L'avoine et la pectine prennent de l'expansion dans les intestins et peuvent se fixer sur un ingrédient actif du médicament et neutraliser ainsi son effet.

Alcool

Le fait de boire un à deux verres d'alcool peut aider à relever légèrement le taux de cholestérol HDL – c'est pourquoi on recommande souvent d'en boire un peu lorsque le taux de HDL est faible. Mais il vous faudra surveiller votre consommation d'alcool si votre taux de triglycérides est élevé. De plus, les effets dévastateurs de l'alcool viennent vite éclipser leurs effets positifs sur le taux de HDL.

Café

Il n'existe pas de lien de cause à effet entre une grande consommation de café et la maladie coronarienne. Par contre, il a été prouvé que le café préparé à la scandinave, où on laisse le marc de café reposer plus longtemps dans l'eau bouillante, peut provoquer une augmentation de 10 % du taux de LDL chez certains individus. Par contre, le café filtre et l'expresso n'ont aucune incidence sur les taux de cholestérol.

L'influence des divers nutriments sur le cholestérol LDL et HDL

Absorption des nutriments	Effet sur le LDL	Effet sur le HDL
Glucides qui sont rapidement absorbés par l'organisme (sucres simples)	∅	∅
protéine du soya	↓	∅
moins de gras	↓	↓
moins de gras saturés	↓	↓
plus de gras monoinsaturés	↓	↓
plus de gras polyinsaturés et de gras oméga-6 (pour remplacer les gras saturés)	↓	↓
gras oméga-6	↓	∅
gras oméga-3 (huiles de poisson)	∅	réduisent le niveau de triglycérides et augmentent le HDL
moins de cholestérol	↓	∅
apport élevé en fibres	↓	∅
alcool	∅	↑
surcharge pondérale	↑	↓

↑ = augmentation   ↓ = diminution   ∅ = aucun effet

Se méfier des gras saturés :

Le tableau qui suit dresse une liste de quelques aliments d'origine animale riches en gras saturés qui contribuent à augmenter le taux de cholestérol LDL.

Afin de comparer, évaluez la quantité de chaque produit que vous consommez. Alors que 125 ml (1/2 tasse) de lait entier contient seulement 4 g de gras saturés, la consommation d'un litre par jour représente plus de 40 g de gras saturés. Si vous remplacez cette quantité de lait par du lait à 1 %, vous réduirez votre consommation de gras saturés de 30 g par jour. Par contre, 75 ml (1/3 tasse) de mayonnaise contient 45,8 g de gras saturés, mais il est peu probable que vous mangiez une telle quantité de mayonnaise dans une journée.

Aliments et quantités désignées	gras saturés en g/100g	Aliments et quantités désignées	gras saturés en g/100g
Lait complet (4 %) 125 ml (1/2 tasse)	4,0 g	Bœuf haché très maigre 100 g (3 1/2 oz)	16,0 g
Yogourt pauvre en gras (2 %) 125 ml (1/2 tasse)	1,8 g	Jambon très maigre 100 g (3 1/2 oz)	5,5 g
Fromage cottage (4 %) 125 ml (1/2 tasse)	4,7 g	Saucisse de porc 100 g (3 1/2 oz)	32,4 g
Brie 28 g (1 oz)	7,9 g	Thon en boîte dans l'eau 100 g (3 1/2 oz)	0,4 g
Fromage suisse léger 28 g (1 oz)	2,0 g	Saumon frais (cuit) 100 g (3 1/2 oz)	7,5 g
Parmesan râpé 15 ml (1 c. à s.)	1,5 g		
Fromage suisse 28 g (1 oz)	7,8 g	Brownie avec glaçage au chocolat, un carré moyen	5,0 g
Poitrine de poulet (sans peau) 100 g (3 1/2 oz)	3,5 g	Gâteau au fromage, une portion	16,3 g
Bœuf coupe maigre 100 g (3 1/2 oz)	13,7 g	Biscuit aux brisures de chocolat, un biscuit	2,2 g
Côtelette de porc 100 g (3 1/2 oz)	15,2 g	Gâteau blanc avec glaçage au chocolat, une portion	11,0 g
Salami au bœuf 100 g (3 1/2 oz)	19,9 g	Mayonnaise 15 ml (1 c. à s.)	11,1 g

Régime pauvre en gras

Selon les plus récentes études, une diète pauvre en gras peut :

➤ contribuer à réduire le taux de cholestérol LDL;

➤ prévenir une augmentation du taux de LDL à un stade précoce;

➤ stabiliser les artères de manière à ce qu'elles soient plus en mesure de se protéger elles-mêmes contre tout changement dû à l'athérosclérose.

Il faut se rappeler que c'est une question de semaines, et non de jours, avant de constater les effets d'une diète sur les taux de LDL et de HDL. La côtelette de porc que vous avez mangée il y a deux jours n'influence pas vraiment votre hypercholestérolémie. Ne vous découragez pas et continuez à suivre votre diète même si les résultats de votre prochain bilan de santé ne semblent pas s'être améliorés.

Comme les médecins prescrivent en général une diète pauvre en gras dans les cas d'hypercholestérolémie, la diète que nous vous proposons est basée sur les recommandations de la Société européenne d'athérosclérose. Il ne s'agit pas de bannir tous les aliments d'origine animale de votre alimentation, mais de maintenir la bonne proportion entre les divers aliments ingérés. L'objectif principal de ces mesures est d'avoir un effet bénéfique sur le cholestérol sanguin et de prévenir l'apparition de l'athérosclérose.

Combien peut-on ingérer sans nuire à sa santé ?

On recommande de consommer les divers types d'aliments dans les proportions suivantes pour réduire l'hypercholestérolémie, tout particulièrement le cholestérol LDL :

Glucides	50 à 60 %
Protéines	10 à 20 %
Gras total	moins de 30 %
Gras saturés	7 à 10 %
Gras monoinsaturés	10 à 15 %
Gras polyinsaturés	7 à 10 %
Fibres	35 g par jour
Cholestérol	moins de 300 g par jour

Afin d'établir un rapport harmonieux entre l'apport de gras et les autres types d'aliments, il est recommandé d'adopter les mesures suivantes, basées sur les habitudes alimentaires courantes :

➤ Réduisez votre consommation totale de gras.

➤ Consommez moins d'aliments d'origine animale riches en gras saturés et en cholestérol. Optez plutôt pour des aliments faibles en gras saturés, comme le poisson, la dinde ou le poulet (sans la peau), le veau et le gibier.

➤ Privilégiez les aliments qui ont des taux élevés de gras monoinsaturés ou polyinsaturés, comme les huiles végétales par exemple.

➤ Consommez beaucoup d'aliments riches en glucides et en fibres, comme les graines, les pommes de terre, les légumes, les légumineuses, les fruits et les pains à grains entiers.

Lorsque vous faites la cuisine :

➤ Préoccupez-vous de la qualité plutôt que de la quantité des gras choisis. Trente pour cent seulement des besoins caloriques quotidiens doivent être ingérés sous forme de gras, ce qui représente de 65 à 80 g de gras total.

➤ Utilisez des huiles végétales.

➤ Limitez votre consommation totale de gras par jour, surtout les gras saturés. Au mieux, seulement la moitié de la consommation de gras devrait provenir d'aliments d'origine animale, l'autre moitié provenant de source végétale.

➤ Consommez moins d'aliments gras d'origine animale en limitant le gras, les gras saturés et le cholestérol.

➤ Choisissez des viandes maigres et des produits laitiers allégés contenant peu de gras.

➤ Évitez les gras cachés. Ces derniers se retrouvent dans les aliments comme les charcuteries, le fromage et le lait entier ainsi que dans les sauces et dans plusieurs plats préparés.

➤ Optez pour des méthodes de cuisson sans gras comme la cuisson sur le gril et la cuisson à la vapeur.

➤ Remplacez le beurre par de la margarine qui contient un taux élevé de gras polyinsaturés et sans gras trans.

Il n'est pas nécessaire de changer votre alimentation de façon draconienne – seuls de petits ajustements seront requis. Par exemple, l'alimentation type en Amérique du Nord contient au moins 35 % de gras. Pour abaisser cette quantité au taux de 30 % recommandé, vous n'aurez à réduire votre consommation de gras que de 1/7 – une quantité si petite que vous ne verrez pratiquement pas la différence.

Les mesures que nous avons mentionnées précédemment visent à optimiser la consommation de gras mais, en bout de ligne, c'est la bonne combinaison qui fait la différence. Si votre alimentation est variée, votre apport en glucides, en protéines, en gras, en vitamines, en minéraux et en oligo-éléments sera équilibré. Vous devrez privilégier des aliments riches en glucides et en fibres comme les légumes, les légumineuses, les pommes de terre et le pain ainsi que les grains entiers et les fruits.

Réduire l'excès de poids

L'une des façons les plus simples d'abaisser le taux de cholestérol LDL est de surveiller son poids. Nous savons déjà que de perdre du poids – même un ou deux kilos – influence positivement les taux de cholestérol et aide à améliorer votre état si vous souffrez d'hypertension artérielle et d'anomalies du métabolisme. Avant de décider de perdre du poids, il vaut mieux consulter votre médecin afin de déterminer combien de kilos vous devez perdre. Si vous souffrez d'un léger embonpoint (un IMC de 25 à 29,9) vous devrez perdre au moins 3 à 5 kg (6 à 10 lb). Si vous êtes obèse (un IMC de 30 et plus), vous aurez à perdre de 5 à 10 kg (10 à 20 lb).

Utilisez l'Indice de masse corporelle (IMC) qui mesure le poids corporel en relation avec la taille pour savoir si votre poids est normal.

IMC = Poids en kg
(taille en mètres)^2 X 10,000

IMC = Poids en lb
(taille en pouces)^2 X 703

Ces règles ne doivent pas être utilisées pour les enfants, les adolescents, les personnes âgées et les femmes enceintes.

Les besoins énergétiques

Le temps où l'on comptait patiemment les calories est révolu depuis longtemps. Les kilos de gras perdus grâce au jeûne avaient tendance à réapparaître aussitôt le régime terminé. On reprenait tout le poids perdu.

Si vous suivez une diète à court terme, certains principes de base doivent être respectés pour éviter de sérieuses complications. C'est particulièrement important pour ceux qui ont déjà fait une crise cardiaque. En général, une diète très restrictive ne devrait jamais être suivie plus de deux semaines et seulement après avoir consulté un médecin. Les besoins quotidiens minimaux en protéines et en glucides sont respectivement de 50 et 70 g. Une consommation moindre de glucides n'aura pour effet que de provoquer une évacuation excessive d'eau par les reins et causera l'effondrement du système circulatoire.

Aujourd'hui, il est de bon ton de consommer une grande variété d'aliments faibles en gras. Les besoins énergétiques diffèrent d'un individu à l'autre. Appliquez la formule suivante : 30 calories par kilogramme (15 calories par livre) du poids corporel par jour. Pour perdre du poids, multipliez votre poids par 30 calories et soustrayez 500 calories. Sous aucun prétexte vous ne devriez consommer moins de 1 200 calories par jour. Les diètes très restrictives surchargent le système cardiovasculaire et n'ont aucun effet à long terme sur le poids. Idéalement, vous devriez perdre environ un à deux kg (2 à 4 lb) par mois sur une période de 3 à 6 mois, ou de 12 mois tout au plus.

Atteindre son poids santé

Pour la majorité des gens, suivre une diète signifie s'imposer des sacrifices. Il est temps de changer cette vision de l'esprit. Vous n'avez plus à suivre une diète ennuyeuse et vous priver de vos aliments favoris. La façon la plus efficace et la plus réaliste d'atteindre votre poids santé est de réduire la quantité de gras que vous ingérez et de brûler plus d'énergie en augmentant votre activité physique.

En apportant quelques changements à votre alimentation, tel que suggéré, vous pourrez manger une grande variété d'aliments sains et vous sentir rassasié sans avoir à vous priver. La clé est de manger la bonne quantité. Si votre consommation de calories est excédentaire d'aussi peu que 30 calories par jour, au bout d'un an vous aurez pris 1 kg (2 lb). Si l'excédent est de 100 calories par jour, vous ajouterez environ 3,5 kg (presque 8 lb) à votre poids.

Évaluez sans concession votre alimentation et vos activités physiques journalières pour identifier les problèmes. Voici quelques conseils pour vous aider à perdre du poids :

➤ Donnez-vous des buts réalistes; par exemple, perdre 1 kg (2 lb) par mois.

➤ Évitez de lire ou de regarder la télévision pendant que vous mangez. Ces distractions pourraient vous inciter inconsciemment à manger plus que de raison.

➤ Buvez un verre d'eau ou mangez des crudités ou une salade pour caler votre estomac avant votre repas.

➤ Soignez l'apparence de vos plats lorsque vous mangez seul. Mettez la table de façon à ce que manger soit un plaisir.

➤ Essayez de déterminer si vous avez réellement faim ou si vous avez simplement le goût de grignoter.

➤ Mastiquez bien votre nourriture.

➤ Buvez des boissons comme de l'eau minérale, des tisanes et des thés aromatisés au citron ou à la lime ainsi que des boissons gazeuses hypocaloriques.

➤ Ne faites jamais votre épicerie l'estomac vide et sachez vous en tenir à votre liste. N'achetez que pour deux jours à l'avance.

➤ « Léger » ne signifie pas toujours que l'aliment en question est sans gras ou sans sucre. Lisez attentivement la liste d'ingrédients. Si le gras est mentionné en premier, le produit est riche en calories. Si le sucre est mentionné en dernier, la teneur en sucre du produit est négligeable.

Se mettre en forme

Faire de l'exercice physique régulièrement est amusant et augmente votre sensation de bien-être tout en vous aidant à maintenir votre poids. L'exercice a aussi des effets bénéfiques sur les facteurs de risque cardiovasculaires ainsi que sur les anomalies du métabolisme, l'hypertension artérielle et le diabète.

Donc, une activité physique régulière joue un rôle essentiel dans la prévention des maladies cardiovasculaires. En augmentant votre activité physique, vous verrez votre taux de bon cholestérol grimper. Toutefois, le taux de cholestérol LDL n'est pas directement affecté. Quoi qu'il en soit, si l'activité physique contribue à vous faire perdre du poids, votre taux de LDL pourrait être réduit.

Vous n'avez pas besoin de devenir un athlète. De fait, certains sports ne sont pas recommandés. Vous devriez débuter avec un programme d'entraînement léger à modéré, puis lentement augmenter le temps que vous passez à faire de l'exercice. Si vous êtes sédentaire depuis longtemps, consultez d'abord votre médecin. Et donnez toute la latitude à votre corps pour qu'il reprenne l'habitude de l'effort physique.

Les sports d'endurance améliorent le système circulatoire et favorisent la perte de poids. Plus la période d'exercice est longue et plus l'organisme puise dans ses réserves de gras. Les meilleurs exercices pour brûler du gras sont ceux qui durent de 20 à 30 minutes. Vous devriez être capable de maintenir ce rythme sans essoufflement et le nombre de

L'idéal est de jumeler des sports d'endurance à des exercices de musculation. Par exemple, faire de la marche rapide 30 minutes, quatre fois par semaine et de la musculation une fois par semaine.

Il est important de choisir des sports qui n'ont pas d'impact sur les articulations comme la marche, la bicyclette, la natation et la danse.

battements cardiaques par minute ne devrait pas excéder 130.

Les activités qui demandent des changements de direction, de pression et d'impact surchargent les articulations. Si vous souffrez d'embonpoint, avez des problèmes au dos ou aux genoux, vous devriez éviter ces sports qui incluent le jogging, le tennis, le soccer et plusieurs autres sports de balle. Faire des poids et haltères augmente la masse musculaire. Comme les muscles brûlent plus d'énergie que de gras, la quantité d'énergie utilisée demeure élevée. La musculation ne favorise pas la perte de poids, vous pourriez même en gagner, mais votre corps sera plus ferme et ses contours mieux définis.

Quelques remarques sur la nutrition

Jusqu'ici, nous n'avons abordé le gras que du point de vue de son apport énergétique. L'organisme nécessite un savant dosage de protéines, de gras et de glucides et requiert, de plus, un apport en vitamines essentielles, en minéraux et en oligo-éléments. Voici un bref survol.

Glucides

L'organisme préfère les glucides comme fournisseur d'énergie, parce que leur combinaison chimique à chaînes courtes ou longues est la forme la plus assimilable d'énergie pour beaucoup de cellules. La meilleure façon de rester mentalement et physiquement alerte au cours de la journée est de manger des repas à haute teneur en glucides complexes, comme les céréales à grains entiers, les pâtes et le pain, les pommes de terre, le riz brun et les légumes. Les légumineuses et les fruits sont aussi de bonnes sources de glucides complexes. Préférez en général les aliments qui comportent le moins de transformations, puisqu'ils sont aussi des sources de vitamines et minéraux nécessaires à la santé.

Les aliments qui contiennent du sucre comme les bonbons, les boissons gazeuses, les jus de fruits et les produits de boulangerie faits à partir de farine blanchie, comme le pain baguette, les bretzels et les gâteaux. Compte tenu du fait que les « sucres simples » peuvent prévenir l'assimilation du gras dans le sang, ils doivent être consommés avec modération.

Fibres

Plus un repas contient de fibres et plus le gras sera brûlé efficacement. La propriété de la fibre à favoriser l'utilisation par l'organisme du gras provient de l'effet positif de la fibre sur le cholestérol sanguin, ce qui nous ramène au métabolisme des lipides. Les aliments comme les légumineuses, l'avoine, les pâtes, le riz brun, les pommes de terre, les légumes et les fruits sont riches en fibres.

En mangeant la ration recommandée de 30 à 35 g de fibre par jour, on contribue à réduire les problèmes digestifs et à favoriser une meilleure flore intestinale, ce qui représente, l'un des meilleurs gages d'une bonne santé.

Gras

Bien que la question du gras et des dangers liés à une trop grande consommation pour la santé, amplement commentée tout au long de ce livre, soit bien réelle, il ne faut pas oublier toutefois que le gras est nécessaire à l'organisme. L'organisme ne peut survivre sans gras. C'est une source d'énergie pour le cœur et les cellules musculaires. Le gras sert aussi au transport des vitamines liposolubles, comme les vitamines A, D, E et K, aide à garder la peau souple, et participe à plusieurs fonctions métaboliques importantes. La meilleure règle à suivre concernant le gras est qu'il faut manger des bons gras, en quantité limitée.

Les bons gras

Quelle quantité de gras ?

Au plus, 30 % ou 60 à 80 g par jour, ce qui équivaut grosso modo à 2 ml (1 c. à t.) pour la cuisson et 15 ml (1 c. à s.) à tartiner par personne par jour. Une portion de vinaigrette ne devrait pas dépasser 15 ml (1 c. à s.). Pour éviter les gras « cachés », il est conseillé de choisir des fromages qui ont une teneur en gras ne dépassant pas 15 à 20 % et de limiter sa consommation de viande, de saucisses et de nourriture de restauration rapide.

Les aliments riches en glucides

+ les céréales à grains entiers (par exemple, l'avoine, le riz brun, certains pains et pâtisseries, les pâtes, le muesli, etc.), les pommes de terre, les légumes, les fruits frais et les légumineuses

– le sucre, les confitures, le chocolat, les bonbons, les gâteaux et les pâtisseries faits à partir de farine blanchie, les boissons gazeuses, les jus de fruits, le muesli avec sucre ajouté, les plats préparés en général

Chaque gras est constitué de divers acides gras : saturés, monoinsaturés et polyinsaturés. Les huiles végétales sont riches en gras monoinsaturés et polyinsaturés et ne contiennent pas de cholestérol. Par contre, les gras d'origine animale sont constitués de gras saturés, à l'exception du poisson qui contient des gras polyinsaturés comprenant, entre autres, de l'oméga-3, un corps gras qui protège le système circulatoire.

Pour vous sentir au meilleur de votre forme, il est important de privilégier des aliments qui contiennent des gras insaturés. Pour vos vinaigrettes et pour cuisiner, utilisez des huiles de bonne qualité, avec parcimonie.

Protéines

Dix à vingt pour cent de vos besoins énergétiques quotidiens doivent être comblés par l'ingestion de protéines. Comme la protéine est indispensable à la fabrication et à l'entretien de toutes les cellules de l'organisme, vous devez manger tous les jours des rations d'aliments riches en protéines . En général toutefois, nous avons tendance à dépasser les quantités recommandées. Comme les sources les plus populaires de protéines sont d'origine animale – les produits laitiers, le fromage, la viande et les œufs – une trop grande consommation de ces aliments aura un effet nocif sur le métabolisme des gras. Beaucoup de gens ignorent qu'un grand nombre d'aliments d'origine végétale, comme les céréales, les légumineuses et les noix, sont une bonne source de protéines. Des plats à base de pommes de terre et d'œufs, de pommes de terre et de fromage à la crème ou de yogourt, de céréales ou de légumineuses jumelées à des produits laitiers, d'amalgames de pommes de terre et de légumineuses ou de riz et de légumineuses sont des combinaisons

particulièrement délicieuses et bonnes pour la santé.

Réservez une bonne place aux plats végétariens dans votre alimentation, car les plats comportant des aliments riches en protéines d'origine animale ont une influence négative sur le métabolisme des gras; ils doivent donc être consommés avec modération. Prenez l'habitude de manger du poisson deux fois par semaine. Tout en étant faible en gras, le poisson fournit à l'organisme des protéines d'excellente qualité. Les gras oméga-3 que l'on retrouve dans les poissons gras ont une influence bénéfique sur les taux de cholestérol et sur les vaisseaux sanguins. De plus, le poisson est une excellente source d'iode.

Les aliments riches en protéines

+ le poisson, les fruits de mer (modérément compte tenu de leur haute teneur en cholestérol), les légumineuses, les produits à base de soya, les céréales à grains entiers, le lait écrémé (0,1 à 1,5 % de gras), les fromages faibles en gras (moins de 15 % de gras), les fèves germées, les noix

– le poisson en conserve, la viande et les dérivés de la viande, le canard, l'oie, la volaille (sans la peau), les œufs, les produits laitiers entiers (plus de 3,5 % de gras), les fromages riches en gras (plus de 22 %)

Les bonnes combinaisons protéiniques

Des pommes de terre et des produits laitiers (par exemple, des pommes de terre bouillies servies avec du fromage cottage), des céréales et des produits laitiers (par exemple, du muesli avec du lait, du pain à grains entiers avec du fromage),

des légumineuses et du maïs, ou encore, des céréales avec des pommes de terre ou du tofu.

Boissons

Votre organisme nécessite au moins 1,5 litre (6 tasses) de liquide par jour. Les boissons idéales comprennent l'eau plate, l'eau minérale et les tisanes. Le café, le thé et les jus de fruits doivent être consommés avec modération. Le lait et les boissons à base de lait doivent être considérés comme des aliments à part entière et ne devraient pas servir à étancher la soif.

Vitamines et minéraux

Selon les recommandations des nutritionnistes, vous devriez manger au moins cinq portions de fruits frais et de légumes par jour. Plus vous mangez de fruits et de légumes par jour et plus vous aurez l'assurance de combler vos besoins en vitamines, minéraux et fibres. Une salade ainsi qu'une portion au moins de légumes cuits à chaque repas, des crudités comme des poivrons, des carottes entre les repas. Mangez vos fruits et légumes le plus frais possible, sinon cuisez-les pour qu'ils soient croquants sous la dent, afin de préserver le plus possible leurs précieuses vitamines et les autres principes actifs qu'ils contiennent.

La pyramide alimentaire

Choisissez des aliments à chaque échelon de la pyramide alimentaire. Les différents échelons sont représentatifs de l'importance des groupes alimentaires; il y a ceux dont vous pouvez manger à satiété et ceux qu'il faut consommer en petite quantité. Plus on gravit la pyramide, moins il faut consommer les aliments qui y sont représentés.

Mangez peu de : Beurre ou de margarine. Les huiles végétales sont plus saines pour la cuisson. Méfiez-vous des gras cachés dans les desserts et les plats préparés.

Avec modération : Les produits laitiers contiennent aussi des glucides. Les fromages riches en gras et les produits faits à partir de lait entier et de crème sont aussi riches en gras. Préférez-leur des aliments faibles en gras.

2 à 3 fois par semaine : La viande et la volaille ne devraient être consommées que deux à trois fois par semaine.

Avec modération : Les charcuteries devraient être remplacées le plus souvent possible par du fromage faible en gras, des légumes et des préparations à tartiner à base de légumes.

Au moins 6 fois par mois : Mangez beaucoup de poisson parce qu'il est riche en bons gras et contient de l'iode.

Pas toujours, mais plus souvent : Les fruits frais contiennent de la fructose. Mangez jusqu'à trois portions de fruits par jour (environ 120 g ou 4 oz par portion).

À volonté : Les légumes frais se mangent en tout temps, sans restriction. Les portions de légumes devraient être les plus grosses dans votre assiette.

Produits céréaliers : Choisissez des céréales à grains entiers, des pommes de terre et des légumineuses.

Quelques conseils pratiques

Réduire les matières grasses

➤ Faites sauter, braiser, griller vos aliments dans un poêlon antiadhésif et utilisez le wok pour cuire à feu vif. Ces méthodes de cuisson ne nécessitent pratiquement pas de gras et préservent les vitamines des aliments (voir page 30).

➤ Privilégiez l'usage de l'huile d'olive et de l'huile de colza pour la cuisson parce que les acides gras qu'elles contiennent améliorent le rapport entre l'acide linéique (oméga-6) et l'acide linoléique (oméga-3).

➤ Pour assaisonner les plats et faire les vinaigrettes, servez-vous des nombreuses huiles et vinaigres disponibles sur le marché. Comme les huiles pressées à froid sont plus goûteuses, vous n'aurez pas besoin d'en utiliser beaucoup.

➤ Évitez les vinaigrettes industrielles. Pour remplacer les vinaigrettes crémeuses, prenez du yogourt, du babeurre ou du kéfir faible en gras au lieu de crème ou de crème sûre.

➤ Au lieu d'épaissir vos sauces à l'aide de beurre manié, optez plutôt pour des légumes cuits en purée. Voici une bonne recette de sauce : faites braiser beaucoup de légumes frais. Les sauces brunes auront meilleur goût si vous y ajoutez des carottes, des tomates, des oignons, du céleri et du poireau. Pour faire des sauces blanches, utilisez la portion blanche du poireau, des oignons, un peu de céleri et des carottes.

➤ Les produits à base de soya, comme le lait et la crème de soya, remplacent avantageusement la

crème sûre et la crème fraîche. Sinon, vous pouvez toujours utiliser du babeurre, du kéfir, du yogourt ou de la crème sûre faibles en gras sans vraiment changer le goût de vos préparations culinaires. Pour empêcher le yogourt de tourner dans la sauce, ajoutez-y de 45 à 60 ml (3 à 4 c. à s.) de bouillon chaud avant de le mélanger à la sauce.

➤ Pour vos desserts, servez-vous de fromage quark faible en gras, de fromage cottage en purée ou de yogourt passé au tamis pour en extraire l'eau. Ajoutez-y un peu d'eau minérale pétillante et fouettez bien pour créer une mousse légère qui se substituera à la crème Chantilly.

➤ Une part de fromage quark faible en gras combinée à une part de fromage cottage en purée ou de yogourt fait d'excellentes crèmes-desserts.

➤ Pour faire des pâtisseries, servez-vous de pâte phyllo, de pâte à la levure ou de pâte à crêpes faites à partir de fromage quark et d'huile.

➤ Pour compenser une trop grande consommation de gras, mangez moins de gras le lendemain.

Manger sainement

➤ Moins l'aliment à cuire est gros et moins de temps il mettra à cuire. Coupez vos légumes en lanières ou en petits cubes. Si vous utilisez un wok, coupez la viande en fines lanières.

➤ Les légumes surgelés constituent une bonne solution de rechange aux produits frais. Évitez les légumes déjà apprêtés comme les plats de légumes

en sauce ou avec du beurre. Lisez la liste des ingrédients sur l'emballage, vous serez étonné de constater la haute teneur en gras de ces plats préparés.

➤ Les épices et les fines herbes rehaussent la saveur des plats qui ne nécessitent plus autant de sel. Ajoutez les fines herbes fraîches à la toute fin, juste avant de servir, pour qu'elles conservent toute leur saveur.

➤ Mangez des produits à base de céréales à grains entiers. En fait, il n'est pas nécessaire de manger les grains entiers; vous pouvez les moudre. Goûtez aux craquelins de blé entier moulu, aux petits pains de grains entiers moulus, aux biscottes suédoises faites à partir de grains entiers moulus. Vous augmenterez ainsi votre apport en fibres.

➤ Le riz brun donne aux plats un petit goût de noisette très agréable.

➤ Si vous désirez manger des pâtes multigrains sans œufs, essayez les pâtes à la farine d'épeautre, qui ont un goût agréable.

➤ Si vous faites des efforts pour augmenter votre apport en fibres en mangeant plus de fruits et de légumes et du pain à grains entiers, vous pouvez, de temps à autre, faire quelques écarts et savourer un bagel, du pain baguette ou du pain italien faits à partir de farine blanchie.

➤ Les nutriments qui proviennent d'aliments frais et naturels sont les meilleurs pour votre organisme. La chose la plus importante est d'avoir une alimentation variée comprenant trois portions de légumes et deux petites portions de fruits à chaque jour.

➤ Les aliments qui ont subi le moins de transformation ou qui sont à l'état naturel contiennent des fibres et des vitamines indispensables. C'est la raison pour laquelle mieux vaut opter pour les fruits frais plutôt que les jus de fruits, pour le riz brun plutôt que le blanc, pour les pommes de terre bouillies plutôt que les frites et pour le pain à grains entiers plutôt que le pain baguette.

➤ Évitez les plats préparés et ne les consommez que s'ils ne contiennent pas trop de gras, de sucre ou de sel. Vérifiez la liste d'ingrédients sur l'emballage.

➤ Compte tenu du fait que le cholestérol alimentaire joue un rôle mineur dans l'augmentation du taux de cholestérol LDL, il est permis de manger deux à trois œufs par semaine, incluant les recettes contenant des œufs. Rappelez-vous que les gâteaux, les pâtes aux œufs et la plupart des produits de boulangerie contiennent des œufs.

➤ Une déficience en iode perdure dans certaines régions. Utilisez du sel iodé lorsque vous cuisinez si vous n'avez pas de problèmes thyroïdiens.

➤ L'alcool a un effet à la fois bénéfique et nocif sur la santé. L'alcool utilisé en cuisine s'évapore au bout de vingt minutes de cuisson. Le plat contient l'arôme, mais plus d'alcool. Le vin rehausse certains repas.

➤ Si vous buvez de l'eau minérale ou du thé pour étancher votre soif, prendre un verre de vin au repas ne pose aucun problème.

Les noix : de délicieuses collations

À cause de leur forte teneur en gras, beaucoup de gens qui souffrent d'hypercholestérolémie se demandent s'ils peuvent en manger dans le cadre d'un régime faible en gras.

D'abord, la bonne nouvelle : vous pouvez manger des noix de temps en temps comme collation entre les repas ou comme garniture pour rehausser certains plats. Les noix sont riches en gras monoinsaturés et polyinsaturés, ne contiennent pas de cholestérol et sont une bonne source de vitamines et de protéines de qualité.

Et la mauvaise : Malgré toutes ces qualités, il n'en demeure pas moins que leur haute teneur en gras doit être prise en compte dans le cadre d'un régime faible en gras.

Il est prouvé que les pistaches ont une incidence bénéfique sur les taux de cholestérol. Ce sont les noix qui contiennent le moins de gras avec dix fois plus de gras polyinsaturés que de gras saturés. C'est la raison pour laquelle les pistaches stimulent le bon cholestérol HDL et réduisent le mauvais LDL. Plusieurs études ont démontré que la consommation régulière de pistaches diminuait le LDL et réduisait les risques de crise cardiaque de 30 à 50 %. Les pistaches sont également riches en vitamine B, en magnésium et en acide folique, ce qui en fait un aliment « parfait pour les nerfs ». Mais attention : une poignée de pistaches (environ 45 noix ou 25 g) équivaut à 160 calories et 13 g de gras (11 g de gras insaturés).

Aliments convenant à un régime faible en gras

Viande : Le veau, le bœuf maigre, la volaille sans peau (poulet, dinde, caille, faisan), le gibier (lièvre, venaison, orignal, buffle)

Viande transformée : Les charcuteries qui contiennent jusqu'à 20 % de gras (vérifiez l'information nutritionnelle sur l'étiquette), le jambon, la dinde, le poulet

Viande cuite : Le rôti de bœuf, la volaille rôtie sans peau, du jambon sans couenne

Soupes : Bouillon faible en gras, bouillon fait maison, bouillon de légumes

Poisson : La morue, la sole, le flétan, la plie, le saumon, la perche, le vivaneau, le turbot, la truite, l'éperlan et le brochet

Oeufs : Les blancs seulement, les substituts d'œufs sans cholestérol

Le lait et les produits laitiers : Le lait faible en gras (écrémé, 1 ou 2 %), le babeurre, les produits laitiers faibles en gras (1 à 2 %) comme le yogourt et la crème sûre, le fromage quark fait à partir de lait écrémé, le fromage cottage et le fromage à la crème faibles en gras

Céréales : Le sarrasin, l'épeautre, l'orge, l'avoine, le millet, le riz brun, le seigle et le blé

Pains : Tous les types de pains, surtout dans les cas d'hypertriglycéridémie, le pain de blé entier, le pain de seigle, le pain aux graines de lin, le pain aux graines de tournesol, le pain de soya

Pâtes : Toutes les pâtes faites sans jaunes d'œufs

Pommes de terre : Tous les plats de pommes de terre agrémentés de lait écrémé, d'huile végétale de bonne qualité, sans jaunes d'œufs

Gâteaux et pâtisseries : À base de levure et, dans les cas d'hypertriglycéridémie, les préparations à base d'huile végétale, de lait écrémé, sans jaunes d'œufs

Légumineuses : Les haricots, les lentilles, les pois et les fèves de soya

Légumes : Tous les légumes, de préférence crus ou en salade

Fruits : Tous les fruits à l'exception des avocats

Desserts : Les desserts à base de fruits, les poudings au lait écrémé, les sorbets et les granités, les desserts au chocolat à base de poudre de cacao non sucrée

Boissons : Le café (modérément), le thé, l'eau minérale, les jus de fruits et de légumes, des boissons faites d'une part de jus de fruits pour trois parts d'eau minérale, des boissons gazeuses diète et, dans les cas d'hypercholestérolémie, des boissons gazeuses classiques

Les aliments qui peuvent être consommés dans le cadre d'une diète faible en gras, en autant que leur teneur en gras et en cholestérol soit prise en compte

Viande : Le porc, le bœuf, le mouton, l'agneau, le bœuf haché, le bacon, le canard, l'oie, le poulet, les abats (foie, cœur, rognons, ris, cervelle), produits de viande en boîte

Viande transformée et saucisses : Tous les types de saucisses qui ont une teneur en gras de plus de 20 %, la saucisse de bœuf ou de porc fumé, le salami, la charcuterie, le boudin, le pâté de foie, les pains de viande, les saucisses de Francfort

Poisson : Le hareng, l'anguille, le maquereau, le thon, les calmars, la carpe, les huîtres, le crabe, le homard, les crevettes, le caviar, le poisson en sauce en boîte, le poisson pané

Œufs : Le jaune d'œuf, les aliments et les plats préparés avec des jaunes d'œufs (comme les nouilles aux œufs), les œufs brouillés, les œufs frits et les omelettes

Le lait et les produits laitiers : Le lait entier et des produits laitiers comme la crème, le yogourt, la crème sûre et les fromages contenant plus de 15 % de matières grasses

Pâtes farcies : Toutes les sortes

Pâtes : Les pâtes contenant des œufs

Gâteaux et pâtisseries : Les sablés au beurre, les tartes, les pâtisseries à la pâte phyllo, les strudels, les brioches, les gâteaux avec glaçage, les beignes

Noix : Tous les types de noix

Fruits : Avocat

Confiseries : Le chocolat et les tablettes de chocolat, les pralines, la pâte d'amande, le nougat, le sirop de chocolat, les caramels

Desserts : Les pâtisseries faites avec du lait entier ou de la crème

Gras : Les huiles, la margarine avec une faible ou une haute teneur en gras polyinsaturés, le beurre, le lard, l'huile de coco, l'huile de palme, la mayonnaise, les vinaigrettes crémeuses, le bacon, le suif

Boissons : Lorsque le taux de triglycérides est élevé, toutes les boissons alcoolisées et les boissons gazeuses contenant du sucre

Méthodes de cuisson faibles en gras

Abaisser votre taux de cholestérol signifie que vous devez changer vos habitudes alimentaires. Vos anciennes méthodes de cuisson doivent être revues et adaptées. Les informations que nous vous donnons devraient vous permettre d'effectuer le changement facilement.

Faire griller

Mettez vos aliments au four à 260 °C (500 °F), une méthode qui vous permettra de griller et de faire brunir vos plats en leur ajoutant de la saveur et du croquant.

Vous aurez besoin :

D'un four aux charbons de bois, d'une cuisinière électrique ou au gaz, d'un barbecue. Il existe aussi des braseros de table.

Aliments à griller :

Des viandes non salées, des saucisses, du poisson, des légumes, des pommes de terre, des fruits.

Comment procéder :

Préchauffez le gril selon les directives du fabricant.

Déposez les aliments à griller sur la surface de cuisson. Faites brunir jusqu'à ce que les aliments soient cuits.

Cuire à la vapeur

La cuisson à la vapeur à environ 100 °C (200 °F) est la méthode la plus douce. Aucun liquide ni gras n'est requis et les aliments conservent leur couleur et leur saveur.

Vous aurez besoin :

D'une marguerite ou d'un cuiseur chinois à vapeur en bambou.

Aliments qui se prêtent à la cuisson à la vapeur :

Le brocoli, le chou-fleur, les pois, les haricots, le fenouil, les pommes de terre, les poireaux, les carottes, les betteraves, les asperges, les filets de poisson, la truite, le maquereau, les poitrines et les cuisses de poulet.

Comment procéder :

Remplissez le fond d'un chaudron d'environ 2,5 à 5 cm (2 po) d'eau de façon à ce que la marguerite ne touche pas au liquide. Ajoutez les aliments et couvrez. La cuisson débute lorsque l'eau bout; baissez le feu et laissez la vapeur cuire les aliments.

Cuisson à l'étouffée

La cuisson à l'étouffée est une méthode où les aliments sont cuits dans leur propre jus et ne requiert pratiquement pas l'ajout de gras. La température de cuisson est d'environ 100 °C (200 °F). Cette méthode préserve en très grande partie les vitamines et les minéraux des aliments.

Vous aurez besoin :

D'une poêle de bonne qualité à fond épais ou d'une poêle antiadhésive dotée d'une bonne conductibilité de la chaleur et qui a un couvercle hermétique, ou encore, d'une marmite à pression. Vous pouvez également utiliser une cocotte d'argile, un sac à cuisson, du papier parchemin et du papier d'aluminium.

Aliments qui se prêtent à ce type de cuisson :

Les haricots, les carottes, les poivrons, les champignons, les tomates, les courgettes, les fruits, les filets de poisson, les poissons entiers, les morceaux de poulet.

Comment procéder :

Lavez les aliments et placez-les encore humides dans le caquelon, ou enveloppez-les dans le papier parchemin ou le papier d'aluminium. Vous pouvez aussi les faire sauter légèrement dans un peu de matière grasse.

Arrosez d'un peu d'eau ou de bouillon, puis couvrez. Faites cuire dans un four à 140 °C (275 °F). Faites attention en retirant le couvercle ou en ouvrant le papier, c'est brûlant !

Pour rissoler

Vous pouvez rissoler en utilisant peu ou pas de gras. La température idéale se situe entre 140 °C (275 °F) et 200 °C (400 °F). À cette intensité, les pores se referment et les aliments retiennent leur jus.

Vous aurez besoin :
D'une poêle antiadhésive ou d'une poêle à frire avec ou sans couvercle. Équipez-vous d'une batterie de cuisine sans nickel, faite de multi-couches qui absorbent et diffusent la chaleur rapidement et uniformément.

Les aliments à rissoler :
Les biftecks, les côtelettes, les médaillons, les filets de poisson, les légumes, les pommes de terre, les œufs.

Comment procéder :
Faites chauffer la poêle. Ajoutez un peu d'huile. Placez-y les aliments secs et faites-les revenir de tous les côtés. Selon le type d'aliment, baissez le feu et faites cuire jusqu'à ce que les aliments soient prêts.

Retirez les aliments, ajoutez un peu de liquide dans la poêle pour récupérer les sucs et préparer une sauce si vous le désirez.

Pour braiser

Cette méthode associe deux méthodes de cuisson, celle du rissolage à une température de 160 à 200 °C (325 à 400 °F) et celle de la cuisson à l'étouffée à 100 °C (200 °F).

Vous aurez besoin :
D'une cocotte ou d'une casserole avec un bon couvercle, ou encore d'une poêle avec un couvercle hermétique, surtout si vous cuisinez sans gras et avec très peu de liquide.

Les aliments qui se prêtent au braisage :
Le porc, le bœuf ou l'agneau en cubes, les rôtis de palette et les roulades, le chou, les poivrons farcis et les aubergines.

Comment procéder :
Faites chauffer un peu de gras et faites revenir les aliments. Ajoutez les autres ingrédients comme les légumes, les épices et les fines herbes. Ajoutez un peu de bouillon, de vin ou d'eau et faites mijoter doucement.

Faire sauter à feu vif

Faire sauter les aliments à feu vif dans un wok ou une grosse poêle à frire est une méthode de cuisson santé qui aide à préserver la valeur nutritive des aliments. Les ingrédients, taillés en fines lanières, sont jetés dans le wok, dans lequel on aura versé un peu d'huile, et sont remués constamment.

Vous aurez besoin :
Pour une cuisinière au gaz, vous aurez besoin d'un wok classique dont le fond est arrondi. Pour une cuisinière électrique, il est préférable d'utiliser un wok à fond plat. Les woks sont faits en fonte, avec un revêtement antiadhésif ou en cuivre. Vous pouvez utiliser une grande poêle, mais la chaleur ne sera pas distribuée aussi uniformément que dans un wok et ne vous permettra pas de tasser sur les côtés les aliments afin de les éloigner de la chaleur.

Les aliments qui se prêtent à la cuisson au wok :
Tous les légumes, les fruits, le poisson, les fruits de mer, la volaille et la viande maigre.

Comment procéder :
Coupez les aliments en lanières. Faites chauffer un peu d'huile. Ajoutez les ingrédients les plus durs ou les plus gros en premier, puis les plus petits ou ceux qui demandent le moins de cuisson. Faites revenir en brassant continuellement.

Ajoutez les épices et les condiments, puis un peu de liquide, et faites cuire jusqu'à ce que le tout soit prêt. Si la sauce a besoin d'être épaissie, mélangez un peu de fécule dans de l'eau ou dans de la sauce soya, versez dans le wok et amenez à ébullition.

Petits-déjeuners
et collations

Salade de fruits frais avec du yogourt aux graines de pavot

Gras	●	20 min.
Cholestérol	1 mg	
Fibre	●●	

Par portion : environ 202 calories, 7 g de protéines, 5 g de gras, 34 g de glucides

POUR 2 PORTIONS
30 ml (2 c. à s.) de graines de pavot
50 ml (1/2 tasse) de lait écrémé
150 ml ou 150 g (2/3 tasse) de yogourt faible en gras
5 ml (1 c. à t.) de sucre vanillé
1 petite pomme
1 petite banane
15 ml (1 c. à t.) de jus de citron fraîchement pressé
155 ml ou 100 g (2/3 tasse) de raisins verts
1 orange

1 Dans une petite casserole, faites bouillir les graines de pavot et le lait. Versez la préparation dans un bol; laissez refroidir. Ajoutez au yogourt et au sucre, mélangez bien et laissez de côté.

2 Coupez la pomme en quatre, enlevez le cœur et taillez en lamelles. Épluchez la banane et coupez-la en morceaux. Les ajouter aux lamelles de pomme et arrosez immédiatement de jus de citron.

3 Coupez les raisins en deux et enlevez les pépins. Pelez l'orange et défaites-la en quartiers.

4 Ajoutez les fruits au yogourt et aux graines de pavot et servez immédiatement.

SUGGESTION : Vous pouvez utiliser d'autres fruits. Laissez vos papilles gustatives et les fruits de saison vous guider.

Muesli au fromage à la crème

Gras	●	15 min.
Cholestérol	7 mg	
Fibre	●●●	

Par portion : environ 392 calories, 19 g de protéines, 6 g de gras, 65 g de glucides

POUR 2 PORTIONS
200 ml ou 200 g (3/4 tasse + 2 c. à s.) de fromage quark, de cottage en purée ou de yogourt passé
250 ml ou 100 g (1 tasse) de petits fruits surgelés
30 ml (2 c. à s.) de concentré de jus de pomme ou de nectar de poire
1 ml (1/4 c. à t.) de vanille
75 ml ou 50 g (1/3 tasse) de raisins secs Sultana
250 ml ou 100 g (1 tasse) de flocons de céréales

1 Ajoutez 90 à 120 ml (3 à 4 c. à s.) d'eau au fromage quark et brassez jusqu'à ce que le mélange soit crémeux (omettez cette opération si vous utilisez du fromage cottage ou du yogourt). Faites décongeler les petits fruits dans un bol; mettez quelques petits fruits de côté. Écrasez les petits fruits restants et mélangez-les avec le fromage quark, le concentré de jus de pomme ou le nectar de poire et la vanille.

2 Passez les raisins secs à l'eau chaude, épongez-les et mélangez-les avec les flocons de céréales.

3 Saupoudrez les raisins et les flocons sur le mélange de fromage et garnissez avec les petits fruits mis de côté.

SUGGESTION : Des mélanges de flocons de céréales sont disponibles dans les magasins d'aliments naturels. Vous pouvez aussi utiliser un seul type de céréales, comme de l'avoine par exemple.

Tofu à la banane et autres fruits

Gras	–	15 min.
Cholestérol	–	
Fibre	●	

Par portion : environ 157 calories, 4 g de protéines, 3 g de gras, 35 g de glucides

POUR 2 PORTIONS
150 ml ou 150 g (2/3 tasse) de tofu mou
1 banane
15 à 30 ml (1 à 2 c. à s.) de sirop d'érable ou de sucre semoule
250 ml ou 150 g (1 tasse) de raisins verts ou rouges
250 ml ou 150 g (1 tasse) de fraises
30 ml (2 c. à s.) de céréales de flocons de maïs

1 À l'aide d'une fourchette ou d'un mélangeur à main, écrasez le tofu. Épluchez et écrasez la banane. Mélangez la banane, le tofu et le sirop d'érable jusqu'à l'obtention d'une consistance homogène.

2 Coupez les raisins et enlevez les pépins. Lavez délicatement les fraises, équeutez-les, faites-les égoutter et coupez-les. Ajoutez-les au mélange de banane et tofu et garnissez avec les flocons de maïs.

SUGGESTION : Vous pouvez acheter du fromage quark, du fromage cottage et du yogourt qui sont plus ou moins riches en gras. Par exemple, 125 ml ou 100 g (1/2 tasse) de quark fait à partir de lait 20 % au poids (40 % au poids sec) contient environ 153 calories et 31 g de cholestérol. La même quantité de quark fait à partir de lait écrémé contient environ 72 calories et 1 mg de cholestérol. Ceci s'applique à tous les produits laitiers.

Salade de fruits frais avec du yogourt aux graines de pavot, illustration du haut
Muesli avec fromage à la crème, en bas à gauche
Tofu à la banane et autres fruits, en bas à droite

Yogourt à l'ananas et aux graines de lin

Gras	●●●	10 min.
Cholestérol	–	
Fibre	●●●	

Par portion : environ 315 calories, 11 g de protéines, 11 g de gras, 44 g de glucides

POUR 2 PORTIONS
250 ml ou 250 g (1 tasse) de yogourt faible en gras
45 ml (3 c. à s.) de graines de lin moulues
Le jus d'un 1/2 citron
30 ml (2 c. à s.) de sucre semoule
1 ml (1/4 c. à s.) de vanille
30 ml (2 c. à s.) d'amandes moulues
2 ml (1/2 c. à s.) de cannelle moulue
2 ml (1/2 c. à s.) de piment de la Jamaïque moulu
300 g (10 oz) d'ananas frais (environ 1/2 ananas apprêté)

1 Mélangez dans un bol moyen le yogourt, les graines de lin et le jus de citron. Ajoutez le sucre, la vanille, les amandes, la cannelle et le piment de la Jamaïque; bien mélanger.

2 Enlevez la peau et le cœur de l'ananas, débitez-le en petits morceaux. Ajoutez au mélange de yogourt et servez immédiatement.

!! Suggestion : Aujourd'hui, vous pouvez acheter des ananas frais tout au long de l'année. Ils sont généralement cueillis lorsqu'ils sont encore verts et n'auront jamais la saveur d'un ananas cueilli à maturité. Choisissez-le odorant avec un feuillage bien vert. Gardez-le au réfrigérateur et mangez-le le plus tôt possible.

Muesli au soya et aux poires

Gras	+	20 min.
Cholestérol	–	
Fibre	●●●	

Par portion : environ 423 calories, 13 g de protéines, 17 g de gras, 57 g de glucides

POUR 2 PORTIONS
30 ml (2 c. à s.) de noisettes moulues
30 ml (2 c. à s.) de gros flocons d'avoine
30 ml (2 c. à s.) de raisins secs
200 ml ou 200 g (3/4 tasse + 2 c. à s.) de lait de soya
30 ml (2 c. à s.) de noix de cajou
30 ml (2 c. à s.) de nectar de poire
2 poires mûres (environ 250 g ou 8 oz)
150 ml ou 150 g (2/3 tasse) de yogourt faible en gras
30 ml (2 c. à s.) de graines de lin moulues

1 Mélangez dans un bol moyen les noisettes, l'avoine et les raisins secs. Versez-y le lait de soya et laissez reposer de 10 à 15 minutes.

2 Coupez grossièrement les noix de cajou et faites-les griller à feu doux dans une poêle antiadhésive. Retirez-les du feu et réservez.

3 Ajoutez le nectar de poire aux flocons d'avoine. Pelez, évidez et coupez finement les poires. Mélangez les poires, le yogourt et les graines de lin au mélange d'avoine. Garnissez le tout avec les noix de cajou et servez.

!! Suggestion : Vous pouvez mélanger les noisettes, l'avoine, les raisins secs et le lait de soya la veille.

!! Suggestion : Les noix de cajou légèrement amères doivent être conservées dans un endroit sec et à l'abri de la lumière, de préférence au réfrigérateur. Elles sont une bonne source de protéines, ne contiennent pas de cholestérol et contiennent très peu de gras, contrairement aux autres noix.

Muesli au millet et aux raisins secs

Gras	●●	25 min.
Cholestérol	5 mg	
Fibre	●●	

Par portion : environ 420 calories, 12 g de protéines, 7 g de gras, 75 g de glucides

POUR 2 PORTIONS
200 ml ou 200 g (3/4 tasse + 2 c. à s.) de lait écrémé ou de lait 1 %
75 ml ou 70 g (1/3 tasse) de millet
30 ml (2 c. à s.) de raisins secs
6 abricots séchés sans sulfites
1 pomme (Gala ou Granny Smith)
30 ml (2 c. à s.) de jus de citron fraîchement pressé
150 ml ou 150 g (2/3 tasse) de yogourt faible en gras
6 biscuits à l'amaretto

1 Amenez le lait et le millet à ébullition, ajoutez-y les raisins secs et faites cuire à feu doux.

2 Pendant ce temps, coupez les abricots en fines lamelles. Pelez la pomme, coupez-la finement et arrosez de jus de citron. Ajoutez les abricots, la pomme et le yogourt au mélange de lait et de millet.

3 Émiettez les biscuits à l'amaretto et garnissez-en le muesli.

!! Suggestion : Longtemps oublié, le millet devient de plus en plus populaire. Il est une bonne source de protéines végétales, contient beaucoup de minéraux, plus particulièrement du magnésium et du potassium, et sa haute teneur en fer en fait un aliment de choix pour ceux qui mangent peu ou pas de viande.

!! Suggestion : Les biscuits à l'amaretto sont de petits biscuits italiens très légers aromatisés à la liqueur d'amande.

Yogourt à la banane et aux graines de lin, illustration du haut
Muesli au soya et aux poires, en bas à gauche
Muesli de millet et de raisins secs, en bas à droite

Kiwis et fraises avec flocons d'avoine

Gras	++	15 min.
Cholestérol	8 mg	
Fibre	●●●	

Par portion : environ 640 calories, 16 g de protéines, 22 g de gras, 96 g de glucides

POUR 2 PORTIONS
50 ml (1/4 tasse) de flocons d'avoine
30 ml (2 c. à s.) de raisins secs
250 ml ou 250 g (1 tasse) de lait écrémé ou de lait 1 %
15 à 30 ml (1 à 2 c. à s.) de miel liquide
300 ml ou 200 g (1 1/4 tasse) de fraises
2 kiwis
30 ml (2 c. à s.) de pacanes ou de noix de Grenoble

1 Mélangez les flocons d'avoine avec les raisins secs, le lait et le miel et laissez reposer de 10 à 15 minutes.

2 Lavez et égouttez les fraises avec soin, équeutez-les et coupez-les en morceaux. Pelez les kiwis, coupez-les en quartiers, puis en cubes. Hachez grossièrement les pacanes.

3 Ajoutez les fraises et les kiwis au mélange de flocons d'avoine. Garnissez avec les noix et servez.

!! SUGGESTION : L'avoine sous toutes ses formes est idéale si votre cholestérol est trop élevé. Elle est riche en acides aminés et en gras essentiels. Sa couche externe est riche en fibres solubles, ce qui explique pourquoi l'avoine est tant recommandée aux gens souffrant d'hypercholestérolémie.

Son d'avoine et pêches

Gras	●●	5 min.
Cholestérol	6 mg	
Fibre	●●	

Par portion : environ 286 calories, 10 g de protéines, 7 g de gras, 43 g de glucides

POUR 2 PORTIONS
30 ml ou 20 g (2 bonnes c. à s.) de pistaches écaillées
2 pêches ou autre fruit de saison comme les nectarines ou les abricots
300 ml ou 60 g (1 1/4 tasse) de son d'avoine
30 ml (2 c. à s.) de nectar de poire
250 ml ou 250 g (1 tasse) de kéfir ou de yogourt faible en gras

1 Faites rôtir à sec les pistaches dans une poêle antiadhésive. Retirez du feu et réservez.

2 Lavez les pêches à l'eau chaude, coupez-les en deux, retirez le noyau et débitez la chair en petits dés. Ajoutez-les au son d'avoine et au nectar de poire. Rajoutez le kéfir au mélange, saupoudrez de pistaches et servez immédiatement pour que le son d'avoine demeure croustillant.

!! SUGGESTION : Les produits qui contiennent de l'avoine ont une grande importance dans un régime pour abaisser le taux de cholestérol. L'avoine contient une fibre qui est facilement assimilée par l'organisme. La fibre soluble stimule la digestion et se fixe au mauvais cholestérol afin de l'éliminer. Il est essentiel de boire beaucoup de liquide lorsque l'on consomme des aliments riches en fibres solubles. Après avoir mangé, buvez un verre d'eau minérale aromatisée au jus de fruits.

Gruau de sarrasin aux fruits

Gras	–	25 min.
Cholestérol	3 mg	
Fibre	●●●	

Par portion : environ 393 calories, 12 g de protéines, 3 g de gras, 78 g de glucides

POUR 2 PORTIONS
200 ml (3/4 tasse + 2 c. à s.) de lait écrémé ou de lait 1 %
2 ml (1/2 c. à t.) de zeste de citron
1/2 gousse de vanille
125 ml ou 100 g (1/2 tasse) de gruau de sarrasin
1 petite mangue (environ 250 g ou 8 oz)
30 ml (2 c. à s.) de sucre semoule
150 ml ou 150 g (2/3 tasse) de yogourt faible en gras
400 ml ou 200 g (1 2/3 tasse) de framboises

1 Mélangez le zeste de citron avec le lait. Coupez la gousse de vanille longitudinalement, grattez l'intérieur et ajoutez-la au lait.

2 Passez le gruau de sarrasin à l'eau froide et égouttez-le. Ajoutez le gruau au lait et faites bouillir le tout, couvrez et laissez mijoter environ 15 minutes ou jusqu'à ce que tout le liquide soit absorbé.

3 Pelez et coupez la mangue en dés. Mélangez le sarrasin, la mangue, le sucre et le yogourt. Lavez les framboises, égouttez-les bien et garnissez-en le gruau.

Kiwis et fraises avec flocons d'avoine, illustration du haut
Son d'avoine et pêches, en bas à gauche
Gruau de sarrasin aux fruits, en bas à droite

Tartinade de céleri-rave et de fromage à la crème

Gras	–	10 min.
Cholestérol	–	
Fibre	●	

Par portion : environ 130 calories, 5 g de protéines, 3 g de gras, 22 g de glucides

POUR 2 PORTIONS
175 ml ou 100 g (3/4 tasse) de céleri-rave
15 ml (1 c. à s.) de jus de citron fraîchement pressé
50 ml ou 50 g (1/4 tasse) de fromage à la crème faible en gras
Une pincée de muscade fraîchement moulue
Du sel et du poivre blanc fraîchement moulu
15 ml (1 c. à s.) de noix hachées

1 Pelez et hachez finement le céleri-rave. Mélangez immédiatement avec le jus de citron pour prévenir le noircissement. Ajoutez le fromage à la crème, la muscade, le sel et le poivre et laissez reposer pour que les saveurs s'amalgament. Saupoudrez de noix et servez.

SUGGESTION : Cette tartinade fait de bons sandwichs.

SUGGESTION : Selon les règlements en vigueur en Amérique du Nord, le fromage à la crème doit contenir au moins 33 % de gras laitiers au poids, mais il est possible aujourd'hui de choisir des produits faibles en gras qui contiennent 20 %, 5 % ou moins de gras laitiers. L'étiquette porte souvent la mention : «produit allégé», «produit fait à partir de babeurre», ou encore, «choix santé».

Tartinade de haricots rouges

Gras	●	10 min.
Cholestérol	–	
Fibre	●●●	

Par portion : environ 446 calories, 30 g de protéines, 4 g de gras, 77 g de glucides

POUR 2 PORTIONS
1 boîte (540 ml ou 19 oz) de haricots rouges
1 petit oignon
1 gousse d'ail
15 ml (1 c. à s.) d'huile de tournesol ou de colza
5 ml (1 c. à t.) de jus de citron fraîchement pressé ou de vinaigre de vin blanc
Sel et poivre noir fraîchement moulu
Une pincée de poivre de Cayenne
15 ml (1 c. à s.) de persil finement ciselé

1 Rincez les haricots rouges et égouttez-les bien.

2 Épluchez et hachez l'oignon et l'ail. Faites chauffer l'huile dans une poêle antiadhésive. Faites revenir les oignons à feu doux jusqu'à ce qu'ils deviennent translucides; ajoutez l'ail et faites cuire légèrement.

3 À l'aide d'un robot culinaire ou d'un mélangeur, mettez les haricots rouges en purée. Ajoutez les oignons et l'ail à la purée. Assaisonnez avec le jus de citron, le sel, le poivre et le poivre de Cayenne. Décorez de persil et servez.

SUGGESTION : La tartinade se conserve au réfrigérateur jusqu'à 3 jours.

SUGGESTION : Cette tartinade se marie bien avec le pain pita ou le pain français, mais elle est particulièrement savoureuse servie sur des tortillas (de préférence au blé entier). Étendez la tartinade sur la tortilla, garnissez avec une ou deux fines tranches de tomate et un peu de laitue et roulez la tortilla.

Tartinade à la pomme

Gras	–	10 min.
Cholestérol	7 mg	
Fibre	●	

Par portion : environ 126 calories, 6 g de protéines, 3 g de gras, 17 g de glucides

POUR 2 PORTIONS
45 ml (3 bonnes c. à s.) de germe de blé
1 grosse pomme (environ 150 g / 5 oz)
15 ml (1 c. à s.) de jus de citron fraîchement pressé
50 ml ou 50 g (1/4 tasse) de fromage à la crème faible en gras
5 ml (1 c. à t.) de sucre vanillé
Une pincée de clous de girofle moulus
Un peu de cannelle

1 À feu moyen, faites rôtir le germe de blé dans une poêle antiadhésive de 2 à 3 minutes, en brassant constamment.

2 Pelez, évidez et coupez la pomme en morceaux. Utilisez un robot culinaire ou un mélangeur pour mettre la pomme et le jus de citron en purée.

3 Ajoutez le germe de blé et le fromage à la crème au mélange de pomme. Assaisonnez avec le sucre vanillé, le clou de girofle et la cannelle.

SUGGESTION : Les rôtis, les craquelins et le pain français conviennent bien à cette tartinade.

SUGGESTION : Le germe de blé est la partie la plus précieuse de la céréale. Il contient des protéines, des acides gras essentiels, de la lécithine, des vitamines B et E, des minéraux et des oligo-éléments. Le germe de blé est une bonne source de fibres.

**Tartinade aux haricots rouges, en haut
Tartinade à la pomme, en bas**

Tartinade aux amandes et au cresson

Gras	●	10 min.
Cholestérol	3 mg	
Fibre	●	

Par portion : environ 95 calories, 7 g de protéines, 6 g de gras, 3 g de glucides

POUR 2 PORTIONS

10 amandes entières (30 ml ou 20 g moulues / 2 c. à s.)
1/4 d'un bouquet de ciboulette
1 botte de cresson
125 ml ou 100 g (1/2 tasse) de fromage quark faible en gras, de fromage cottage en purée ou de yogourt égoutté
Sel et poivre blanc fraîchement moulu

1 À l'aide d'un robot culinaire ou d'un mélangeur, réduisez les amandes en poudre. Ciselez finement la ciboulette. Coupez le cresson avec des ciseaux de cuisine, rincez-le et égouttez-le bien.

2 Mélangez les amandes, le fromage, la ciboulette et le cresson (en gardant quelques brins pour la décoration), brassez jusqu'à l'obtention d'une pâte crémeuse. Ajoutez le sel et le poivre. Garnissez d'un peu de ciboulette et de cresson.

!! SUGGESTION : Cette tartinade convient bien aux pains de grains entiers et au pain de seigle.

!! SUGGESTION : Les noix et les graines sont plus savoureuses lorsqu'elles ont été grillées légèrement.

Tartinade aux herbes et à la levure alimentaire

Gras	●●●	10 min.
Cholestérol	9 mg	
Fibre	●	

Par portion : environ 116 calories, 2 g de protéines, 11 g de gras, 1 g de glucides

POUR 2 PORTIONS

45 ml ou 40 g (3 c. à s.) de margarine diète
75 ml (1/3 tasse) de levure alimentaire en flocons
50 ml ou 50 g (1/4 tasse) de crème sûre
1 ml (1/4 c. à t.) de bouillon de légumes en poudre
30 ml (2 c. à s.) de fines herbes finement ciselées comme du persil et de la ciboulette
Poivre noir fraîchement moulu

1 Mélangez la margarine, les flocons de levure, la crème sûre, le bouillon en poudre et les fines herbes dans un petit bol; brassez jusqu'à ce que la consistance soit crémeuse. Poivrez et réfrigérez durant 10 minutes jusqu'à ce que la tartinade soit ferme.

!! SUGGESTION : Cette préparation convient bien aux pains à grains entiers et aux légumes, comme des tranches de concombre avec du cresson ou des tranches de tomate avec du basilic.

!! SUGGESTION : Pour préparer cette tartinade, utilisez une margarine diète qui contient des phytostérols. Des études ont démontré que le cholestérol LDL s'abaisse de 10 à 15 % en un laps de temps relativement court si vous absorbez environ 22 ml ou 20 g (1 1/2 c. à s.) par jour de ce type de margarine, au lieu de la même quantité d'un autre gras.

Tartinade de poisson fumé

Gras	–	10 min.
Cholestérol	–	
Fibre	–	

Par portion : environ 54 calories, 9 g de protéines, 1 g de gras, 3 g de glucides

POUR 2 PORTIONS

125 ml ou 100 g (1/2 tasse) de fromage quark faible en gras, de fromage cottage en purée ou de yogourt égoutté
25 g (1 oz) de poisson fumé comme du maquereau ou de la truite (en filets ou en conserve)
2 ml (1/2 c. à t.) de raifort
2 ml (1/2 c. à t.) de moutarde de Dijon
1/2 petit oignon
Du sel et du poivre noir fraîchement moulu

1 À l'aide d'un robot culinaire ou d'un mélangeur, mettez en purée le fromage quark, le poisson fumé, le raifort et la moutarde jusqu'à ce que le tout soit crémeux. Ajoutez de l'eau, si nécessaire.

2 Pelez l'oignon, émincez-le et ajoutez-le à la préparation. Ajoutez du sel et du poivre.

!! SUGGESTION : Le pain à grains entiers se marie bien avec cette tartinade. Elle peut également servir de trempette avec des légumes comme des radis, des tomates, etc.

Tartinade aux amandes et au cresson, illustration du haut
Tartinade aux herbes et à la levure alimentaire, en bas à gauche
Tartinade au poisson fumé, en bas à droite

Crème de soya et de noisettes

Gras	+	5 min.
Cholestérol	–	
Fibre	–	

Par portion : environ 190 calories, 5 g de protéines, 15 g de gras, 8 g de glucides

POUR 2 PORTIONS
45 ml (3 c. à t.) de noisettes
45 ml (3 c. à s.) de crème de soya nature ou de lait de soya
15 ml (1 c. à s.) de fromage quark, de fromage cottage en purée ou de yogourt égoutté
2 ml (1/2 c. à t.) de jus de citron fraîchement pressé
15 ml (1 c. à s.) de miel liquide ou quelques gouttes d'édulcorant

1 Mélangez le beurre de noisettes, la crème de soya, le fromage quark et le jus de citron : brassez jusqu'à l'obtention d'une consistance crémeuse. Sucrez avec le miel ou l'édulcorant.

!! SUGGESTION : Étendre avec parcimonie sur du pain ou des craquelins. Vous pouvez garnir avec des fruits frais, comme des tranches de banane ou de kiwi.

Tartinade méditerranéenne

Gras	●	15 min.
Cholestérol	–	
Fibre	●●●	

Par portion : environ 81 calories, 3 g de protéines, 6 g de gras, 3 g de glucides

POUR 2 PORTIONS
50 ml ou 40 g (1/4 tasse) de graines de tournesol
12 olives vertes, dénoyautées
1 gousse d'ail
125 ml ou 100 g (1/2 tasse) de crème de soya nature, de fromage quark, de fromage cottage ou de yogourt égoutté
5 ml (1 c. à t.) de câpres
2 ml (1/2 c. à t.) de vinaigre balsamique

1 Faites griller à sec les graines de tournesol à feu doux dans une poêle antiadhésive jusqu'à ce qu'elles soient dorées. Retirez du feu et réservez.

2 Égouttez les olives, si nécessaire, et coupez-les en deux. Épluchez l'ail et hachez-le grossièrement. À l'aide d'un robot culinaire ou d'un mélangeur, mettez en purée la crème de soya ou le fromage quark, les olives, les câpres, l'ail, le vinaigre et les graines de tournesol.

!! SUGGESTION : Cette délicieuse tartinade convient bien au pain blanc. Utilisez-la avec parcimonie, comme vous le feriez avec de la margarine diète. Étendez-la en fines couches et garnissez de tranches de tomate.

Tartinade de radis et tofu

Gras	●	10 min.
Cholestérol	–	
Fibre	●●	

Par portion : environ 244 calories, 10 g de protéines, 4 g de gras, 43 g de glucides

POUR 2 PORTIONS
100 g (3 1/2 oz) de tofu fumé ou extra ferme
4 radis
15 ml (1 c. à s.) de jus de citron fraîchement pressé
15 ml (1 c. à s.) de crème de soya ou de yogourt faible en gras
1/4 de bouquet de ciboulette
Poivre blanc fraîchement moulu

1 Hachez grossièrement le tofu. Lavez et coupez les radis en quartiers.

2 À l'aide d'un robot culinaire ou d'un mélangeur, mettez le tofu, les radis, le jus de citron et la crème de soya ou le yogourt en purée. Ciselez finement la ciboulette et ajoutez-la au mélange. Poivrez le tout.

!! SUGGESTION : Cette tartinade est un régal sur du pain de seigle foncé ou du pain noir.

!! SUGGESTION : Tout en étant faible en gras et sans cholestérol, la crème de soya prend le goût des aliments auxquels on l'ajoute. Vous pouvez la substituer à la crème, à la crème sûre et au yogourt pour faire des tartinades, des vinaigrettes, des desserts, des soupes et des sauces pour les légumes, les gratins et les plats en casserole.

Tartinade méditerranéenne, en haut
Tartinade de radis et tofu, en bas

Fromage cottage aux poivrons et cari

Gras	●	10 min.
Cholestérol	8 mg	
Fibre	●●	

Par portion : environ 286 calories, 19 g de protéines, 5 g de gras, 44 g de glucides

POUR 2 PORTIONS
150 ml ou 150 g (2/3 tasse) de fromage cottage
5 ml (1 c. à t.) de cari en poudre
2 ou 3 petits cornichons
4 olives noires dénoyautées
1 poivron rouge
Sel et poivre fraîchement moulu
2 petits pains à grains entiers

1 Mélangez le cari au fromage cottage. Hachez finement les cornichons et les olives. Fendez en deux le poivron rouge et retirez-en les graines. Coupez-en une moitié en petits dés ; coupez l'autre moitié en fines lanières.

2 Ajoutez le poivron en dés, les cornichons et les olives au fromage cottage. Salez et poivrez.

3 Fendez les petits pains en deux. Étendez le mélange dans chaque moitié et garnissez de lanières de poivron.

!! SUGGESTION : Pour plus de piquant, ajoutez un peu de chili en poudre ou de sambal oelek au fromage cottage.

Boursin allégé

Gras	–	15 min.
Cholestérol	–	
Fibre	●	

Par portion : environ 61 calories, 9 g de protéines, 2 g de gras, 2 g de glucides

POUR GARNIR 4 OU 5 PETITS PAINS
80 g (3 oz) de boursin ou de neufchâtel ou de tout autre fromage à la crème faible en gras
150 ml ou 150 g (2/3 tasse) de fromage quark faible en gras, de fromage cottage en purée ou de yogourt égoutté
5 ml (1 c. à t.) de paprika fort
5 ml (1 c. à t.) de pâte d'anchois
5 ml (1 c. à t.) de moutarde sèche
1/2 petit poivron rouge
1 petit oignon
1 cornichon
5 ml (1 c. à t.) de câpres
Sel et poivre fraîchement moulu

1 À l'aide d'un robot culinaire ou d'un mélangeur, mettez le boursin et le fromage cottage en purée. Ajoutez le paprika, la pâte d'anchois et la moutarde au mélange.

2 Émincez finement le poivron, l'oignon et le cornichon. Hachez les câpres. Ajoutez au mélange. Salez et poivrez.

!! SUGGESTION : Tartinez des tranches de pain de seigle ou à grains entiers. Garnissez de ciboulette ou de fines rondelles d'oignon rouge.

!! SUGGESTION : Cette tartinade se conserve dans un contenant hermétique plusieurs jours au réfrigérateur.

Fromage à la pomme et aux rondelles d'oignon

Gras	–	15 min.
Cholestérol	–	
Fibre	●	

Par portion : environ 188 calories, 13 g de protéines, 3 g de gras, 27 g de glucides

POUR 2 PORTIONS
1 petit oignon
1 petite pomme de 100 g (3 1/2 oz)
5 ml (1 c. à t.) d'huile de colza
10 ml (2 c. à t.) de sucre semoule
Poivre noir fraîchement moulu
150 ml ou 150 g (2/3 tasse) de fromage quark faible en gras, de fromage cottage ou de yogourt égoutté
Sel
4 craquelins

1 Épluchez l'oignon et coupez-le en fines rondelles. Pelez, évidez et taillez la pomme en quartiers ; coupez les quartiers en lamelles d'environ 2,5 cm (1 po).

2 À l'aide d'un pinceau, huilez le fond d'une poêle antiadhésive et cuisez les oignons à feu doux jusqu'à ce que le tout soit d'une belle couleur dorée. Retirez du feu et réservez. Ajoutez le sucre et les lamelles de pomme dans la même poêle et faites caraméliser. Poivrez et laissez reposer.

3 Ajoutez les lamelles de pomme au fromage quark et salez. Étendez le mélange de fromage à la pomme sur les craquelins. Garnir de rondelles d'oignon cuites.

Fromage cottage aux poivrons et cari, illustration du haut
Boursin allégé, en bas à gauche
Fromage à la pomme et aux rondelles d'oignon, en bas à droite

Tartinade de millet à la marjolaine

Gras	+	25 min.
Cholestérol	2 mg	
Fibre	●●●	

Par portion : environ 425 calories, 10 g de protéines, 16 g de gras, 59 g de glucides

POUR 2 PORTIONS
125 ml (1/2 tasse) de bouillon de légumes
50 ml ou 50 g (1/4 tasse) de millet
1 petit oignon rouge
75 ml ou 60 g (1/3 tasse) de champignons
15 ml (1 c. à s.) d'huile de colza
5 ml (1 c. à t.) de marjolaine
5 ml (1 c. à t.) de thym
2 ml (1/2 c. à t.) de sel
2 ml (1/2 c. à t.) de poivre vert
45 ml ou 40 g (3 c. à s.) de margarine diète
1 à 2 tomates
2 tranches de pain à grains entiers

1 Ajoutez le millet au bouillon de légumes et amenez à ébullition. Baissez le feu et faites cuire pendant 20 minutes.

2 Entre-temps, pelez et hachez finement l'oignon. Nettoyez et coupez les champignons en lamelles. Faites chauffer l'huile dans une poêle antiadhésive. Faites cuire les oignons à feu doux jusqu'à ce qu'ils deviennent translucides. Ajoutez les champignons et faites cuire pendant 1 ou 2 minutes. Ajoutez la marjolaine et le thym.

3 À l'aide d'un robot culinaire ou d'un mélangeur, mettez le millet, les champignons, les oignons, le poivre vert et la margarine en purée jusqu'à l'obtention d'une pâte homogène.

4 Tranchez les tomates. Étendez le mélange sur les tranches de pain et garnissez de tomates.

SUGGESTION : Vous pouvez doubler les quantités et conserver la tartinade au réfrigérateur pendant au moins une semaine.

Fromage aux fraises et aux flocons de maïs

Gras	–	10 min.
Cholestérol	–	
Fibre	●	

Par portion : environ 175 calories, 18 g de protéines, 1 g de gras, 24 g de glucides

POUR 2 PORTIONS
200 ml ou 200 g (1 1/4 tasse) de fraises
15 ml (1 c. à s.) de sirop d'érable ou 5 ml (1 c. à t.) de sucre vanillé
Poivre noir fraîchement moulu
250 ml ou 250 g (1 tasse) de fromage quark faible en gras, de fromage cottage ou de yogourt égoutté
30 ml (2 c. à s.) de feuilles de mélisse
50 ml (4 c. à s.) de flocons de maïs ou d'avoine

1 Lavez avec soin les fraises, égouttez-les et équeutez-les. Gardez deux fraises entières pour garnir. Écrasez le reste en purée avec une fourchette.

2 Ajoutez le sirop d'érable au mélange et poivrez. Mélangez avec le fromage quark jusqu'à ce que le tout soit bien crémeux et ajoutez les feuilles de mélisse au mélange. Saupoudrez de flocons de maïs et servez.

SUGGESTION : N'hésitez pas à poivrer la préparation. Le poivre équilibre le goût sucré de la fraise.

Pain noir à l'orange et au fromage

Gras	●	15 min.
Cholestérol	11 mg	
Fibre	●●●	

Par portion : environ 304 calories, 24 g de protéines, 5 g de gras, 41 g de glucides

POUR 2 PORTIONS
125 ml ou 100 g (1/2 tasse) de fromage quark faible en gras, de fromage cottage ou de yogourt égoutté
30 ml (2 c. à s.) de marmelade d'oranges
4 tranches de pain noir (pumpernickel)
100 g (3 1/2 oz) de gouda, de linburger ou de romadur (10 ou 12 % de gras), de neufchâtel ou de fromage à la crème faible en gras
Poivre noir fraîchement moulu
1 orange
Graines de coriandre moulues

1 Mélangez le fromage quark avec la marmelade d'oranges et ajoutez un peu d'eau minérale; mélangez jusqu'à l'obtention d'une consistance crémeuse. Étendez le mélange sur le pain noir. Tranchez finement le gouda; poivrez bien.

2 Pelez l'orange et défaites-la en quartiers. Disposez les morceaux d'orange sur le pain et saupoudrez les graines de coriandre.

SUGGESTION : Le fromage partiellement écrémé connu sous le nom de neufchâtel contient relativement peu de cholestérol, soit environ 22 mg par 30 g (3 oz). Le fromage linburger (le fromage qui s'approche le plus du romadur, un fromage allemand), le gouda et le tilsit réduit en gras sont tous des fromages qui peuvent être utilisés dans le cadre d'un régime faible en cholestérol.

Fromage aux fraises et aux flocons de maïs, en haut
Tartinade de millet à la marjolaine, en bas à gauche
Pain noir à l'orange et au fromage, en bas à droite

Saumon à la crème sur pain de seigle foncé

Gras	+	20 min.
Cholestérol	44 mg	
Fibre	●●●	

Par portion : environ 437 calories, 30 g de protéines, 15 g de gras, 46 g de glucides

POUR 2 PORTIONS
3 baies de genièvre entières
1 écorce de zeste de citron
200 g (7 oz) de filet de saumon
30 ml (2 c. à s.) de jus de citron fraîchement pressé
50 ml ou 50 g (1/4 tasse) de fromage quark faible en gras, de fromage cottage ou de yogourt égoutté
Sel et poivre
3 feuilles de basilic
1 petit poivron rouge
4 tranches de pain de seigle foncé

1 Écrasez les baies de genièvre et ajoutez le zeste de citron avec un peu d'eau dans une petite casserole dotée d'un bain-marie. Amenez à ébullition.

2 Enlevez la peau du saumon et placez-le dans le bain-marie. Faites cuire pendant 10 minutes, retirez du feu et laissez refroidir.

3 Émiettez le poisson, ajoutez le jus de citron et le fromage quark et mettez le tout en purée. Ajoutez le reste du jus de citron, le sel et le poivre. Ciselez les feuilles de basilic et mettez-en la moitié dans le mélange.

4 Coupez le poivron en lanières. Étendez le saumon à la crème sur les tranches de pain et garnissez avec le reste du basilic.

SUGGESTION : Rangée dans un contenant hermétique, la crème de saumon se conserve au réfrigérateur durant 2 ou 3 jours. C'est une tartinade légère et savoureuse qu'on peut offrir à l'apéritif ou dans un buffet froid.

Poitrine de dinde et figues fraîches sur pain d'épeautre

Gras	●●	15 min.
Cholestérol	75 mg	
Fibre	●●	

Par portion : environ 330 calories, 34 g de protéines, 7 g de gras, 33 g de glucides

POUR 2 PORTIONS
2 morceaux (100 g ou 3 1/2 oz) de poitrine de dinde
Sel et poivre noir fraîchement moulu
2 figues bien mûres
15 ml (1 c. à s.) d'huile d'olive ou de colza
15 ml (1 c. à s.) de sauce soya
15 ml (1 c. à s.) de sauce Worcestershire
2 tranches épaisses ou 4 tranches minces de pain d'épeautre

1 Enlevez toute trace de gras ou de tendon de la poitrine de dinde, battez légèrement la poitrine pour l'aplatir, salez et poivrez. Lavez les figues et coupez-les en fines tranches.

2 Faites chauffer l'huile à feu moyen dans une poêle antiadhésive et faites cuire la dinde 3 ou 4 minutes sur chaque côté. Retirez du feu et réservez. Faites réchauffer les figues dans le gras de la poêle.

3 Mélangez la sauce soya et la sauce Worcestershire avec 30 ml (2 c. à s.) d'eau. Ajoutez aux figues et faites réduire.

4 Déposez un morceau de dinde sur une tranche épaisse de pain d'épeautre. Versez le mélange de figues et de sauce par-dessus et servez. Ou déposez la dinde et le mélange de figues sur 2 tranches minces de pain et recouvrez des 2 autres tranches de pain. Pour la boîte à lunch, enveloppez le sandwich dans du papier d'aluminium ou de la pellicule plastique.

Bœuf rôti sur pain à grains entiers

Gras	●	10 min.
Cholestérol	35 mg	
Fibre	●	

Par portion : environ 255 calories, 16 g de protéines, 6 g de gras, 35 g de glucides

POUR 2 PORTIONS
2 tranches de pain à grains entiers
10 ml ou 10 g (2 c. à t.) de margarine diète
30 ml (2 c. à s.) d'un mélange de fines herbes italiennes fraîchement ciselées comme du persil, de l'origan, de la marjolaine et du romarin
Sel et poivre noir fraîchement moulu
1 morceau (environ 5 cm ou 2 po) de concombre
100 g (3 1/2 oz) de bœuf rôti coupé en tranches fines
10 ml (2 c. à t.) de raifort
30 ml (2 c. à s.) de ciboulette ou de cresson haché

1 Faites griller le pain à grains entiers. Mélangez les herbes fraîches à la margarine. Salez et poivrez. Étendez le mélange sur le pain.

2 Pelez et tranchez le concombre en fines lamelles et déposez les tranches sur la tartinade.

3 Roulez les tranches de bœuf de façon à former de petits cônes, ajoutez un peu de raifort et déposez la viande sur le pain. Saupoudrez de ciboulette ou de cresson haché.

VARIANTE : Rien ne vous empêche d'utiliser des herbes de Provence, de l'aneth ou de la laitue.

Saumon à la crème sur pain de seigle foncé, illustration du haut
Poitrine de dinde et figues fraîches sur pain d'épeautre, en bas à gauche
Bœuf rôti sur pain à grains entiers, en bas à droite

Tartinade de tofu aux champignons

Gras	●●	20 min.
Cholestérol	–	
Fibre	●●	

Par portion : environ 196 calories, 9 g de protéines, 8 g de gras, 22 g de glucides

POUR 2 PORTIONS
100 g (3 1/2 oz) de tofu mou
15 ml (1 c. à s.) de sauce soya
Des graines de coriandre fraîchement moulues
2 tranches de pain à grains entiers
100 g (3 1/2 oz) de champignons crémini
1 gousse d'ail
15 ml (1 c. à s.) d'huile d'olive
2 oignons verts
Sel et poivre noir fraîchement moulu

1 À l'aide d'un robot culinaire ou d'un mélangeur, mettez le tofu en purée et ajoutez-y la sauce soya et les graines de coriandre moulues. Étendez le mélange sur le pain.

2 Nettoyez les champignons et hachez-les grossièrement. Pelez la gousse d'ail et écrasez-la au presse-ail.

3 Faites chauffer l'huile à feu moyen dans une poêle antiadhésive. Faites revenir les champignons et l'ail, en brassant continuellement. Coupez finement les oignons verts. Répartissez le mélange d'oignons verts et de champignons sur le pain en le pressant légèrement sur la tartinade. Salez et poivrez avant de servir.

!! SUGGESTION : Au lieu des graines de coriandre, vous pouvez utiliser des graines de carvi.

Canapé au tofu avec tomates et basilic

Gras	●●	15 min.
Cholestérol	–	
Fibre	●●●	

Par portion : environ 262 calories, 10 g de protéines, 8 g de gras, 37 g de glucides

POUR 2 PORTIONS
100 g (3 1/2 oz) de tofu ferme ou extra-ferme
1 échalote
5 ml (1 c. à t.) d'huile d'olive
Poivre noir fraîchement moulu
15 ml (1 c. à s.) de vinaigre balsamique doux
1 grosse tomate mûre (150 g ou 5 oz)
6 feuilles de basilic
2 tranches de pain de seigle foncé
Sel

1 Coupez le tofu en 6 tranches. Pelez l'échalote et coupez-la en fines rondelles.

2 Faites chauffer l'huile d'olive à feu moyen dans une poêle antiadhésive. Faites revenir les tranches de tofu avec l'échalote. Poivrez. Versez le vinaigre et retirez du feu.

3 Coupez la tomate en tranches. Froissez les feuilles de basilic pour en libérer le parfum et placez-les sur le pain en alternant les tranches de tofu et de tomate. Parsemez le tout de rondelles d'échalote cuites. Salez et poivrez à nouveau.

!! SUGGESTION : Vous pouvez aussi griller le pain de seigle et le frotter avec une gousse d'ail.

Saumon fumé sur pain aux graines de lin

Gras	●●●	10 min.
Cholestérol	13 mg	
Fibre	●●	

Par portion : environ 326 calories, 28 g de protéines, 10 g de gras, 37 g de glucides

POUR 2 PORTIONS
4 fines tranches de pain aux graines de lin
125 ml ou 100 g (1/2 tasse) de fromage quark faible en gras, de fromage cottage ou de yogourt égoutté
30 ml (2 c. à s.) de crème de soya nature
Sel et poivre noir fraîchement moulu
5 ml (1 c. à t.) de pâte d'anchois
5 à 10 ml (1 à 2 c. à t.) de jus de citron fraîchement pressé
1 petite botte de cresson
50 g (2 oz) de saumon fumé
10 pois mange-tout ou 2 oignons verts

1 Faites griller les tranches de pain. Mélangez le fromage quark avec la crème de soya, le sel, le poivre, la pâte d'anchois et le jus de citron jusqu'à l'obtention d'une consistance crémeuse.

2 Hachez grossièrement le cresson et ajoutez-le au mélange. Étendez la tartinade sur les tranches de pain grillées et garnissez de saumon fumé. Poivrez.

3 Coupez les pois mange-tout en lanières et déposez-les sur le sandwich.

Fromage à la mangue sur petit pain aux graines de lin

Gras	–	10 min.
Cholestérol	–	
Fibre	●●	

Par portion : environ 284 calories, 13 g de protéines, 3 g de gras, 50 g de glucides

POUR 2 PORTIONS
2 petits pains aux graines de lin
1/2 mangue (environ 150 g ou 5 oz)
125 ml ou 100 g (1/2 tasse) de fromage quark faible en gras, de fromage cottage ou de yogourt égoutté
15 ml (1 c. à s.) de sucre semoule
Une pincée de cannelle moulue
15 ml (1 c. à s.) d'amandes émincées
10 raisins rouges ou noirs
2 brins de menthe

1 Coupez les petits pains en deux et faites-les griller. Coupez la mangue en deux et incisez la chair de l'une des moitiés en sections. Retirez les morceaux de la pelure. Mettez un tiers des morceaux de mangue en purée avec le sucre et la cannelle.

2 Hachez finement le reste de la mangue et ajoutez-la à la purée (vous pouvez garder quelques dés de mangue pour décorer). Étendez la préparation sur les petits pains. Faites rôtir à sec les amandes à feu doux dans une poêle antiadhésive. Saupoudrez sur les petits pains.

3 Lavez et coupez les raisins en deux en retirant tous les pépins. Déposez-les sur le mélange et garnissez avec les brins de menthe.

!! SUGGESTION : Le fromage à la mangue constitue une excellente collation.

Soupes, Salades et Trempettes

Vinaigrette aux champignons

Gras	●●●	5 min.
Cholestérol	–	
Fibre	–	

Par portion : environ 97 calories, 0 g de protéines, 10 g de gras, 2 g de glucides

POUR 2 PORTIONS
1 champignon
1 gousse d'ail
15 ml (1 c. à s.) d'huile de tournesol
60 ml (4 c. à s.) de vinaigre de xérès
Sel et poivre blanc fraîchement moulu
Une pincée de sucre semoule

1 Nettoyez et émincez le champignon. Pelez la gousse d'ail.

2 Mélangez l'huile, le vinaigre, le sel et le poivre avec 15 ml (1 c. à s.) d'eau. Écrasez la gousse d'ail au presse-ail. Ajoutez le sucre et incorporez le champignon.

Suggestion : Cette vinaigrette est savoureuse sur une salade de mâche, mais elle convient également à toutes les sortes de laitues.

‼ **VINAIGRETTE À L'ESTRAGON :** Au lieu de champignons, utilisez de l'estragon séché ou frais, 2 ml (1/2 c. à t.) de moutarde sèche et 2 ml (1/2 c. à t.) de lait concentré et passez au mélangeur. Une excellente trempette pour les artichauts.

Mayonnaise légère au yogourt

Gras	●	5 min.
Cholestérol	–	
Fibre	–	

Par portion : environ 82 calories, 3 g de protéines, 5 g de gras, 5 g de glucides

POUR 2 PORTIONS
15 ml (1 c. à s.) d'huile de tournesol ou de maïs
5 ml (1 c. à t.) de moutarde mi-forte
2 ml (1/2 c. à t.) de sucre semoule ou 4 gouttes d'édulcorant
2 ml (1/2 c. à t.) de bouillon de légumes en poudre
1 gousse d'ail
150 ml ou 150 g (2/3 tasse) de yogourt faible en gras

1 Fouettez l'huile, la moutarde, le sucre ou l'édulcorant et le bouillon en poudre. Pelez la gousse d'ail et écrasez-la à l'aide du presse-ail et incorporez-la dans le mélange. Ajoutez graduellement le yogourt dans le mélange en brassant continuellement jusqu'à ce que la sauce soit crémeuse.

‼ SUGGESTION : Au lieu de l'ail, vous pouvez utiliser d'autres épices comme le cari en poudre, le raifort, la sauce soya ou des fines herbes fraîches.

‼ SUGGESTION : La mayonnaise au yogourt est un accompagnement parfait pour les légumes cuits comme le chou-fleur, le brocoli, les petites courgettes, le navet, le chou-rave ou les carottes, et peut aussi être utilisée comme vinaigrette pour les légumes, les pommes de terre, les pâtes et les salades de riz.

Mayonnaise à la moutarde avec pomme et soya

Gras	–	5 min.
Cholestérol	–	
Fibre	–	

Par portion : environ 52 calories, 2 g de protéines, 2 g de gras, 7 g de glucides

POUR 2 PORTIONS
1 petite pomme
100 ml ou 100 g (2/3 tasse + 2 c. à s.) de crème de soya nature
5 ml (1 c. à t.) de pâte de tomate
10 ml (2 c. à t.) de moutarde de Dijon
5 ml (1 c. à t.) de jus de citron fraîchement pressé
Sel et poivre blanc fraîchement moulu
2 ml (1/2 c. à t.) de sucre semoule ou 4 gouttes d'édulcorant

1 Pelez, évidez et coupez grossièrement la pomme.

2 À l'aide d'un robot culinaire ou d'un mélangeur, mettez la pomme, la crème de soya, la pâte de tomate, la moutarde et le jus de citron en purée. Salez, poivrez généreusement et ajoutez le sucre.

‼ SUGGESTION : La moutarde de Dijon donne à la mayonnaise un mordant qui ressemble à celui du raifort, ce qui explique pourquoi elle convient particulièrement bien comme trempette pour les pâtés de céréales et de légumes, comme vinaigrette pour le riz, les pâtes ou les salades de pommes de terre, avec des légumes ou avec du saumon fumé, du porc légèrement fumé, des viandes froides ou du jambon.

Vinaigrette aux champignons, illustration du haut
Mayonnaise légère au yogourt, en bas à gauche
Mayonnaise à la moutarde avec pomme et soya, en bas à droite

Trempette aux anchois et fromage à la crème pour les crudités

Gras	●	5 min.
Cholestérol	23 mg	
Fibre	–	

Par portion : environ 123 calories, 13 g de protéines,
5 g de gras, 3 g de glucides

POUR 2 PORTIONS
125 ml ou 100 g (1/2 tasse) de fromage à la crème faible en gras
50 ml ou 50 g (1/2 tasse) de fromage quark faible en gras,
de fromage cottage ou de yogourt égoutté
4 filets d'anchois
15 ml (1 c. à s.) de câpres
2 ml (1 c. à t.) de paprika doux
15 ml (1 c. à s.) de gin (facultatif)
Paprika doux et câpres

1 À l'aide d'un mélangeur à main (ou d'un robot culinaire ou d'un mélangeur) mettez le fromage à la crème, le fromage quark, les anchois, les câpres, le paprika ainsi que le gin ou 15 ml (1 c. à s.) d'eau en purée jusqu'à l'obtention d'une crème lisse et ferme. Si la crème obtenue est trop ferme, incorporez un peu du liquide des câpres.

2 Servez la trempette dans un petit bol, saupoudrez d'un peu de paprika et garnissez avec un peu de câpres hachées.

❗❗ SUGGESTION : Des bâtonnets de légumes crus comme des carottes, des courgettes, du chou-rave, des poivrons, du céleri et du fenouil conviennent parfaitement. Servez les crudités avec la trempette aux anchois et fromage à la crème à l'apéritif avec des craquelins.

❗❗ SUGGESTION : Tartinez la trempette aux anchois et fromage à la crème sur du pain à grains entiers et garnissez avec des carottes finement râpées.

Sauce au thon pour légumes cuits

Gras	●	5 min.
Cholestérol	30 mg	
Fibre	–	

Par portion : environ 125 calories, 20 g de protéines,
4 g de gras, 1 g de glucides

POUR 2 PORTIONS
1 boîte ou 170 g (6 oz) de thon dans l'eau
50 ml (1/4 tasse) de bouillon de légumes
100 ml (1/3 tasse + 2 c. à s.) de lait concentré (4 %)
15 ml (1 c. à s.) de câpres
15 ml (1 c. à s.) de jus de citron fraîchement pressé
Sel et poivre noir fraîchement moulu

1 Égouttez le thon, en conservant le liquide. À l'aide d'un mélangeur ou d'un robot culinaire, mélangez le thon, le bouillon de légumes, le lait concentré et les câpres en purée en ajoutant le liquide réservé, si le mélange est trop épais. Ajoutez le jus de citron, salez, poivrez et servez.

❗❗ SUGGESTION : Cette sauce convient bien aux légumes cuits encore chauds et croquants – des carottes, du chou-rave, des courgettes, des quartiers de fenouil et des haricots verts – cuits dans un peu de bouillon de légumes. Pour servir, disposez les légumes dans une assiette, versez la sauce au thon sur les légumes et décorez avec des oignons verts finement coupés. Accompagnez la sauce de pain blanc ou de pain à grains entiers.

Trempette aux anchois et fromage à la crème, en haut
Sauce au thon pour légumes cuits, en bas

Salade de mâche avec purée de mangue

Gras	●●●	20 min.
Cholestérol	–	
Fibre	●	

Par portion : environ 160 calories, 3 g de protéines, 14 g de gras, 11 g de glucides

POUR 2 PORTIONS
150 g (5 oz) de salade de mâche
30 à 45 ml (2 à 3 c. à s.) de vinaigre blanc balsamique
1/2 mangue ou 100 g (3 1/2 oz)
15 ml (1 c. à s.) d'huile d'olive
2 ml (1/2 c. à t.) de miel liquide
Une pincée de gingembre frais râpé
30 ml (2 c. à s.) de bouillon de légumes
Sel et poivre blanc fraîchement moulu
30 ml (2 c. à s.) de noix de pin

1 Lavez la salade et séchez-la. Divisez et déposez dans deux assiettes. Arrosez de 15 ml (1 c. à s.) de vinaigre.

2 Coupez la mangue en sections et retirez la chair de la pelure. À l'aide d'un robot culinaire ou d'un mélangeur, mettez la mangue, l'huile d'olive, le miel, le gingembre et le bouillon de légumes en purée. Assaisonnez avec le reste du vinaigre, salez et poivrez. Versez sur la salade.

3 Hachez grossièrement les noix de pin et faites-les griller à sec dans une poêle antiadhésive, à feu doux, jusqu'à ce qu'elles prennent une belle couleur dorée. Saupoudrez sur la salade et servez.

!! SUGGESTION : Vous pouvez remplacer la mangue fraîche par des mangues en conserve ou des pêches fraîches.

Salade de poires et de pommes de terre

Gras	–	45 min.
Cholestérol	–	
Fibre	●●●	

Par portion : environ 231 calories, 6 g de protéines, 1 g de gras, 49 g de glucides

POUR 2 PORTIONS
500 g (1 lb) de pommes de terre grelot
60 ml (4 c. à s.) de vinaigre de vin blanc
45 ml (3 c. à s.) de crème de soya
15 ml (1 c. à s.) de sirop d'érable ou de sucre semoule
Sel et poivre blanc fraîchement moulu
2 petites poires ou 1 grosse poire mûre
1 poivron rouge

1 Lavez les pommes de terre et faites-les cuire avec la peau de 20 à 25 minutes. Laissez refroidir et coupez-les en fines tranches.

2 Pour faire la vinaigrette, mélangez le vinaigre, la crème de soya et le sirop d'érable ou le sucre. Salez et poivrez. Versez sur les pommes de terre et mélangez bien.

3 Pelez et évidez les poires, coupez-les en lamelles. Coupez le poivron en dés. Ajoutez le tout aux pommes de terre.

!! SUGGESTION : Arrosez cette salade avec 15 à 30 ml (1 à 2 c. à s.) d'huile de citrouille – une spécialité autrichienne, disponible dans les épiceries fines. Cette huile, riche en vitamine E et en oméga-3, confère un fin goût de noisette à la salade.

Chou rouge à la vinaigrette d'orange

Gras	●●	55 min.
Cholestérol	–	
Fibre	●●	

Par portion : environ 179 calories, 4 g de protéines, 7 g de gras, 27 g de glucides

POUR 2 PORTIONS
1/2 petit chou rouge ou 300 g (10 oz)
1 orange
2 prunes
30 ml (2 c. à s.) de raisins secs
Sel et poivre noir fraîchement moulu
2 ml (1/2 c. à t.) de piment de la Jamaïque
15 ml (1 c. à s.) d'huile de noix
30 ml (2 c. à s.) de noix hachées

1 Enlevez les feuilles extérieures et le cœur du chou. À l'aide d'une mandoline ou d'un couteau bien aiguisé, coupez-le finement.

2 Coupez l'orange en deux; pelez et coupez en deux une moitié de l'orange. Coupez et dénoyautez les prunes, tranchez-les en fines lamelles. Mélangez le chou, les cubes d'orange, les lamelles de prune et les raisins secs.

3 Pressez le jus de la moitié restante de l'orange. Pour préparer la vinaigrette, mélangez le jus d'orange, le sel, le poivre, le piment de Jamaïque et l'huile. Versez sur le chou rouge, touillez la salade et laissez reposer 30 minutes pour que les saveurs se marient.

4 Avant de servir, faites griller les noix à sec dans une poêle antiadhésive et saupoudrez-les sur le chou rouge.

Salade de mâche avec purée de mangue, illustration du haut
Salade de poires et de pommes de terre, en bas à gauche
Chou rouge et vinaigrette à l'orange, en bas à droite

Salade de semoule à la dinde

Gras	●	25 min.
Cholestérol	31 mg	
Fibre	●●●	

Par portion : environ 333 calories, 22 g de protéines, 6 g de gras, 53 g de glucides

POUR 2 À 3 PORTIONS

175 ml ou 150 g (3/4 tasse) de semoule de blé
300 ml (1 1/4 tasse) de bouillon de légumes ou d'eau salée
2 ml (1/2 c. à t.) de paprika fort
5 ml (1 c. à t.) d'origan séché
150 g (5 oz) de dinde
Poivre noir fraîchement moulu
15 ml (1 c. à s.) d'huile d'olive
45 ml (3 c. à s.) de vinaigre blanc balsamique
15 ml (1 c. à s.) d'huile de citron ou 15 ml (1 c. à s.) d'huile de colza et le zeste d'un 1/2 citron
1 poivron jaune
1 tomate beefsteak
1 oignon rouge
30 ml (2 c. à s.) de ciboulette hachée

1 Amenez le bouillon de légumes ou l'eau salée, le paprika et l'origan à ébullition et ajoutez la semoule. Faites cuire à feu doux durant 20 minutes, jusqu'à ce que tout le liquide soit absorbé.

2 Retirez le gras et les tendons de la dinde, aplatissez légèrement la viande à l'aide d'un rouleau à pâte, salez et poivrez. Faites chauffer l'huile d'olive à feu moyen dans une poêle antiadhésive et faites revenir la dinde 4 ou 5 minutes de chaque côté, jusqu'à ce qu'elle soit dorée. Réservez.

3 Pour faire la vinaigrette, faites cuire les jus restants dans la poêle avec un peu d'eau. Incorporez le vinaigre et l'huile de citron, en prenant soin de détacher toutes les particules de viande; salez et poivrez.

4 Tranchez la dinde en lanières. Coupez le poivron jaune en dés. Faites une incision en forme de croix dans la tomate et faites-la blanchir une minute dans l'eau bouillante, pelez la peau et coupez en dés. Pelez l'oignon et tranchez-le en fines rondelles.

5 Dans un grand bol, mélangez la semoule, la dinde et les légumes et ajoutez la vinaigrette. Garnissez de ciboulette hachée.

Salade de fèves germées et de millet

Gras	●●	35 min.
Cholestérol	56 mg	
Fibre	●●	

Par portion : environ 161 calories, 15 g de protéines, 8 g de gras, 9 g de glucides

POUR 2 PORTIONS

300 ml (1 1/4 tasse) de bouillon de légumes
125 ml ou 100 g (1/2 tasse) de millet
15 ml (1 c. à s.) de sauce soya
30 ml (2 c. à s.) de vinaigre de vin blanc
0,5 cm (1/4 po) de gingembre frais
15 ml (1 c. à s.) d'huile d'olive
100 g (3 1/2 oz) de champignons crémini
200 g (7 oz) de fèves germées (environ 500 ml ou 2 tasses)
45 ml (3 c. à s.) de ciboulette hachée

1 Amenez le bouillon à ébullition. Baissez le feu, ajoutez le millet et faites cuire, à couvert, durant 25 minutes ou jusqu'à ce que tout le liquide soit absorbé.

2 Pour la vinaigrette, mélangez la sauce soya, le vinaigre et l'huile d'olive. Pelez et râpez le gingembre et ajoutez-le à la vinaigrette.

3 Nettoyez les champignons et tranchez-les finement. Hachez grossièrement les fèves germées. Mélangez les champignons et les fèves germées à la vinaigrette, poivrez et laissez les saveurs se marier pendant une minute ou deux. Ajoutez ensuite le millet. Disposez la salade dans deux assiettes, garnissez avec la ciboulette hachée et servez.

!! VARIANTES : Vous pouvez aussi utiliser des radis ou des oignons verts et remplacer le millet par de la semoule ou du riz. Ce qui importe est que cette salade ait une forte teneur en fibres qui aide à abaisser le taux de cholestérol.

Cœurs de laitue aux champignons shiitakes

Gras	●●●	25 min.
Cholestérol	–	
Fibre	●●●	

Par portion : environ 493 calories, 13 g de protéines, 12 g de gras, 101 g de glucides

POUR 2 PORTIONS

2 cœurs de laitue
2 échalotes françaises
250 g (8 oz) de champignons shiitakes ou de pleurotes
1 orange
15 ml (1 c. à s.) d'huile de colza
Poivre noir fraîchement moulu
Coriandre fraîche ciselée
30 ml (2 c. à s.) de vinaigre de vin blanc
5 ml (1 c. à t.) de pâte de tomate
Sel
15 ml (1 c. à s.) d'huile d'olive
1 petite botte de cresson

1 Déchiquetez, lavez et essorez les cœurs de laitue. Disposez-les dans deux assiettes.

2 Pelez et coupez finement les échalotes. Nettoyez les champignons et enlevez le bout ligneux. Déchiquetez (ne les coupez pas !) les chapeaux des champignons en morceaux de 1 cm (1/2 po). Pressez le jus de l'orange.

3 Faites chauffer à feu vif l'huile de colza dans une grande poêle antiadhésive. Faites revenir les échalotes, les champignons, le poivre et la coriandre en brassant continuellement. Incorporez le jus d'orange et retirez la poêle du feu.

4 Mélangez la pâte de tomate avec l'huile d'olive, salez et poivrez. Répartissez la sauce aux champignons sur la laitue. Ajoutez la vinaigrette. Coupez le cresson en chiffonnade et garnissez-en la salade.

Salade de semoule à la dinde, illustration du haut
Salade de fèves germées et de millet, en bas à gauche
Cœurs de laitue aux champignons shiitakes, en bas à droite

Tartare de saumon sur canapé de courgettes

Gras	●●		20 min.
Cholestérol	16 mg		
Fibre	–		

Par portion : environ 149 calories, 14 g de protéines, 8 g de gras, 6 g de glucides

POUR 2 PORTIONS
1 échalote française
75 g (2 1/2 oz) de saumon fumé
Sel et poivre noir fraîchement moulu
10 ml (2 c. à t.) de jus de citron fraîchement pressé
45 ml (3 c. à s.) d'aneth frais haché
1 petite courgette
30 ml (2 c. à s.) de vinaigre de cidre
150 ml ou 50 g (1/4 tasse) de yogourt faible en gras
2 olives noires

1 Pelez l'échalote et coupez-la finement. Retirez toutes les parties brunes du saumon (ce sont des parties grasses qui ont un goût huileux). Hachez finement le saumon et ajoutez l'échalote, le sel, le poivre, le jus de citron et 15 ml (1 c. à s.) d'aneth. Couvrez le plat et laissez les saveurs s'amalgamer durant 15 minutes.

2 À l'aide d'une mandoline, coupez la courgette en tranches très fines. Disposez-les dans deux assiettes et arrosez-les de vinaigre de cidre.

3 Déposez une forme à biscuits de 6 cm (2 1/2 po) de diamètre sur une tranche de courgette et remplissez-la de tartare de saumon. Pressez le mélange pour qu'il adhère bien à la courgette et retirez le moule avec précaution.

4 Mélangez le yogourt, le sel et le reste de l'aneth et répartissez le tout autour du tartare. Garnissez avec une olive et servez.

Carpaccio de betteraves garni de fromage de chèvre à la crème

Gras	●●●		25 min.
Cholestérol	18 mg		
Fibre	●		

Par portion : environ 209 calories, 17 g de protéines, 12 g de gras, 10 g de glucides

POUR 2 PORTIONS
250 g (8 oz) de betteraves cuites
Coriandre fraîche ciselée
Poivre blanc fraîchement moulu
Vinaigre de cidre balsamique
8 graines de fenouil
10 ml (2 c. à t.) de raifort

POUR LE FROMAGE À LA CRÈME
100 g (3 1/2 oz) de fromage de chèvre (25 % de gras) ou de fromage de chèvre à la crème
30 ml ou 30 g (2 c. à s.) de crème de soya
60 ml ou 60 g (4 c. à s.) de fromage quark faible en gras, de fromage cottage ou de yogourt égoutté
sel et poivre noir fraîchement moulu

1 À l'aide d'une mandoline, tranchez finement les betteraves et répartissez-les dans deux grandes assiettes. Poivrez, saupoudrez de coriandre et arrosez avec le vinaigre. Écrasez les graines de fenouil et placez-en 4 par assiette. Couvrez d'une pellicule de plastique et laissez les saveurs se marier pendant au moins 15 minutes.

2 À l'aide d'une fourchette, pilez le fromage de chèvre, la crème de soya et le fromage quark jusqu'à ce que le tout soit bien crémeux. Salez et poivrez.

3 Avant de servir, mettez une bonne cuillerée de fromage à la crème et 3 petites portions de raifort sur chaque tranche de betterave.

SUGGESTION : Servez avec du pain baguette à grains entiers ou des petits pains de seigle.

SUGGESTION : Si vous ne trouvez pas de vinaigre de cidre balsamique, mélangez du vinaigre balsamique et du vinaigre de cidre en proportions égales.

Tartare de saumon sur canapé de courgettes, en haut
Carpaccio de betteraves garni de fromage de chèvre à la crème, en bas

Soupe de tomate à la banane

Gras	+	15 min.
Cholestérol	6 mg	
Fibre	●●●	

Par portion : environ 233 calories, 5 g de protéines, 15 g de gras, 19 g de glucides

POUR 2 PORTIONS
1 petit oignon de 50 g (2 oz)
1 banane moyenne de 150 g (5 oz)
15 ml (1 c. à s.) d'huile de tournesol
1 boîte de 796 ml (28 oz) de tomates égouttées et en purée
500 ml (2 tasses) de bouillon de bœuf ou de poulet
30 ml (2 c. à s.) de crème à café (10 %)
Sel et poivre blanc fraîchement moulu
10 ml (2 c. à s.) de noix de coco fraîchement râpée ou séchée

1 Pelez et coupez l'oignon en dés. Pelez la banane et coupez-la en rondelles.

2 Faites chauffer l'huile à feu doux et faites revenir l'oignon jusqu'à ce qu'il soit translucide. Ajoutez les tranches de banane, faites-les revenir et écrasez-les délicatement.

3 Versez la purée de tomate dans une casserole et ajoutez le bouillon. Faites mijoter pendant 5 minutes avant d'ajouter l'oignon, la banane et la crème. Salez et poivrez. Garnissez de copeaux de noix de coco et servez.

!! SUGGESTION : Une soupe à déguster avec des rôties.

!! SUGGESTION : La noix de coco est encore meilleure si vous la faites griller à sec dans une poêle antiadhésive à feu doux.

Crème de légumes du potager

Gras	●●	15 min.
Cholestérol	3 mg	
Fibre	●●●	

Par portion : environ 107 calories, 1 g de protéines, 7 g de gras, 9 g de glucides

POUR 2 PORTIONS
100 g (3 à 4 oz) de légumes cuits ou crus
1 pomme de terre cuite ou 15 ml (1 c. à s.) de pommes de terre en flocons instantanées
15 ml (1 c. à s.) d'huile de tournesol
10 ml (2 c. à t.) de bouillon de légumes en poudre
Fines herbes comme du persil, de la ciboulette ou du cresson

1 Coupez grossièrement les légumes crus et la pomme de terre.

2 Mélangez les légumes, l'huile, le bouillon et ajoutez 500 ml (2 tasses) d'eau. Amenez le tout à ébullition et laissez cuire de 5 à 10 minutes. À l'aide d'un robot culinaire ou d'un mélangeur, mettez les légumes en purée.

3 Hachez les fines herbes et ajoutez à la soupe. Servez sans plus attendre.

!! SUGGESTION : Selon les légumes que vous utilisez, cette soupe se transforme de bien des façons. Un mélange de poireaux, de chou-rave, de carottes et de céleri, relevé de sel et de poivre; des épinards et du chou rouge avec une pincée de muscade; du chou-fleur et du brocoli avec de l'ail. La soupe sera plus crémeuse si vous y ajoutez 15 à 30 ml (1 à 2 c. à s.) de crème de soya nature ou de yogourt faible en gras.

Soupe à l'oignon avec champignons

Gras	–	30 min.
Cholestérol	13 mg	
Fibre	●●●	

Par portion : environ 117 calories, 4 g de protéines, 3 g de gras, 15 g de glucides

POUR 2 PORTIONS
200 g (7 oz) d'oignons (environ 325 ml ou 1 1/3 tasse coupés)
100 g (3 1/2 oz) de champignons (environ 125 ml ou 1/2 tasse coupés)
750 ml (3 tasses) de bouillon de bœuf
10 ml (2 c. à t.) de moutarde de Dijon
50 ml ou 20 g (1/4 tasse) de petites pâtes ou de nouilles
Sel et poivre noir fraîchement moulu
1/2 botte de persil

1 Pelez, coupez en deux et débitez les oignons en fines tranches. Nettoyez les champignons et tranchez-les.

2 Dans une casserole, amenez le bouillon à ébullition et faites mijoter les oignons durant 5 minutes. Ajoutez les champignons et poursuivez la cuisson durant 5 minutes. Ajoutez la moutarde et les pâtes et faites cuire jusqu'à ce que les nouilles soient prêtes. Salez et poivrez.

3 Coupez finement le persil. Versez la soupe dans deux bols et garnissez avec le persil.

Soupe de tomate à la banane, illustration du haut
Crème de légumes du potager, en bas à gauche
Soupe à l'oignon avec champignons, en bas à droite

Soupe de tomate à la provençale

Gras	●●●	30 min.
Cholestérol	1 mg	
Fibre	●●	

Par portion : environ 148 calories, 3 g de protéines, 11 g de gras, 8 g de glucides

POUR 2 PORTIONS
500 g (1 lb) de tomates bien mûres
1 oignon moyen
15 ml (2 c. à s.) d'huile d'olive
1 gousse d'ail
200 ml (3/4 tasse + 2 c. à s.) de bouillon de légumes
Sel et poivre noir fraîchement moulu
Herbes de Provence ou 4 à 6 brins de lavande (avec les fleurs si possible)

1 Faites une incision en forme de croix à la base de chaque tomate, faites-les blanchir dans l'eau bouillante environ 1 minute, pelez-les et coupez-les grossièrement en dés.

2 Pelez et coupez l'oignon en dés. Faites chauffer l'huile dans une casserole et faites revenir l'oignon à feu doux jusqu'à ce qu'il soit translucide. Pelez l'ail et écrasez-le avec un presse-ail.

3 Ajoutez les tomates et le bouillon. Salez et poivrez. Ajoutez les herbes de Provence (ou les brins de lavande que vous retirerez à la fin de la cuisson). Couvrez la casserole et faites mijoter pendant 20 minutes.

4 Assaisonnez au goût et décorez de fleurs de lavande (si vous en avez). Servez.

!! SUGGESTION : Cette soupe se mange également froide.

Minestrone express avec pesto

Gras	●●	15 min.
Cholestérol	7 mg	
Fibre	●	

Par portion : environ 154 calories, 8 g de protéines, 7 g de gras, 11 g de glucides

POUR 2 PORTIONS
300 g (10 oz) de légumes surgelés
300 ml (1 1/4 tasse) de bouillon de légumes
Sel et poivre blanc fraîchement moulu
30 ml (2 c. à s.) de pesto
30 ml (2 c. à s.) de fromage parmesan fraîchement râpé

1 Mettez les légumes surgelés dans une casserole, ajoutez le bouillon. Amenez à ébullition, couvrez et faites mijoter à feu moyen pendant 10 minutes.

2 Salez et poivrez la soupe, versez-la dans deux bols et garnissez chacun avec 15 ml (1 c. à s.) de pesto et 15 ml (1 c. à s.) de parmesan.

!! SUGGESTION : Vous pouvez acheter du pesto déjà prêt ou le faire vous-même. Faites griller 30 ml (2 c. à s.) de noix de pin. Pelez 3 gousses d'ail et hachez-les grossièrement. Passez au mortier, au robot culinaire ou au mélangeur une botte de basilic (environ 500 ml ou 2 tasses) en y ajoutant les noix et l'ail. Faites une pâte du mélange en y ajoutant environ 125 ml (1/2 tasse) d'huile d'olive. Transférez la préparation dans un petit bol et ajoutez 75 ml ou 50 g (1/3 tasse) de parmesan. Conservez le reste de pesto au réfrigérateur dans un pot de verre, couvrez d'huile d'olive et fermez le couvercle. Se conserve environ 2 semaines au réfrigérateur.

Soupe à l'orge et aux pois

Gras	●●	25 min.
Cholestérol	3 mg	
Fibre	●●●	

Par portion : environ 323 calories, 11 g de protéines, 8 g de gras, 49 g de glucides

POUR 2 PORTIONS
105 ml ou 100 g (7 c. à s.) d'orge
2 gousses d'ail
15 ml (1 c. à s.) d'huile de colza
625 ml (2 1/2 tasses) de bouillon de légumes
5 ml (1 c. à t.) de paprika fort
375 ml ou 200 g (1 1/2 tasse) de pois surgelés
Sel et poivre noir fraîchement moulu
30 ml (2 c. à s.) de ciboulette hachée

1 Rincez l'orge sous l'eau froide.

2 Pelez les gousses d'ail et coupez-les en fines rondelles. Faites chauffer l'huile à feu moyen dans une poêle antiadhésive et faites revenir l'ail jusqu'à ce qu'il soit doré. Ajoutez l'orge et cuisez-le jusqu'à ce qu'il soit translucide.

3 Versez le bouillon et saupoudrez de paprika. Baissez le feu, mettez le couvercle et laissez mijoter de 10 à 15 minutes ou jusqu'à ce que l'orge soit tendre. Ajoutez les pois surgelés et poursuivez la cuisson de 3 à 5 minutes.

4 Salez et poivrez. Saupoudrez de ciboulette et servez.

Soupe de tomate à la provençale, illustration du haut
Minestrone express avec pesto, en bas à gauche
Soupe à l'orge et aux pois, en bas à droite

Soupe indienne au poulet

Gras	++	30 min.
Cholestérol	30 mg	
Fibre	●	

Par portion : environ 641 calories, 36 g de protéines, 26 g de gras, 65 g de glucides

POUR 2 PORTIONS
125 g (4 oz) de poitrine de poulet
1 petit oignon
morceau de gingembre de 0,5 cm (1/4 po)
15 ml (1 c. à s.) d'huile végétale
15 ml (1 c. à s.) de farine de blé entier
15 ml (1 c. à s.) de cari en poudre
500 ml (2 tasses) de bouillon de poulet
1 petite pomme
Sel et poivre noir fraîchement moulu
30 ml (2 c. à s.) de coriandre fraîche ciselée ou de persil

1 Coupez la poitrine de poulet en dés. Pelez l'oignon et le gingembre; coupez en petits dés.

2 Faites chauffer l'huile dans une poêle antiadhésive. Faites revenir le poulet et les oignons à feu moyen jusqu'à ce que le tout soit bien doré. Ajoutez le gingembre, saupoudrez de farine et mélangez bien. Incorporez le cari en poudre et le bouillon de poulet. Amenez à ébullition, baissez le feu et laissez mijoter pendant 10 minutes.

3 Entre-temps, pelez, évidez et coupez la pomme en petits cubes. Ajoutez-les à la soupe et faites mijoter encore 2 minutes. Salez, poivrez et garnissez avec la coriandre ou le persil. Servez.

 VARIANTE : Pour la rendre encore plus exotique, ajoutez des tranches de banane à la soupe avec les morceaux de pomme.

Soupe à l'aneth et au millet

Gras	●	35 min.
Cholestérol	6 mg	
Fibre	●●●	

Par portion : environ 208 calories, 6 g de protéines, 5 g de gras, 33 g de glucides

POUR 2 PORTIONS
90 ml ou 80 g (6 c. à s.) de millet
625 ml (2 1/2 tasses) de bouillon de poulet ou de légumes
1 poireau
1 bouquet d'aneth
Sel et poivre noir fraîchement moulu
15 à 30 ml (1 à 2 c. à s.) de jus de citron fraîchement pressé
30 ml (2 c. à s.) de crème sûre

1 Faites griller à sec le millet dans une poêle antiadhésive, à feu doux, jusqu'à ce que les petites billes « sautent ». Versez le bouillon et amenez à ébullition. Faites mijoter 10 minutes à feu doux.

2 Entre-temps, coupez le poireau sur la longueur, lavez-le et coupez-le en tranches. Hachez finement l'aneth. Incorporez le poireau et la moitié de l'aneth à la soupe. Versez dans deux bols, saupoudrez d'aneth haché et servez.

3 Incorporez le sel, le poivre et le jus de citron. Retirez du feu. Ajoutez la crème sûre et brassez jusqu'à ce que le tout soit bien homogène (à cette étape, la soupe ne doit plus être chauffée). Versez la soupe dans deux bols chauds, saupoudrez d'aneth haché et servez.

SUGGESTION : Des croûtons à grains entiers conviennent bien à cette soupe. Prenez une tranche de pain à grains entiers d'environ 1 cm (1/4 po) d'épaisseur. Tartinez de margarine diète, enveloppez la tranche de pain d'une pellicule plastique, posez un poids et laissez reposer ainsi pendant 10 minutes. Coupez en cubes de 1 cm (1/4 po) et faites-les revenir dans une poêle antiadhésive jusqu'à ce que les croûtons soient croustillants.

VARIANTE : Au lieu du millet, vous pouvez préparer cette soupe avec de la semoule de blé ou du sarrasin. Ces céréales vous fournissent les fibres dont vous avez besoin.

Soupe indienne au poulet, en haut
Soupe à l'aneth et au millet, en bas

Soupe aux pommes de terre et aux champignons avec croûtons à la cannelle

Gras	●●	35 min.
Cholestérol	3 mg	
Fibre	●●●	

Par portion : environ 203 calories, 4 g de protéines, 8 g de gras, 27 g de glucides

POUR 2 PORTIONS
1 petit oignon
2 petites pommes de terre (250 g ou 8 oz)
15 ml (1 c. à s.) d'huile d'olive
500 ml (2 tasses) de bouillon de légumes
50 g (2 oz) de chanterelles fraîches ou
25 g (1 oz) de cèpes séchées
Sel et poivre blanc fraîchement moulu
30 ml (2 c. à s.) de ciboulette hachée

POUR LES CROÛTONS
5 ml (1 c. à t.) de margarine diète
2 ml (1/2 c. à t.) de cannelle
1 fine tranche de pain de seigle

1 Pelez et émincez finement l'oignon. Pelez les pommes de terre et coupez-les en dés d'environ 1 cm (1/4 po). Faites chauffer l'huile dans une poêle antiadhésive. Faites revenir les oignons à feu doux jusqu'à ce qu'ils soient translucides et incorporez le bouillon. Ajoutez les pommes de terre et faites cuire durant 10 minutes.

2 Nettoyez les champignons et coupez-les en lamelles (les champignons séchés devront préalablement être trempés dans de l'eau chaude pendant 20 minutes pour les réhydrater).

3 Pour préparer les croûtons, mélangez la margarine et la cannelle et tartinez la préparation obtenue sur le pain. Coupez la tranche de pain en cubes. Faites chauffer une petite poêle antiadhésive et faites-les revenir jusqu'à ce qu'ils soient croustillants.

4 Mettez la soupe en purée grossière – de gros morceaux de pommes de terre doivent toujours être visibles. Salez, poivrez et saupoudrez de ciboulette hachée et de croûtons. Servez.

Potage crémeux à la courge

Gras	●●	35 min.
Cholestérol	5 mg	
Fibre	●●●	

Par portion : environ 188 calories, 4 g de protéines, 8 g de gras, 21 g de glucides

POUR 4 PORTIONS
2 échalotes françaises
2 carottes de grosseur moyenne
500 g (1 lb) de courge à chair orangée comme la courge musquée et le giraumont turban
15 ml (1 c. à s.) d'huile végétale
1 L (4 tasses) de bouillon de légumes
Jus d'une 1/2 orange
Sel et poivre noir fraîchement moulu
Une pincée de poivre de Cayenne
60 ml (4 c. à s.) de crème de soya ou de yogourt faible en gras

1 Pelez et émincez les échalotes. Pelez et coupez les carottes en rondelles. Pelez, retirez les graines et débitez la courge en dés.

2 Faites chauffer l'huile dans une poêle antiadhésive et faites revenir sur feu doux les échalotes jusqu'à ce qu'elles deviennent translucides. Ajoutez les dés de courge et prolongez la cuisson d'une minute. Incorporez le bouillon. Ajoutez les carottes et faites mijoter environ 15 minutes.

3 Retirez quelques rondelles de carottes, coupez-les en dés et réservez. Mettez la soupe en purée. Ajoutez le jus d'orange, le sel, le poivre et le poivre de Cayenne.

4 Transférez le potage dans quatre bols chauds. Répartissez quelques dés de carottes au centre et versez un filet de crème de soya autour des carottes.

Potage aux poivrons et à la crème de soya

Gras	●●●	30 min.
Cholestérol	–	
Fibre	●●●	

Par portion : environ 172 calories, 10 g de protéines, 11 g de gras, 10 g de glucides

POUR 2 PORTIONS
1 poivron jaune
1 poivron rouge
1 échalote française
15 ml (1 c. à s.) d'huile de colza
625 ml (2 1/2 tasses) de lait de soya nature
15 ml (1 c. à s.) de vinaigre blanc balsamique ou de vinaigre de vin blanc
Sel et poivre noir fraîchement moulu
Sauce aux piments forts
30 ml (2 c. à s.) de ciboulette hachée

1 Nettoyez et coupez grossièrement les poivrons. Pelez et émincez les échalotes.

2 Faites chauffer l'huile dans une poêle antiadhésive et faites revenir les échalotes à feu doux jusqu'à ce qu'elles deviennent translucides. Incorporez les poivrons et poursuivez la cuisson. Versez le lait de soya et faites cuire à découvert durant 20 minutes en brassant souvent.

3 Mettez la soupe en purée et passez-la à travers une passoire pour retirer tous les morceaux de peau des poivrons, puis réchauffez. Ajoutez le sel, le poivre, le vinaigre et quelques gouttes de sauce aux piments forts. Garnissez de ciboulette et servez.

!! SUGGESTION : Vous pouvez aussi utiliser seulement des poivrons rouges ou seulement des poivrons jaunes. Si vous aimez les plats épicés, tranchez un piment Jalapeno et faites-le cuire avec les poivrons.

Soupe aux pommes de terre et aux champignons avec croûtons à la cannelle, illustration du haut
Potage crémeux à la courge, en bas à gauche
Potage aux poivrons et à la crème de soya, en bas à droite

Légumes et légumineuses

Cari aux pommes de terre

Gras	●	40 min.
Cholestérol	–	
Fibre	●●●	

Par portion : environ 247 calories, 9 g de protéines, 6 g de gras, 39 g de glucides

POUR 2 PORTIONS

3 pommes de terre ferme (environ 500 g ou 1 lb) comme la Yukon
1 carotte de grosseur moyenne
15 ml (1 c. à s.) d'huile de colza
15 ml (1 c. à s.) de bouillon de légumes (ou plus, si nécessaire)
2 tomates de grosseur moyenne
1 petit poireau
1 gousse d'ail
1 cm (1/2 po) de gingembre frais
1 petit piment chili vert
10 ml (2 c. à t.) de garam masala
150 ml ou 150 g (2/3 tasse) de yogourt fait à partir de lait écrémé
1 ml (1/4 c. à t.) de farine de blé entier
15 ml (1 c. à s.) de jus de citron fraîchement pressé
Sel et poivre noir fraîchement moulu
2 brins de menthe

1 Pelez les pommes de terre et les carottes; coupez-les en cubes de 2,5 cm (1 po). Faites chauffer l'huile à feu moyen dans une poêle antiadhésive et faites revenir les pommes de terre et les carottes pendant 20 minutes en brassant souvent. Incorporez le bouillon.

2 Entre-temps, faites une incision en forme de croix à la base des tomates et faites-les blanchir pendant 1 minute dans l'eau bouillante. Pelez, coupez en quartiers, retirez les graines et taillez la chair des tomates en dés. Coupez le poireau sur la longueur, lavez-le bien et coupez le blanc et la partie vert pâle.

3 Pelez et hachez finement l'ail et le gingembre. Fendez le piment chili dans le sens de la longueur et retirez les graines, si vous désirez un plat moins épicé. Hachez-le finement et ajoutez aux pommes de terre et aux carottes avec l'ail, le gingembre et le poireau. Incorporez le garam masala.

4 Mélangez le yogourt à la farine et ajoutez à la prépa-ration de légumes. Incorporez les dés de tomates. Faites cuire 10 minutes à feu doux. Ajoutez le jus de citron, salez et poivrez . Hachez finement la menthe et saupoudrez-la sur le cari. Servez.

!! SUGGESTION : Le piment chili donne beaucoup de piquant à ce plat. Si vous préférez un plat plus doux, retirez les graines ou omettez tout simplement le piment chili.

Gratin de pommes de terre et de tomates

Gras	●●●	15 min.
Cholestérol	25 mg	(+ 30 min de cuisson)
Fibre	●●	

Par portion : environ 294 calories, 14 g de protéines, 13 g de gras, 28 g de glucides

GRAND PLAT À GRATINER QUI VA AU FOUR

POUR 2 PORTIONS

2 ou 3 pommes de terre (environ 400 g ou 14 oz) comme les Yukon
2 tomates beefsteak (environ 400 g ou 14 oz)
4 filets d'anchois dans l'huile
1 à 2 gousses d'ail
Sel et poivre noir fraîchement moulu
1 ml (1/4 c. à t.) de thym séché
1 ml (1/4 c. à t.) d'origan séché
15 ml (1 c. à s.) d'huile d'olive
50 g (2 oz) de fromage gouda ou edam râpé (faible en gras si possible)

1 Lavez les pommes de terre et faites-les cuire avec la peau de 20 à 25 minutes; laissez-les refroidir. Entre-temps, faites chauffer le four à 200 ºC (400 ºF). Pelez et coupez les pommes de terre en rondelles. Tranchez les tomates. Égouttez et hachez grossièrement les filets d'anchois. Pelez et émincez l'ail.

2 Disposez les rondelles de pommes de terre dans le plat à gratiner; salez et saupoudrez-les de thym. Disposez les tranches de tomates par-dessus, puis les anchois et l'ail. Assaisonnez avec du sel, du poivre et de l'origan. Ajoutez un filet d'huile.

3 Couvrez le plat et faites-le cuire au four pendant 20 minutes. Retirez le couvercle, saupoudrez le plat de fromage râpé et remettez au four 10 minutes.

!! SUGGESTION : Accompagné d'une salade verte, ce plat constitue un repas complet. C'est aussi un excellent plat d'accompagnement avec du poisson ou de la viande grillé.

!! SUGGESTION : Choisissez des pommes de terre qui gardent leur forme lorsqu'elles sont cuites au lieu de pommes de terre plus farineuses qui se prêtent mieux aux purées.

Cari aux pommes de terre, en haut
Gratin de pommes de terre et tomates, en bas

Sauté de pommes de terre et haricots verts

Gras	●●○	45 min.
Cholestérol	–	
Fibre	●●●	

Par portion : environ 305 calories, 8 g de protéines, 13 g de gras, 32 g de glucides

POUR 2 PORTIONS

3 ou 4 petites pommes de terre (environ 400 g ou 14 oz) comme les Yukon
375 ml ou 200 g (1 1/2 tasse) de haricots verts
5 cœurs d'artichaut cuits ou en conserve
1 petit oignon
2 gousses d'ail
1/2 botte de persil plat (italien)
30 ml (2 c. à s.) d'huile d'olive
Sel et poivre noir fraîchement moulu
15 ml (1 c. à s.) de noix de pin
5 ml (1 c. à t.) de poivre vert
15 ml (1 c. à s.) de vinaigre balsamique

1 Lavez les pommes de terre et faites-les cuire avec la peau 20 à 25 minutes; laissez refroidir. Pelez les pommes de terre et coupez-les en tranches.

2 Lavez et émincez finement les haricots verts; faites-les cuire à la vapeur pendant 8 minutes ou jusqu'à ce qu'ils soient croquants. Placez les haricots dans une passoire et plongez-la dans l'eau glacée. Égouttez bien.

3 Égouttez les cœurs d'artichaut et coupez-les en quartiers. Pelez et coupez l'oignon en deux et tranchez-le en fines lamelles. Pelez et émincez l'ail finement. Hachez grossièrement le persil.

4 Faites chauffer l'huile dans une grande poêle ou dans un wok. Faites cuire les tranches de pommes de terre à feu moyen en les retournant et en les faisant dorer sur tous les côtés. Salez, poivrez. Tassez les pommes de terre vers le bord extérieur de la poêle. Incorporez les oignons et l'ail au centre et faites rissoler. Ajoutez les haricots verts et les noix de pin et faites revenir 5 minutes, en brassant à l'occasion. Ajoutez les artichauts et le poivre vert et faites réchauffer. Assaisonnez au goût et ajoutez le vinaigre et le persil. Servez.

 SUGGESTION : Vous pouvez mélanger les pommes de terre aux haricots avant d'ajouter les artichauts.

Purée de courge aux tomates

Gras	–	30 min.
Cholestérol	–	
Fibre	●●●	

Par portion : environ 71 calories, 3 g de protéines, 1 g de gras, 13 g de glucides

POUR 2 PORTIONS

400 à 500 g (14 à 16 oz) de courge à chair orangée comme la courge musquée
2 ml (1/2 c. à t.) de graines de carvi moulues
1 tomate
Sel et poivre noir fraîchement moulu
Sauce aux piments forts
15 ml (1 c. à s.) de basilic haché

1 Pelez, retirez les graines et coupez la courge en cubes. Placez-les dans une casserole et recouvrez d'eau. Ajoutez les graines de carvi, couvrez et faites mijoter 20 minutes jusqu'à ce que les légumes soient tendres.

2 Entre-temps, faites une incision en forme de croix à la base de la tomate, faites-la blanchir dans l'eau bouillante pendant 1 minute, retirez les graines et débitez la chair. Gardez au chaud.

3 Égouttez la courge en gardant un peu de liquide de cuisson. À l'aide d'un robot culinaire ou d'un mélangeur, mettez les cubes de courge en purée en ajoutant un peu de liquide de cuisson si nécessaire. Salez, poivrez et ajoutez quelques giclées de sauce pimentée. Transférez la purée de courge dans un plat de service, décorez de basilic et servez bien chaud.

 SUGGESTION : La viande grillée ou des croquettes de pois chiches (voir page 102) conviennent particulièrement bien à ce plat.

Sauté de pommes de terre et haricots verts, en haut
Purée de courge aux tomates, en bas

Légumes à l'indienne avec yogourt

Gras	○○○	50 min.
Cholestérol	–	
Fibre	●●●	

Par portion : environ 226 calories, 9 g de protéines, 14 g de gras, 16 g de glucides

POUR 2 PORTIONS
1 piment chili rouge
1 morceau de 0,5 cm (1/4 po) de gingembre frais
1 gousse d'ail
1 oignon moyen
1 1/2 courgette (environ 250 g ou 8 oz)
1 petite aubergine japonaise (environ 250 g ou 8 oz)
300 ml ou 125 g (1 1/4 tasse) de haricots verts
150 ml ou 150 g (2/3 tasse) de yogourt écrémé
5 ml (1 c. à t.) de farine de blé entier moulu sur pierre
15 ml (1 c. à s.) d'amandes moulues
15 ml (1 c. à s.) de pâte de tomate
75 ml (1/3 tasse) de bouillon de légumes
30 ml (2 c. à s.) d'huile de soya
5 à 10 ml (1 à 2 c. à t.) de garam masala
2 à 5 ml (1/2 à 1 c. à t.) de cumin moulu
Sel
Coriandre fraîche

1 Fendez le piment chili en deux et retirez-en les graines; émincez-le finement. Pelez et émincez le gingembre et l'ail. Pelez et émincez l'oignon. Coupez les courgettes, l'aubergine et les haricots verts en petites bouchées. Mélangez le yogourt, la farine, les amandes et la pâte de tomate avec le bouillon; brassez jusqu'à l'obtention d'une consistance homogène.

2 Faites chauffer l'huile dans une poêle. Faites revenir à feu doux les oignons, le piment, le gingembre et l'ail en brassant continuellement pendant 2 minutes. Incorporez le garam masala à la préparation et faites cuire jusqu'à ce que les épices dégagent leur parfum. Ajoutez le mélange de yogourt.

3 Incorporez les légumes, mélangez bien et faites mijoter 20 minutes à couvert en brassant à l'occasion. Salez et saupoudrez de coriandre hachée. Servez.

SUGGESTION : Le riz Basmati convient bien à ce plat. Faites cuire environ 75 ml ou 60 g (1/3 tasse) par portion, en suivant les instructions sur l'emballage.

Chou-fleur à la sauce aux fines herbes

Gras	○○	25 min.
Cholestérol	177 mg	
Fibre	●●	

Par portion : environ 189 calories, 19 g de protéines, 9 g de gras, 9 g de glucides

POUR 2 PORTIONS
1 petit chou-fleur (environ 500 g ou 1 lb)
1 œuf
1/2 botte de persil
1/2 bouquet de ciboulette
200 ml ou 200 g (3/4 tasse + 2 c. à s.) de fromage quark faible en gras, de fromage cottage ou de yogourt égoutté
2 ml (1/2 c. à t.) de raifort
2 ml (1/2 c. à t.) de moutarde forte
Sel et poivre blanc fraîchement moulu
60 g (2 oz) de jambon cuit
15 ml (1 c. à s.) de parmesan râpé

1 Défaites le chou-fleur en bouquets; faites-les cuire 10 minutes dans l'eau salée. Ajoutez l'œuf en coquille et poursuivez la cuisson de 8 à 10 minutes, jusqu'à ce qu'il soit ferme.

2 Émincez finement le persil et la ciboulette. Mélangez le raifort et la moutarde au fromage quark en ajoutant un peu d'eau si nécessaire et brassez jusqu'à l'obtention d'une sauce crémeuse. Incorporez les fines herbes en en gardant environ 15 ml (1 c. à s.). Salez et poivrez. Coupez le jambon en petits dés.

3 Égouttez le chou-fleur. Plongez l'œuf dans l'eau froide, écaillez-le et coupez-le en petits morceaux. Dans un petit bol, mélangez le jambon, l'œuf et le parmesan avec les fines herbes en réserve.

4 Répartissez le chou-fleur dans deux assiettes, versez la sauce aux fines herbes sur le chou-fleur et garnissez avec le mélange de jambon et d'œuf.

SUGGESTION : Les pommes de terre bouillies conviennent bien à ce plat. Prévoyez 150 g (5 oz) de pommes de terre par portion, ce qui ajoute 105 calories.

Légumes à l'indienne avec yogourt, en haut
Chou-fleur à la sauce aux fines herbes, en bas

Casserole de courgettes et de protéines végétales texturées

Gras	+		35 min.
Cholestérol	29 mg		(+ 35–40 min de cuisson)
Fibre	●●●		

Par portion : environ 305 calories, 29 g de protéines, 15 g de gras, 12 g de glucides

PLAT À GRATINER DE GROSSEUR MOYENNE QUI VA AU FOUR

POUR 2 PORTIONS
250 ml (1 tasse) de bouillon de légumes
125 ml ou 60 g (1/2 tasse) de protéines végétales texturées en tranches
2 gousses d'ail
5 ml (1 c. à t.) d'herbes de Provence
2 petites courgettes (250 g ou 8 oz)
2 tomates de grosseur moyenne (250 g ou 8 oz)
5 grosses olives vertes dénoyautées
1/2 botte de persil
2 ml (1/2 c. à t.) de sauge séchée
Sel et poivre noir fraîchement moulu
1 oignon
5 ml (1 c. à t.) d'huile d'olive
125 g (4 oz) de fromage mozzarella (de préférence faible en gras)

1 Faites chauffer le bouillon et versez-le sur les tranches de protéines végétales texturées. Pelez l'ail et écrasez-le au moyen d'un presse-ail. Ajoutez les herbes de Provence et laissez reposer 10 minutes.

2 Coupez les courgettes en fines tranches. Hachez grossièrement les olives et le persil. Mélangez les courgettes, les tomates, les olives et le persil. Salez, poivrez et ajoutez la sauge.

3 Faites chauffer le four à 180 ºC (350 ºF). Pelez et émincez l'oignon finement. Faites chauffer l'huile d'olive dans une poêle antiadhésive. Baissez le feu et faites revenir les oignons jusqu'à ce qu'ils soient translucides. Incorporez les protéines végétales texturées et faites rissoler pendant 4 minutes en brassant continuellement.

4 Disposez dans un plat à gratiner les légumes et les protéines végétales texturées en alternance, en finissant par une couche de courgettes. Couvrez et faites cuire 35 minutes au four. Tranchez le mozzarella. Retirez le couvercle et ajoutez le fromage; remettez au four et poursuivez la cuisson jusqu'à ce que le fromage ait fondu, environ 10 minutes.

!! SUGGESTION : Les produits à base de protéines de soya texturées – en tranches, en morceaux ou en granules – doivent macérer dans l'eau; ils absorberont environ le double de leur poids en eau ou en bouillon. Ces produits, dénués de gras et de cholestérol, remplacent avantageusement la viande et prennent le goût des aliments qui entrent dans la composition du plat.

Cari aux bananes et aux protéines végétales texturées

Gras	●●		20 min.
Cholestérol	10 mg		(+ 25 min de macération)
Fibre	●●●		

Par portion : environ 240 calories, 15 g de protéines, 9 g de gras, 26 g de glucides

POUR 2 PORTIONS
250 ml (1 tasse) de bouillon de légumes
125 ml ou 60 g (1/2 tasse) de protéines végétales texturées en morceaux
1 petit oignon
1 petite pomme
1 grosse banane
15 ml (1 c. à s.) de jus de citron fraîchement pressé
15 ml (1 c. à s.) d'huile de tournesol
5 ml (1 c. à t.) de raisins secs
50 ml ou 50 g (1/4 tasse) de crème sûre
5 ml (1 c. à t.) de cari en poudre
Sel et poivre blanc fraîchement moulu
Poivre de Cayenne
Jus de citron

1 Faites chauffer le bouillon et incorporez-y les protéines végétales texturées. Couvrez et laissez tremper durant la nuit ou au moins 25 minutes.

2 Égouttez les protéines en morceaux en réservant le bouillon. Coupez les morceaux de protéines en deux. Pelez et émincez l'oignon finement. Pelez, évidez et coupez la pomme en dés. Pelez la banane et coupez-la en rondelles. Mélangez les morceaux de pomme et de banane et arrosez le tout de jus de citron.

3 Faites chauffer l'huile dans une poêle. Faites revenir les oignons à feu doux jusqu'à ce qu'ils soient translucides. À feu moyen, ajoutez et faites rissoler les morceaux de protéines texturées environ 5 minutes, en brassant constamment. Incorporez les dés de pomme, les rondelles de banane et les raisins secs, couvrez et poursuivez la cuisson pendant 4 minutes.

4 Mélangez le cari en poudre avec la crème sûre et le bouillon en réserve. Versez le mélange dans la poêle et faites cuire sans toutefois faire bouillir. Ajoutez le poivre de Cayenne et le jus de citron. Salez et poivrez généreusement.

 SUGGESTION : Servez ce plat avec du riz.

Cari aux bananes et aux protéines végétales texturées, en haut
Casserole de courgettes et de protéines végétales texturées, en bas

Aubergines au four servies avec tzatziki

Gras	+	25 min.
Cholestérol	25 mg	(+ 45 min de cuisson)
Fibre	●●●	

Par portion : environ 236 calories, 6 g de protéines, 18 g de gras, 12 g de glucides

FOUR PRÉCHAUFFÉ À 200 ºC (400 ºF)

GRAND PLAT À GRATINER

POUR 2 PORTIONS
1 petite aubergine (environ 400 g ou 14 oz)
2 gousses d'ail
30 ml (2 c. à s.) d'huile d'olive
Sel et poivre noir fraîchement moulu
1 petite botte de persil

POUR LE TZATZIKI
1 concombre
Sel
150 ml ou 150 g (2/3 tasse) de yogourt style grec ou de crème sûre faible en gras
1 gousse d'ail
Poivre blanc fraîchement moulu
1/4 de bouquet d'aneth frais

1 Lavez et coupez l'aubergine en cubes. Pelez et émincez l'ail finement.

2 Mettez l'aubergine, l'ail et l'huile dans un plat à gratiner, salez, poivrez et mélangez le tout. Faites cuire à couvert dans le four préchauffé pendant 45 minutes.

3 Pour préparer le tzatziki, pelez et râpez finement le concombre et saupoudrez-le de sel. Laissez dégorger. Égouttez et pressez délicatement pour enlever le plus possible de liquide. Mélangez le concombre avec le yogourt ou avec la crème sûre. Pelez l'ail et écrasez-le au moyen d'un presse-ail. Poivrez généreusement. Hachez finement l'aneth et incorporez-le à la préparation.

4 Hachez grossièrement le persil, ajoutez-le aux aubergines et servez avec le tzatziki.

SUGGESTION : Pain pita ou du pain français accompagnent bien ce plat.

Poivrons rouges et fromage feta à la bulgare

Gras	●●●	30 min.
Cholestérol	19 mg	
Fibre	●●●	

Par portion : environ 185 calories, 11 g de protéines, 13 g de gras, 5 g de glucides

POUR 2 PORTIONS
2 gros poivrons rouges (environ 400 g ou 14 oz)
15 ml (2 c. à s.) d'huile d'olive
Sel et poivre noir fraîchement moulu
125 g (4 oz) de fromage feta (22 % de gras)

1 Débitez les poivrons en quartiers, retirez les graines et coupez en lanières. Faites chauffer l'huile dans une poêle. Faites revenir légèrement les lanières de poivron, couvrez et poursuivez la cuisson à feu moyen pendant 10 minutes en brassant à l'occasion.

2 Salez, poivrez. Émiettez le feta et ajoutez-le aux poivrons, couvrez et laissez fondre le fromage.

SUGGESTION : Des pommes de terre en purée ou du pain baguette accompagnent très bien ce plat.

SUGGESTION : Si vous avez des difficultés à digérer la peau des poivrons, faites-les d'abord rôtir jusqu'à ce que la peau noircisse et se gonfle. Enveloppez-les dans un linge jusqu'à ce qu'ils refroidissent et pelez-les.

Aubergines au four servies avec du tzatziki, en haut
Poivrons rouges et fromage feta à la bulgare, en bas

Haricots blancs dans une sauce tomate à la sauge

Gras	●●		1 h 20 min.
Cholestérol	1 mg		
Fibre	●●●		

Par portion : environ 264 calories, 15 g de protéines, 7 g de gras, 37 g de glucides

POUR 2 PORTIONS
175 ml ou 160 g (3/4 tasse) de grosses fèves de lima séchées ou autres haricots blancs
1 brin de sarriette fraîche ou 5 ml (1 c. à t.) de sarriette séchée
5 ml (1 c. à t.) de sel

POUR LA SAUCE
2 gousses d'ail
15 ml (1 c. à s.) d'huile d'olive
4 feuilles de sauge fraîche ou 5 ml (1 c. à t.) de sauge séchée
250 ml ou 250 g (1 tasse) de tomates en purée
5 ml (1 c. à t.) de bouillon de légumes en poudre
1 ml (1/4 c. à t.) de thym séché
Poivre blanc fraîchement moulu

1 Lavez les haricots et faites-les macérer dans 500 ml (2 tasses) d'eau pendant la nuit. Le lendemain, faites cuire à feu moyen les haricots dans le liquide de macération et la sarriette pendant 1 heure. Salez.

2 Pour préparer la sauce, pelez l'ail. Faites chauffer l'huile dans une poêle et faites revenir légèrement la sauge. Ajoutez l'ail que vous aurez écrasé au moyen d'un presse-ail. Incorporez les tomates en purée, 150 ml (2/3 tasse) d'eau ainsi que le bouillon en poudre. Ajoutez le thym et poivrez avant d'amener à ébullition.

3 Égouttez les haricots et retirez le brin de sarriette. Mélangez les haricots à la sauce, couvrez et poursuivez la cuisson à feu doux durant 20 minutes.

 SUGGESTION : Les viandes grillées conviennent bien à ce plat, tout comme le pain baguette ou pita pour tremper dans la sauce.

Lentilles orange avec carottes et poireaux

Gras	●●●		40 min.
Cholestérol	3 mg		
Fibre	●●●		

Par portion : environ 309 calories, 15 g de protéines, 13 g de gras, 33 g de glucides

POUR 2 PORTIONS
2 carottes de grosseur moyenne (environ 150 g ou 5 oz)
1 poireau (environ 150 g ou 5 oz)
1 gousse d'ail
125 ml ou 100 g (1/2 tasse) de lentilles orange
15 ml (1 c. à s.) d'huile de tournesol
5 ml (1 c. à t.) de curcuma
1 ml (1/4 c. à t.) de graines de coriandre moulues
1 ml (1/4 c. à t.) de cumin noir moulu
250 ml (1 tasse) de bouillon de légumes
15 ml (1 c. à s.) d'huile de sésame foncée
30 ml (2 c. à s.) de crème sûre faible en gras ou de yogourt
30 ml (2 c. à s.) de ciboulette hachée

1 Pelez et râpez grossièrement les carottes. Lavez avec attention le poireau et débitez-le en fines rondelles. Pelez et émincez l'ail finement. Mettez les lentilles dans une passoire et rincez-les à l'eau froide.

2 Faites chauffer l'huile dans une poêle. Faites légèrement rissoler les carottes à feu moyen. Ajoutez l'ail et les poireaux, les lentilles, le curcuma, la coriandre et le cumin. Mouillez le tout avec le bouillon. Amenez à ébullition et faites mijoter 15 minutes à feu doux ou jusqu'à ce que le liquide soit absorbé.

3 Incorporez l'huile de sésame et répartissez le mélange dans deux bols. Garnissez chaque bol avec 15 ml (1 c. à s.) de crème sûre et saupoudrez de ciboulette hachée. Servez.

SUGGESTION : Le riz Basmati convient bien à ce plat. Pour chaque portion, comptez 75 ml ou 60 g (1/3 tasse) de riz pour 150 ml (2/3 tasse) d'eau. Ce qui donne 250 ml ou 200 g (1 tasse) de riz cuit et fournit 205 calories de plus.

Haricots blancs dans une sauce tomate à la sauge, en haut
Lentilles orange avec carottes et poireaux, en bas

Ragoût de radis et de raifort avec vermicelle

Gras	●●●	25 min.
Cholestérol	–	
Fibre	●●●	

Par portion : environ 356 calories, 12 g de protéines, 12 g de gras, 54 g de glucides

POUR 2 PORTIONS

250 ml ou 100 g (1 tasse) de vermicelle ou de cheveux d'ange
1/2 racine de raifort de grosseur moyenne (environ 300 g ou 10 oz)
1 botte de radis
4 tomates séchées
1 botte d'oignons verts
30 ml (2 c. à s.) d'huile végétale
Poivre noir fraîchement moulu
Graines de coriandre moulues
45 ml (3 c. à s.) de vinaigre balsamique
Sauce soya

1 Amenez à ébullition une marmite d'eau salée. Ajoutez le vermicelle et faites-le cuire 3 minutes. Versez les nouilles dans une passoire, plongez celle-ci dans de l'eau glacée et égouttez.

2 Nettoyez et épluchez la racine de raifort, coupez-la en deux puis en tranches. Lavez et coupez les radis en quatre. Émincez les tomates en fines lanières. Coupez la racine des oignons verts et tranchez-les en petites rondelles.

3 Faites chauffer l'huile dans une poêle antiadhésive. Faites revenir les oignons verts et les tomates à feu doux jusqu'à ce que les légumes perdent leur fermeté. Incorporez le raifort et les radis et poursuivez la cuisson pendant 2 minutes en brassant continuellement, jusqu'à ce que le raifort perde de son opacité.

4 Incorporez le vermicelle au mélange de légumes, ajoutez les graines de coriandre et le vinaigre et poivrez. Arrosez avec un filet de sauce soya et servez.

Crêpes de sarrasin fourrées aux fèves germées

Gras	+	35 min.
Cholestérol	151 mg	
Fibre	●●	

Par portion : environ 288 calories, 11 g de protéines, 15 g de gras, 28 g de glucides

POUR 2 PORTIONS

125 ml ou 60 g (1/2 tasse) de farine de sarrasin
100 ml (1/3 tasse + 2 c. à s.) de lait écrémé, 1 % ou 2 %
1 œuf
Pincée de sel
250 ml ou 100 g (1 tasse) de fèves germées
1 poivron jaune
1 gousse d'ail
30 ml (2 c. à s.) d'huile d'olive
30 ml (2 c. à s.) de sambal oelek (sauce chili indonésienne)

1 Mélangez la farine, le lait, l'œuf et le sel jusqu'à l'obtention d'une pâte lisse. Couvrez la pâte à crêpes et laissez reposer 10 minutes.

2 Entre-temps, hachez grossièrement les fèves germées. Fendez le poivron en deux, retirez-en les graines et coupez-le en dés. Pelez et émincez l'ail finement. Faites chauffer 15 ml (1 c. à s.) d'huile dans une poêle antiadhésive. Faites revenir les dés de poivron et l'ail à feu doux. Ajoutez les fèves germées, faites-les cuire légèrement et réservez.

3 Dans une poêle à crêpes de 25 cm (10 po) de diamètre, faites chauffer 17 ml (1 1/2 c. à t.) d'huile. Versez dans la poêle la moitié de la pâte à crêpes et faites dorer la crêpe des deux côtés. Répétez avec le reste de l'huile et de la pâte. Disposez les crêpes dans deux assiettes.

4 Disposez les légumes en demi-cercle sur la moitié de chaque crêpe et repliez. Ajoutez un filet de sambal oelek et servez.

!! VARIANTE : Vous pouvez ajouter du tofu à la farce si vous le désirez. Égouttez environ 50 g (2 oz) de tofu ferme, coupez-le en fines lanières et faites revenir avec les dés de poivron.

LÉGUMES ET LÉGUMINEUSES

Ragoût de radis et de raifort avec vermicelle, en haut
Crêpes de sarrasin fourrées aux fèves germées, en bas

Quiche au brocoli

Gras	–	45 min.
Cholestérol	–	(+ 20 min de cuisson)
Fibre	●●●	

Par portion : environ 92 calories, 12 g de protéines, 2 g de gras, 11 g de glucides

FOUR PRÉCHAUFFÉ À 180 ºC (350 ºF)
ASSIETTE À TARTE DE 23 CM (9 PO), GRAISSÉE

POUR 8 PORTIONS
POUR LA CROÛTE
175 ml ou 100 g (3/4 tasse) de farine d'épeautre à grains entiers
45 ml ou 25 g (3 c. à s.) de farine de soya
5 ml (1 c. à t.) de levure chimique
Pincée de sel
75 ml ou 75 g (1/3 tasse) de fromage quark faible en gras, de fromage cottage ou de yogourt égoutté
60 ml (4 c. à s.) d'eau minérale

POUR LA FARCE
500 g (1 lb) de brocoli
100 ml ou 100 g (1/3 tasse + 2 c. à s.) de fromage quark faible en gras, de fromage cottage ou de yogourt égoutté
30 à 45 ml (2 à 3 c. à s.) de lait 1 % ou 2 %
2 ml (1/2 c. à t.) de graines de fenouil moulues
Sel et poivre noir fraîchement moulu
5 ml (1 c. à t.) de poivre rouge

POUR LA SAUCE AU YOGOURT
150 ml ou 150 g (2/3 tasse) de yogourt faible en gras
5 ml (1 c. à t.) de paprika
Sel
5 à 10 ml (1 à 2 c. à t.) de jus de citron fraîchement pressé

1 Pétrissez rapidement les ingrédients de la croûte et roulez la pâte (n'ajoutez surtout pas de farine, la pâte s'émietterait), déposez dans l'assiette à tarte et faites quelques trous à l'aide d'une fourchette dans la pâte.

2 Amenez beaucoup d'eau salée à ébullition. Coupez le brocoli en bouquets. Pelez les tiges et coupez-les; faites cuire pendant 20 minutes. Ajoutez les bouquets et poursuivez la cuisson pendant 2 minutes. Retirez du feu et égouttez.

3 Mettez les tiges et la moitié des bouquets de brocoli en purée et mélangez avec le fromage quark, le lait et les graines de fenouil. Salez et poivrez. Déposez dans la tarte. Déposez ensuite le reste des bouquets sur la farce et saupoudrez de poivre rouge. Faites cuire pendant 20 minutes dans le four préchauffé jusqu'à ce que la croûte soit dorée.

4 Entre-temps, mélangez le paprika, le sel et le jus de citron avec le yogourt. Coupez la quiche en huit parts et servez avec la sauce au yogourt.

Tarte aux poivrons

Gras	●	55 min.
Cholestérol	2 mg	(+ 30 min de repos)
Fibre	●●	(+ 20 min de cuisson)

Par portion : environ 129 calories, 5 g de protéines, 4 g de gras, 19 g de glucides

FOUR PRÉCHAUFFÉ À 180 ºC (350 ºF)
ASSIETTE À TARTE DE 23 CM (9 PO), GRAISSÉE

POUR 8 PORTIONS
375 ml ou 200 g (1 1/2 tasse) de farine d'épeautre à grains entiers
75 ml (1/3 tasse) de lait écrémé, 1 % ou 2 %
7 g (1/4 oz ou 2 1/4 c. à t.) de levure sèche
Pincée de sucre
30 ml (2 c. à s.) d'huile d'olive
2 oignons verts
2 gousses d'ail
1 petite aubergine
1 petite courgette
1 poivron rouge
1 poivron vert
15 ml (1 c. à s.) de pâte de tomate
5 à 10 ml (1 à 2 c. à t.) d'origan séché
Sel et poivre noir fraîchement moulu

1 Disposez la farine dans un grand bol et faites un puits dans le centre. Faites chauffer le lait à la température du corps et mélangez-le avec la levure et le sucre. Versez le mélange dans le puits, couvrez et laissez lever pendant 15 minutes.

2 Ajoutez 15 ml (1 c. à s.) d'huile et 50 ml (1/4 tasse) d'eau. Pétrissez la pâte jusqu'à ce qu'elle forme une boule. Couvrez la pâte et laissez-la lever pendant 15 minutes.

3 Entre-temps, coupez l'extrémité des oignons verts et tranchez-les en rondelles. Lavez et tranchez l'aubergine et la courgette en rondelles de 0,5 cm (1/4 po). Fendez les poivrons en deux, retirez les graines et coupez-les en lanières.

4 Faites chauffer 15 ml (1 c. à s.) d'huile restante dans une grande poêle antiadhésive. Faites revenir à feu moyen les oignons verts, l'ail, l'aubergine et la courgette. Diluez la pâte de tomate avec 100 ml (1/3 tasse + 2 c. à s.) d'eau et versez sur les légumes. Assaisonnez avec l'origan, le sel et le poivre et faites légèrement réduire la sauce.

5 Roulez la pâte et disposez-la dans l'assiette à tarte. Disposez les légumes et les lanières de poivron dedans. Faites cuire dans le four préchauffé pendant 20 minutes. Coupez en 8 portions et servez.

Tarte aux poivrons, en haut
Quiche au brocoli, en bas

Poivrons farcis au tofu

Gras	+	
Cholestérol	1 mg	20 min.
Fibre	●●●	(+ 45 min de cuisson)

Par portion : environ 486 calories, 18 g de protéines, 19 g de gras, 66 g de glucides

FOUR PRÉCHAUFFÉ À 180 ºC (350 ºF)
PLAT À GRATINER AVEC COUVERCLE ALLANT AU FOUR

POUR 2 PORTIONS

3 gros poivrons jaunes
125 g (4 oz) de tofu extra-ferme
2 gousses d'ail
2 oignons verts
4 gros champignons Portobello
4 tomates séchées
30 ml (2 c. à s.) d'huile de colza
Sel et poivre noir fraîchement moulu
2 ml (1/2 c. à t.) de paprika fort
125 ml ou 100 g (1/2 tasse) de riz brun
250 ml (1 tasse) de bouillon de légumes
30 ml (2 c. à s.) de crème de soya ou de crème sûre faible en gras

1 Coupez la partie supérieure de deux poivrons. Videz la cavité et réservez pour usage ultérieur. Fendez le poivron restant en deux, retirez-en les graines et coupez en dés.

2 Coupez en petits dés le tofu et écrasez-le. Pelez l'ail et écrasez-le au moyen d'un presse-ail. Coupez les extrémités des oignons verts et émincez-les finement. Nettoyez et tranchez finement les champignons. Émincez finement les tomates.

3 Faites chauffer l'huile dans une poêle antiadhésive. Faites revenir l'ail et les oignons verts à feu doux. Incorporez les champignons et les tomates et faites-les revenir légèrement. Ajoutez le tofu. Assaisonnez avec le sel, le poivre et le paprika. Remplissez les poivrons avec la préparation.

4 Rincez le riz et mettez-le dans le plat à gratiner avec le bouillon. Ajoutez les poivrons farcis ainsi que les dés de poivron. Couvrez et faites cuire de 35 à 40 minutes. Retirez le couvercle et poursuivez la cuisson pendant 5 minutes, jusqu'à ce que le riz ait absorbé tout le liquide.

5 Mettez un poivron farci par assiette. Mélangez la crème de soya avec le riz et servez comme accompagnement.

Fusilli au blé entier avec brocoli

Gras	+	
Cholestérol	20 mg	25 min.
Fibre	●●●	

Par portion : environ 455 calories, 25 g de protéines, 16 g de gras, 53 g de glucides

POUR 2 PORTIONS

375 ml ou 350 g (1 1/2 tasse) de brocoli
Sel
500 ml ou 150 g (2 tasses) de fusilli au blé entier ou autres pâtes de forme spiralée
1 botte d'oignons verts
15 ml (1 c. à s.) d'huile d'olive
100 g (3 1/2 oz) de fromage de lait de brebis
15 à 30 ml (1 à 2 c. à s.) de lait écrémé, 1 % ou 2 %
Muscade fraîchement moulue
Poivre blanc fraîchement moulu
30 ml (2 c. à s.) de persil haché

1 Débitez le brocoli en bouquets. Pelez et émincez les tiges de brocoli. Amenez beaucoup d'eau salée à ébullition dans une grande marmite, ajoutez-y les bouquets de brocoli et faites-les blanchir pendant 2 minutes. Retirez-les et plongez-les dans de l'eau glacée afin qu'ils conservent leur couleur.

2 Faites cuire les fusilli dans l'eau des brocolis en suivant les recommandations de cuisson sur l'emballage ou jusqu'à ce que les pâtes soient al dente. Égouttez.

3 Coupez l'extrémité des oignons verts et émincez-les finement. Faites chauffer l'huile dans une poêle antiadhésive. Faites revenir les oignons verts et les tiges de brocoli à feu doux jusqu'à ce que les légumes aient ramolli. Incorporez les bouquets de brocoli et faites revenir légèrement.

4 Émiettez le fromage de brebis, ajoutez-y le lait et écrasez le tout à la fourchette. Assaisonnez avec la muscade et le poivre. Ajoutez le brocoli au mélange de fromage et versez le tout sur les pâtes. Saupoudrez le plat de persil. Servez chaud ou à la température de la pièce.

!! VARIANTE : Remplacez la moitié du fromage par du tofu. Le repas contiendra alors 10 g de cholestérol et 11 g de gras. Écrasez le tofu avec une fourchette et mélangez avec le fromage.

Poivrons farcis au tofu, en haut
Fusilli au blé entier avec brocoli, en bas

LÉGUMES ET LÉGUMINEUSES

Cari de légumes avec millet et haricots verts

Gras	●●	30 min.
Cholestérol	1 mg	
Fibre	●●●	

Par portion : environ 322 calories, 11 g de protéines, 9 g de gras, 49 g de glucides

POUR 2 PORTIONS
125 ml ou 100 g (1/2 tasse) de millet
250 ml (1 tasse) de bouillon de légumes
1 oignon moyen
500 ml ou 250 g (2 tasses) de haricots verts
15 ml (1 c. à s.) de cari en poudre
3 tomates moyennes
Sel et poivre noir fraîchement moulu
Giclée de sambal oelek (sauce chili indonésienne)
30 ml (2 c. à s.) de ciboulette hachée

1 Dans une casserole, mettez le millet et 200 ml (3/4 tasse + 2 c. à s.) de bouillon de légumes et amenez le tout à ébullition. Couvrez et faites mijoter 20 minutes, jusqu'à ce que le liquide soit absorbé.

2 Entre-temps, pelez et coupez l'oignon en fines rondelles. Coupez les haricots en morceaux de 2,5 cm (1 po).

3 Faites chauffer l'huile dans une poêle antiadhésive. Faites revenir à feu moyen les oignons et les haricots pendant 4 à 5 minutes, en brassant continuellement. Saupoudrez le tout de cari en poudre, mélangez et versez les 30 ml (2 c. à s.) de bouillon qui reste.

4 Coupez les tomates en dés. Incorporez-les au mélange de haricots et d'oignon. Assaisonnez de sel, de poivre et de sambal oelek. Ajoutez le millet et garnissez avec la ciboulette hachée. Servez.

‼ VARIANTE : Vous pouvez ajouter du tofu. Coupez 100 g (3 1/2 oz) de tofu ferme en tranches de 2,5 cm (1 po) et faites-les revenir avec les haricots.

Légumes d'été avec des nouilles diaphanes et du tofu

Gras	+	35 min.
Cholestérol	–	
Fibre	●●●	

Par portion : environ 383 calories, 23 g de protéines, 18 g de gras, 37 g de glucides

POUR 2 PORTIONS
150 g (5 oz) de tofu ferme
5 ml (1 c. à t.) d'origan séché
Poivre fraîchement moulu
30 ml (2 c. à s.) de sauce de poisson asiatique ou de sauce soya
1 L ou 450 g (4 tasses) de haricots verts
Sel
1 botte d'oignons verts
1 poivron jaune
1 tomate beefsteak
50 g (2 oz) de nouilles diaphanes
30 ml (2 c. à s.) d'huile d'olive

1 Coupez finement le tofu et ajoutez-y l'origan, le poivre, la sauce de poisson ou la sauce soya. Couvrez et laissez reposer.

2 Lavez et faites cuire à la vapeur les haricots verts de sorte qu'ils croquent sous la dent, soit 5 à 10 minutes. Égouttez-les et plongez-les dans de l'eau glacée pour qu'ils conservent leur couleur.

3 Entre-temps, retirez l'extrémité des oignons verts et émincez-les finement. Fendez le poivron en deux, retirez les graines et coupez-le en fines lanières. Faites une incision en forme de x à la base des tomates, faites-les blanchir 1 minute dans l'eau bouillante, pelez-les et coupez-les en petits dés.

4 Faites cuire les nouilles diaphanes dans l'eau bouillante pendant 2 minutes, égouttez-les et coupez-les grossièrement sur une planche à découper.

5 Faites chauffer l'huile dans une poêle antiadhésive. Faites revenir à feu moyen les oignons verts et le tofu. Ajoutez les poivrons et les tomates et poursuivez la cuisson pendant 2 minutes. Incorporez les haricots et les nouilles et faites réchauffer en brassant continuellement.

‼ SUGGESTION : Si votre taux de cholestérol vous le permet, vous pouvez garnir le plat de dés de mozzarella ou de feta. La teneur en cholestérol s'élèvera à 46 g au lieu de 38 g par portion.

SUGGESTION : Les nouilles diaphanes sont faites à partir de haricots mungo et sont vendues dans les épiceries asiatiques et certains supermarchés.

Cari de légumes avec millet et haricots verts, en haut
Légumes d'été avec nouilles diaphanes et tofu, en bas

Cassoulet végétarien

Gras	○	15–20 min.
Cholestérol	2 mg	(+ 8h de macération)
Fibre	●●●	(+ 2 h 30 de cuisson)

Par portion : environ 283 calories, 14 g de protéines, 5 g de gras,
44 g de glucides

POUR 2 PORTIONS

375 ml ou 150 g (3/4 tasse) de haricots blancs, de petits
haricots blancs (navy) ou de haricots Great Northern

1 oignon moyen

2 gousses d'ail

1 carotte moyenne

1 poireau

15 ml (1 c. à s.) d'huile d'olive

15 ml (1 c. à s.) de pâte de tomate

Poivre

2 brins de thym frais

2 clous de girofle entiers

500 ml (2 tasses) de bouillon de légumes

2 tranches de pain à grains entiers rôties

Sel

Vinaigre de cidre

1 Faites tremper les haricots secs dans beaucoup
d'eau froide pendant la nuit ou pendant au moins
8 heures. Égouttez-les.

2 Préchauffez le four à 140 ºC (275 ºF). Pelez et
hachez finement l'oignon et l'ail. Pelez et coupez
la carotte en cubes de 1 cm (1/2 po). Fendez le poireau
en deux, lavez-le et tranchez les parties blanches et vert
pâle en fines rondelles.

3 Faites chauffer l'huile dans une poêle antiadhésive.
Faites revenir l'ail et les oignons à feu doux jusqu'à
ce que ceux-ci deviennent translucides. Ajoutez la pâte
de tomate, faites cuire un peu et mélangez bien.

4 Mettez la moitié des haricots dans une casserole,
ajoutez-y un brin de thym. Poivrez généreusement.
Recouvrez de légumes, ajoutez les clous de girofle,
l'autre brin de thym et le reste des haricots. Versez le
bouillon jusqu'à ce que les haricots soient recouverts.
Émiettez 1 tranche de pain sur les haricots.

5 Couvrez et faites cuire dans le four préchauffé
pendant 2 heures, en arrosant de bouillon de
temps à autre si le plat semble se dessécher. Lorsque
les haricots sont tendres, salez, brassez bien et ajoutez
quelques giclées de vinaigre de cidre. Émiettez l'autre
tranche de pain au-dessus du plat. Poursuivez la cuisson
à découvert pendant 30 minutes, jusqu'à ce que les
miettes de pain soient croustillantes. Servez.

Champignons sautés avec des céréales

Gras	+++	35 min.
Cholestérol	3 mg	
Fibre	●●●	

Par portion : environ 694 calories, 17 g de protéines, 37 g de gras,
72 g de glucides

POUR 2 PORTIONS

250 ml ou 200 g (1 tasse) d'un mélange de 6 céréales (comme
de l'orge, du riz brun, des graines de sarrasin, d'épeautre,
de millet, de quinoa)

500 ml (2 tasses) de bouillon de légumes

1 avocat bien mûr

Jus d'un 1/2 citron

1 oignon moyen

200 g (7 oz) de pleurotes

15 ml (1 c. à s.) d'huile végétale

Sel et poivre noir fraîchement moulu

30 ml (2 c. à s.) de ciboulette ou de persil haché

1 Rincez le mélange de céréales à l'eau froide,
ajoutez au bouillon dans une casserole et amenez
à ébullition. Couvrez et faites mijoter à feu doux
pendant 30 minutes.

2 Entre-temps, coupez l'avocat en deux, retirez le
noyau et coupez-le en fines tranches. Arrosez de
jus de citron, couvrez et laissez reposer. Pelez et émincez
finement l'oignon. Nettoyez les pleurotes et coupez-les
en deux, ou en quatre pour les plus gros.

3 Faites chauffer l'huile dans une poêle antiadhésive.
Faites cuire les oignons à feu doux jusqu'à ce qu'ils
deviennent translucides. Ajoutez les pleurotes et faites
cuire à feu plus vif pendant 3 minutes en brassant
constamment. Incorporez les céréales, ajoutez les
tranches d'avocat et poursuivez la cuisson pendant
2 minutes. Salez, poivrez et garnissez de persil ou de
ciboulette et servez.

!! SUGGESTION : Les avocats mûrs sont légèrement
mous au toucher. Les avocats qui ne sont pas
mûrs ont peu de goût : laissez-les mûrir sur le
rebord d'une fenêtre.

Cassoulet végétarien, en haut
Champignons sautés avec des céréales, en bas

LÉGUMES ET LÉGUMINEUSES

Cari aux pommes de terre et aux épinards

Gras	●●		40 min.
Cholestérol	1 mg		
Fibre	●●●		

Par portion : environ 215 calories, 8 g de protéines, 7 g de gras, 30 g de glucides

POUR 2 PORTIONS

200 g (7 oz) d'épinards frais
Sel
1 oignon moyen
2 gousses d'ail
400 g (14 oz) de petites pommes de terre comme les Yukon
15 ml (1 c. à s.) d'huile de colza
10 ml (2 c. à t.) de graines de moutarde
15 ml (1 c. à s.) de cari de Madras en poudre
150 ml (2/3 tasse) de bouillon de légumes ou d'eau
Poivre noir fraîchement moulu
15 ml (1 c. à s.) de ciboulette hachée

1 Lavez les épinards et enlevez les queues coriaces. Faites blanchir pendant 3 minutes dans une grande casserole ou dans une poêle avec l'eau qui reste sur les feuilles. Égouttez bien et laissez refroidir. Essorez les épinards pour en retirer le plus d'eau possible, hachez-les grossièrement.

2 Pelez et émincez finement l'ail et l'oignon. Pelez et coupez les pommes de terre en tranches très fines.

3 Faites chauffer l'huile dans une poêle antiadhésive. Faites rissoler à feu doux les graines de moutarde (attention, elles ont tendance à sauter !). Ajoutez l'ail et les oignons et faites revenir jusqu'à ce que ceux-ci deviennent translucides. Incorporez le cari en poudre, les tranches de pommes de terre et versez-y le bouillon ou l'eau. Couvrez et faites cuire jusqu'à ce que les pommes de terre soient tendres, mais encore un peu croquantes, soit environ 12 minutes.

4 Ajoutez les épinards et faites mijoter à couvert pendant 5 à 8 minutes, jusqu'à ce que les pommes de terre soient bien tendres. Salez, poivrez et garnissez de ciboulette. Servez.

 VARIANTE : Vous pouvez ajouter de 15 à 30 ml (1 à 2 c. à s.) de raisins secs aux pommes de terre. Le goût des raisins secs se marie bien au cari.

Haricots azuki et céleri-rave

Gras	●●●		2 h.
Cholestérol	19 mg		(+ 8 h de macération)
Fibre	●●●		

Par portion : environ 442 calories, 19 g de protéines, 14 g de gras, 60 g de glucides

POUR 2 PORTIONS

150 ml ou 150 g (2/3 tasse) de haricots azuki
500 ml (2 tasses) de bouillon de légumes
1/2 petit céleri-rave d'environ 250 g (8 oz)
1 pomme sûre
1 oignon moyen
15 ml (1 c. à s.) d'huile de colza
Sel et poivre noir fraîchement moulu
15 ml (1 c. à s.) de vinaigre de cidre
100 ml ou 100 g (1/3 tasse + 2 c. à s.) de crème sûre
30 ml (2 c. à s.) de noix hachées

1 Faites tremper les haricots dans l'eau froide pendant au moins 8 heures. Égouttez et amenez le bouillon à ébullition. Couvrez et laissez mijoter à feu doux pendant 2 heures, jusqu'à ce que tout le liquide ait été absorbé et que les haricots soient tendres.

2 Entre-temps, pelez et émincez finement le céleri-rave. Pelez, évidez et coupez la pomme en petits quartiers. Pelez et coupez l'oignon en fines rondelles.

3 Faites chauffer l'huile dans une poêle antiadhésive. Faites revenir à feu doux les rondelles d'oignon jusqu'à ce qu'elles deviennent translucides. Incorporez le céleri-rave et faites revenir jusqu'à ce qu'il devienne tendre, mais encore croquant, en brassant continuellement. Ajoutez les haricots et les quartiers de pomme. Salez, poivrez et ajoutez le vinaigre. Incorporez la crème sûre et garnissez le tout de noix hachées. Servez.

SUGGESTION : Comme toutes les légumineuses, les haricots azuki font partie d'une alimentation visant à réduire le cholestérol. Vous pouvez bien sûr remplacer les haricots azuki par d'autres légumineuses.

LÉGUMES ET LÉGUMINEUSES

Cari de pommes de terre et d'épinards, en haut
Haricots azuki et céleri-rave, en bas

Haricots mungo avec chou-rave et arachides

Gras	+	25 min.
Cholestérol	–	(+ 1 h de macération)
Fibre	●●●	

Par portion : environ 523 calories, 29 g de protéines, 16 g de gras, 68 g de glucides

POUR 2 PORTIONS

250 ml ou 200 g (1 tasse) de haricots mungo

5 ml (1 c. à t.) de graines de carvi

1 petit chou-rave

2 tomates en grappe bien mûres

2 gousses d'ail

30 ml (2 c. à s.) d'huile de colza

30 ml (2 c. à s.) de feuilles de thym frais

30 ml (2 c. à s.) de crème de soya

Sel et poivre noir fraîchement moulu

30 à 45 ml (2 à 3 c. à s.) de sauce soya

30 ml ou 20 g (2 c. à s.) d'arachides

1 Dans une casserole, mélangez les haricots mungo, les graines de carvi et 1 L (4 tasses) d'eau et amenez le tout à ébullition. Faites cuire pendant 5 minutes, couvrez et poursuivez la cuisson pendant 1 heure à feu doux, jusqu'à ce que les haricots soient croquants sous la dent. Égouttez.

2 Pelez le chou-rave et coupez-le en fines lanières de 2,5 cm (1 po). Faites une incision en forme de x à la base des tomates, faites-les blanchir pendant 1 minute dans l'eau bouillante, pelez-les et coupez-les en dés. Pelez l'ail et écrasez-le au moyen d'un presse-ail.

3 Faites chauffer l'huile dans une poêle antiadhésive. Faites revenir à feu moyen le chou-rave et l'ail en brassant continuellement, jusqu'à ce que les légumes soient tendres, mais toujours croquants. Ajoutez les haricots, les dés de tomate et les feuilles de thym et poursuivez la cuisson pendant 5 minutes en brassant continuellement.

4 Incorporez la crème de soya et la sauce soya. Salez et poivrez. Hachez grossièrement les arachides et ajoutez-les juste avant de servir.

‼ SUGGESTION : Les haricots mungo sont aussi recommandés pour abaisser le cholestérol que les haricots de soya; vous devez donc chercher à les intégrer à votre alimentation. Ces haricots sont en vente dans les épiceries asiatiques et dans plusieurs supermarchés.

Lentilles jaunes avec courgettes et asperges

Gras	●●●	20 min.
Cholestérol	2 mg	
Fibre	●●●	

Par portion : environ 400 calories, 23 g de protéines, 12 g de gras, 48 g de glucides

POUR 2 PORTIONS

150 ml ou 150 g (2/3 tasse) de lentilles jaunes ou de pois cassés

300 ml (1 1/4 tasse) de bouillon de légumes

1 petite courgette d'environ 200 g (7 oz)

500 g (1 lb) d'asperges blanches

2 gousses d'ail

30 ml (2 c. à s.) d'huile d'olive

5 ml (1 c. à t.) de sucre semoule

45 ml (3 c. à s.) de vinaigre balsamique blanc ou de vinaigre de vin blanc

Sel et poivre blanc fraîchement moulu

30 ml (2 c. à s.) de basilic frais ciselé

1 Amenez les lentilles et le bouillon à ébullition, couvrez et faites cuire à feu moyen de 10 à 15 minutes, jusqu'à ce que tout le liquide ait été absorbé et que les lentilles soient tendres.

2 Entre-temps, coupez la courgette longitudinalement et coupez chaque moitié en tranches fines. Retirez les parties coriaces des asperges, pelez-les et coupez-les à angle en morceaux de 1 cm (1/2 po). Pelez et émincez finement l'ail.

3 Faites chauffer l'huile dans une poêle antiadhésive. À feu doux, faites revenir l'ail jusqu'à ce qu'il soit doré. Ajoutez les courgettes et les asperges et poursuivez la cuisson pendant 5 minutes en brassant continuellement, jusqu'à ce que les légumes soient tendres, mais toujours croquants. Saupoudrez de sucre et ajoutez le vinaigre. Incorporez les lentilles, salez et poivrez. Disposez dans deux assiettes et garnissez de basilic haché. Servez.

‼ SUGGESTION : Si vous voulez ajouter un peu de viande, coupez en lanières 100 g (3 1/2 oz) de dinde fumée, ajoutez aux lentilles et faites réchauffer 1 minute. Cette quantité de dinde fumée ne contient qu'un gramme de gras.

Haricots mungo avec chou-rave et arachides, en haut
Lentilles jaunes avec courgettes et asperges, en bas

Croquettes de pois chiches

Gras	●●●	20 min.
Cholestérol	127 mg	(+ 2 h de macération)
Fibre	●●●	

Par portion : environ 284 calories, 14 g de protéines, 12 g de gras, 30 g de glucides

POUR 2 PORTIONS

125 ml ou 100 g (1/2 tasse) de pois chiches
30 ml (2 c. à s.) de crème de soya
1 petit oignon
2 gousses d'ail
30 ml (2 c. à s.) de persil finement haché
1 œuf
5 ml (1 c. à t.) de moutarde sèche
Sel et poivre noir fraîchement moulu
Poivre de Cayenne
30 ml (2 c. à s.) de fine chapelure de pain à grains entiers
30 ml (2 c. à s.) d'huile de colza

1 Placez les pois chiches dans une casserole d'eau froide, amenez à ébullition, couvrez et faites mijoter à feu doux pendant 1 heure. Augmentez le feu et refaites bouillir de 50 à 60 minutes, jusqu'à ce que les pois chiches soient tendres. Versez dans une passoire et laissez refroidir légèrement.

2 Mélangez la crème de soya avec les pois chiches et mettez en purée grossière (la purée doit conserver une certaine texture). Pelez et émincez l'oignon finement, pelez et écrasez l'ail au moyen d'un presse-ail et ajoutez le tout à la purée. Incorporez le persil, l'œuf et la moutarde; salez, poivrez et ajoutez le poivre de Cayenne.

3 Les mains humides, formez 6 petites croquettes. Enrobez-les de chapelure. Faites chauffer l'huile dans une poêle antiadhésive. À feu doux, faites revenir les croquettes 4 à 5 minutes de chaque côté.

SUGGESTION : Servez les croquettes avec une sauce faite de yogourt faible en gras, de 15 ml (1 c. à s.) de jus de citron fraîchement pressé, de sel et de 1 ou 2 gousses d'ail écrasées.

Chili aux haricots rouges

Gras	+	25 min.
Cholestérol	4 mg	
Fibre	●●●	

Par portion : environ 745 calories, 40 g de protéines, 17 g de gras, 106 g de glucides

POUR 2 PORTIONS

1 oignon moyen
2 gousses d'ail
1 poivron rouge
1 poivron vert
2 tomates moyennes
1 petit piment Jalapeno
30 ml (2 c. à s.) d'huile d'olive
5 ml (1 c. à t.) d'origan séché
2 ml (1/2 c. à t.) de cumin moulu
2 ml (1/2 c. à t.) de graines de coriandre moulues
1 boîte de 540 ml (19 oz) de haricots rouges
150 ml ou 140 g (2/3 tasse) de maïs frais, surgelé ou en conserve
Sel et poivre noir fraîchement moulu
150 ml ou 150 g (2/3 tasse) de kéfir faible en gras

1 Pelez et émincez finement l'oignon et l'ail. Fendez les poivrons en deux, retirez les graines et coupez-les en dés ou en forme de losange. Lavez et coupez les tomates en dés. Fendez le piment Jalapeno dans le sens de la longueur, retirez les graines (si désiré) et émincez-le finement.

2 Faites chauffer l'huile dans une poêle antiadhésive. Faites revenir à feu doux l'ail et les oignons jusqu'à ce que ceux-ci deviennent translucides. Ajoutez les poivrons et poursuivez la cuisson pendant 5 minutes en brassant continuellement, jusqu'à ce que les légumes soient tendres mais toujours croquants. Incorporez les dés de tomate, le piment Jalapeno, le poivre, l'origan, le cumin et les graines de coriandre moulues. Faites mijoter jusqu'à ce que les tomates aient fondu et que la sauce ait réduit quelque peu.

3 Rincez les haricots rouges et le maïs à l'eau froide, égouttez-les et ajoutez-les à la casserole. Brassez bien, salez, poivrez et poursuivez la cuisson jusqu'à ce que le tout soit bien chaud.

4 Disposez le kéfir dans deux assiettes et ajoutez le chili.

SUGGESTION : Servez ce plat accompagné de croustilles de maïs cuites au four, de pain pita ou de pain baguette.

Croquettes de pois chiches, en haut
Chili aux haricots rouges, en bas

LÉGUMES ET LÉGUMINEUSES

Poissons

Sole aux carottes dans une sauce à la moutarde et au soya

Gras	●●	20 min.
Cholestérol	76 mg	
Fibre	●●	

Par portion : environ 229 calories, 25 g de protéines, 9 g de gras, 12 g de glucides

POUR 2 PORTIONS
4 carottes moyennes, environ 300 g (10 oz)
40 ml (1 c. à s.) d'huile de tournesol ou de maïs
50 à 125 ml (1/2 à 3/4 tasse) de bouillon de légumes ou d'eau salée
Pincée de sucre semoule
2 filets de sole d'environ 125 g (5 oz) chacun
2 ml (1/2 c. à t.) de jus de citron fraîchement pressé
Sel et poivre blanc fraîchement moulu
100 ml ou 100 g (1/3 tasse + 2 c. à s.) de crème ou de lait de soya nature
5 ml (1 c. à t.) de moutarde de Dijon
1 bouquet de ciboulette

1 Pelez et tranchez finement les carottes. Faites chauffer l'huile dans une casserole et faites légèrement revenir les carottes. À feu doux, versez la moitié du bouillon ou de l'eau salée, ajoutez la pincée de sucre, couvrez et faites cuire pendant 3 minutes.

2 Arrosez de jus de citron les filets de sole, salez, poivrez et placez-les sur les carottes et poursuivez la cuisson à couvert pendant 6 minutes à feu doux. Ajoutez du bouillon au besoin. Retirez le poisson et gardez-le au chaud.

3 Mélangez la moutarde au lait de soya, ajoutez le mélange aux carottes et amenez le tout à ébullition. Hachez la ciboulette. Disposez les carottes et le poisson dans une assiette et garnissez de ciboulette.

 SUGGESTION : Ce plat s'accompagne de riz ou de pommes de terre bouillies.

Roulade de sole dans une sauce crémeuse aux fines herbes

Gras	–	25 min.
Cholestérol	71 mg	
Fibre	–	

Par portion : environ 144 calories, 24 g de protéines, 1 g de gras, 5 g de glucides

POUR 2 PORTIONS
4 filets de sole d'environ 60 g (2 oz) chacun
100 ml (1/3 tasse + 2 c. à s.) de lait concentré (4 %)
100 ml (1/3 tasse + 2 c. à s.) de vin blanc ou d'eau
1 enveloppe de sauce aux fines herbes pour faire 250 ml (1 tasse) de sauce
Petites brochettes en bambou

1 Lavez les filets de sole et épongez-les avec un essuie-tout. Roulez chaque filet et attachez-les avec une petite brochette de bambou.

2 Fouettez le lait concentré, le vin ou l'eau et le contenu de l'enveloppe de sauce. Transférez le tout dans une casserole et amenez à ébullition. Placez les roulades de poisson dans la casserole et faites cuire pendant 15 minutes à feu doux.

 SUGGESTION : Du riz à grain long mélangé avec du riz sauvage, ainsi que du brocoli cuit à la vapeur conviennent bien à ce plat.

 SUGGESTION : Vous pouvez remplacer les filets de sole par des filets de saumon.

SUGGESTION : Si vous avez toujours fait vos sauces avec du beurre (83 % de gras), de la crème fraîche (40 % de gras) ou de la crème à fouetter (35 % de gras), ce plat saura vous convaincre que vous pouvez utiliser des ingrédients comme du lait concentré, de la crème sûre (10 % ou moins de gras) ou de la crème de soya (environ 2 %) sans rien perdre au change.

Sole aux carottes dans une sauce à la moutarde et au soya, en haut
Roulades de sole dans une sauce crémeuse aux fines herbes, en bas

Hareng dans une sauce légère

Gras	+	15 min.
Cholestérol	13 mg	(+faire mariner 24h)
Fibre	●	

Par portion : environ 329 calories, 25 g de protéines, 18 g de gras, 15 g de glucides

POUR 2 PORTIONS
1 boîte de harengs Matjes ou toute autre boîte de filets de hareng conservés dans l'huile, environ 125 g (4 oz)

POUR LA SAUCE
1 petit oignon
1 cornichon moyen
1 petite pomme sûre
15 ml (1 c. à s.) de vinaigre de vin blanc
1 ml (1/4 c. à t.) de moutarde de Dijon
1 ml (1/4 c. à t.) de raifort
200 ml ou 200 g (3/4 tasse + 2 c. à s.) de fromage quark faible en gras, de fromage cottage ou de yogourt égoutté
75 ml ou 70 g (1/3 tasse) de crème sûre
15 ml (1 c. à s.) de liquide des cornichons
Poivre blanc fraîchement moulu
Sucre semoule ou édulcorant liquide

1 Égouttez les harengs. Pelez et coupez l'oignon en fines rondelles. Émincez finement le cornichon. Pelez, évidez et coupez la pomme en quartiers; coupez ceux-ci en fines tranches.

2 Mélangez le vinaigre avec la moutarde et le raifort. Incorporez progressivement le fromage quark et la crème sûre jusqu'à ce que le mélange soit crémeux. Ajoutez les rondelles d'oignon, les dés de cornichon et les tranches de pomme. Assaisonnez avec le liquide des cornichons, le poivre et la pincée de sucre (ou quelques gouttes d'édulcorant).

3 Versez la sauce obtenue dans un contenant de verre pourvu d'un couvercle, pressez-y les filets de hareng, couvrez et laissez mariner pendant 24 heures en brassant occasionnellement. Ou laissez reposer la sauce et nappez-en les filets de hareng.

 SUGGESTION : Des pommes de terre bouillies persillées conviennent particulièrement bien à ce plat.

SUGGESTION : Les harengs Matjes sont filetés et conservés dans une saumure de sucre et de vinaigre épicée. Contrairement aux autres préparations, les harengs Matjes sont légèrement salés, vous n'aurez donc pas besoin de les rincer pour les dessaler. Comme une partie du sel des harengs est absorbée par la sauce pendant qu'ils marinent, vous n'aurez pas besoin de saler la sauce. Si vous utilisez des harengs kipper ou des harengs à la Digby, vous devrez probablement les faire tremper dans de l'eau ou du lait pour les dessaler.

Filets de morue dans une sauce aux tomates et à l'aneth

Gras	●	20 min.
Cholestérol	65 mg	
Fibre	●	

Par portion : environ 210 calories, 24 g de protéines, 6 g de gras, 16 g de glucides

POUR 2 PORTIONS
2 filets de morue de 125 g (4 oz) chacun
5 ml (1 c. à t.) de jus de citron fraîchement pressé
Sel et poivre noir fraîchement moulu
15 ml (1 c. à s.) d'huile de tournesol
250 ml ou 250 g (1 tasse) de tomates égouttées
60 ml ou 60 g (4 c. à s.) de lait concentré (4 %)
1/2 botte d'aneth frais
Pincée de sucre semoule

1 Lavez les filets de morue, asséchez-les avec un papier essuie-tout, arrosez-les de jus de citron et laissez reposer pour que les saveurs se marient.

2 Salez et poivrez les filets. Faites chauffer l'huile dans une poêle. Faites revenir les filets à feu moyen environ 4 minutes de chaque côté, jusqu'à ce qu'ils deviennent dorés.

3 Dans une petite casserole, mélangez le lait concentré et les tomates et amenez à ébullition en brassant continuellement. Émincez finement l'aneth. Salez, poivrez, ajoutez une pincée de sucre à la sauce et incorporez l'aneth. Disposez les filets sur un plat de service et nappez-les de sauce.

 SUGGESTION : Servez du riz ou des pommes de terre en purée avec ce plat.

 SUGGESTION : Vos filets seront plus faciles à retourner dans la poêle si vous les enfarinez avant de les faire revenir.

 VARIANTE : Au lieu de filets de morue, vous pouvez utiliser des filets de saumon, de plie, de vivaneau ou de flétan.

Filets de morue dans une sauce aux tomates et à l'aneth, en haut
Harengs dans une sauce légère, en bas

Filets de saumon avec sauce à l'orange

Gras	++	20 min.
Cholestérol	66 mg	(+ 30 min de macération)
Fibre	●	(+ 10 min de cuisson)

Par portion : environ 349 calories, 31 g de protéines, 21 g de gras, 11 g de glucides

PETIT PLAT À GRATINER

POUR 2 PORTIONS
2 petites oranges
1 petit oignon
Sel
2 filets de saumon d'environ 150 g (5 oz) chacun
Poivre blanc fraîchement moulu
Muscade fraîchement moulue

1 Lavez les oranges à l'eau chaude et asséchez-les bien. Coupez une orange en tranches et gardez-les pour garnir le plat. Râpez un peu du zeste de la seconde orange et pressez-en le jus.

2 Pelez et émincez l'oignon finement. Dans un grand bol, mélangez les oignons, le zeste d'orange, le jus d'orange et 2 ml (1/2 c. à t.) de sel.

3 Rincez les filets de saumon à l'eau froide et épongez-les avec un papier essuie-tout. Placez les filets dans la marinade d'orange en prenant soin de les retourner au moins une fois, couvrez le tout et mettez au réfrigérateur 30 minutes.

4 Préchauffez le four à 180 ºC (350 ºF). Placez les filets de saumon côte à côte dans le plat à gratiner, assaisonnez avec un peu de poivre et de muscade et arrosez-les avec la marinade. Faites cuire au four pendant 10 minutes. Disposez les filets dans les assiettes et garnissez avec les tranches d'orange.

!! SUGGESTION : Servez ce plat avec du riz brun à grain long ou du riz gluant. Une baguette de pain à grains entiers convient aussi à ce plat.

!! SUGGESTION : Le saumon est riche en gras, mais il contient beaucoup d'oméga-3, un bon gras qui a pour effet de diminuer le taux de mauvais cholestérol.

Filet de saumon gratiné

Gras	+++	40 min.
Cholestérol	61 mg	(+ 12 min de cuisson)
Fibre	●●●	

Par portion : environ 771 calories, 38 g de protéines, 36 g de gras, 70 g de glucides

PLAT À GRATINER

POUR 2 PORTIONS
400 ml (1 2/3 tasse) de bouillon de légumes
150 ml ou 150 g (2/3 tasse) de riz brun
1 filet de saumon d'environ 200 g (7 oz)
5 ml (1 c. à t.) de jus de citron fraîchement pressé
Sel et poivre blanc fraîchement moulu
500 g (1 lb) de tomates bien fermes
1/2 bouquet d'aneth frais
30 ml (2 c. à s.) de noix
45 ml (3 c. à s.) de fromage râpé faible en gras (15 %)
30 ml (2 c. à s.) de margarine diète
30 ml (2 c. à s.) de chapelure fraîche

1 Dans une casserole moyenne, amenez le bouillon à ébullition. Versez le riz, couvrez bien et faites cuire à feu doux pendant 20 à 40 minutes selon le type de riz, jusqu'à ce qu'il soit croquant sous la dent.

2 Entre-temps, rincez le filet de saumon à l'eau froide et épongez-le avec un papier essuie-tout. Arrosez de jus de citron, salez et poivrez. Coupez les tomates en quartiers.

3 Préchauffez le four à 200 ºC (400 ºF). Mettez un peu d'aneth de côté pour décorer le plat et hachez le reste. Hachez les noix; ajoutez-les à l'aneth haché, au fromage, à la margarine et à la chapelure pour faire le mélange à gratiner.

4 Transférez le riz dans le plat à gratiner, posez le filet de saumon puis les quartiers de tomate et poivrez. Saupoudrez le tout du mélange à gratiner. Faites cuire au four de 15 à 20 minutes. Vérifiez si le saumon est cuit à votre goût, garnissez avec de l'aneth et servez.

Filets de saumon avec sauce à l'orange, en haut
Filet de saumon gratiné, en bas

Truite à la vapeur avec épinards

Gras			30 min.
Cholestérol	88 mg		(+ 35 min de cuisson)
Fibre	●		

Par portion : environ 246 calories, 35 g de protéines, 9 g de gras, 6 g de glucides

POUR 2 PORTIONS

125 g (4 oz) d'épinards

2 petites échalotes

5 ml (1 c. à t.) d'huile d'olive

1 petite gousse d'ail

Sel et poivre noir fraîchement moulu

2 truites apprêtées sans la peau, d'environ 300 g (10 oz) chacune

4 tomates bien fermes

50 ml ou 50 g (1/4 tasse) d'olives noires dénoyautées en tranches

5 ml (1 c. à t.) de thym frais

1 Lavez les épinards à grande eau, retirez les queues et hachez-les grossièrement. Pelez et émincez les échalotes finement. Faites chauffer l'huile d'olive dans une casserole et faites revenir à feu doux les échalotes, jusqu'à ce qu'elles deviennent translucides. Pelez l'ail et écrasez-le au moyen d'un presse-ail. Ajoutez les épinards et faites-les cuire jusqu'à ce que les feuilles se fanent. Salez et poivrez. Transférez-les dans une passoire, égouttez-les au-dessus d'un bol et pressez pour extraire le plus d'eau possible.

2 Préchauffez le four à 180 ºC (350 ºF). Rincez les truites et épongez-les avec un papier essuie-tout; farcissez-les avec les épinards, salez et poivrez. Tranchez les tomates en rondelles épaisses.

3 Posez deux sacs à cuisson sur une plaque de cuisson. Déposez les tomates à plat à l'intérieur des sacs, puis mettez-y les truites. Ajoutez les olives, le thym et un peu d'eau de cuisson des épinards. Fermez les sacs et percez quelques trous sur le dessus avec une aiguille. Faites cuire au four pendant 35 minutes.

 SUGGESTION : Il est plus rapide d'utiliser des épinards surgelés.

Truite farcie cuite dans une cocotte d'argile

Gras			25 min.
Cholestérol	88 mg		(+ 35 min de cuisson)
Fibre	●		

Par portion : environ 256 calories, 35 g de protéines, 6 g de gras, 17 g de glucides

UNE COCOTTE D'ARGILE AVEC LE COUVERCLE, TREMPÉE DANS L'EAU FROIDE PENDANT AU MOINS 20 MINUTES

POUR 2 PORTIONS

1 botte d'oignons verts

1/2 bouquet d'aneth frais

1/2 bouquet de persil plat (italien)

1/2 bouquet de basilic

1 petite tranche de pain de bonne qualité

Sel et poivre blanc fraîchement moulu

2 truites apprêtées d'environ 300 g (10 oz) chacune

2 petites carottes

100 ml (1/3 tasse + 2 c. à s.) de bouillon de légumes

1 Retirez l'extrémité des oignons verts et coupez-les en rondelles. Mettez de côté quelques belles feuilles de fines herbes pour décorer le plat; émincez finement le reste. Coupez le pain en petits dés.

2 Dans un petit bol, mélangez les fines herbes hachées, 15 ml (1 c. à s.) d'oignons verts, les dés de pain. Salez et poivrez le tout. Rincez les truites à l'eau froide et épongez-les avec un papier essuie-tout. Farcissez-les avec le mélange de pain. Salez et poivrez l'extérieur du poisson.

3 Retirez la cocotte d'argile de l'eau froide. Pelez et coupez les carottes en fines rondelles; déposez-les dans la cocotte d'argile avec le reste des oignons verts. Versez le bouillon et placez les truites sur les légumes.

4 Posez le couvercle sur la cocotte et déposez-la sur la grille du bas du four pas encore allumé. Faites chauffer le four à 180 ºC (350 ºF) et faites cuire pendant 35 minutes. Saupoudrez avec les fines herbes restantes et servez.

Truite à la vapeur avec épinards, en haut

Truite farcie cuite dans une cocotte d'argile, en bas

Omble chevalier au thym dans une croûte de sel

Gras	+	20 min.
Cholestérol	105 mg	(+ 25 min de cuisson)
Fibre	–	

Par portion : environ 351 calories, 37 g de protéines, 15 g de gras, 17 g de glucides

FOUR PRÉCHAUFFÉ À 180 ºC (350 ºF)
PLAQUE DE CUISSON RECOUVERTE DE PAPIER PARCHEMIN

POUR 2 PORTIONS
1 kg (2 lb) de sel
30 ml (2 c. à s.) de fécule de maïs
2 petits ombles chevalier ou truites arc-en-ciel, apprêtés
2 brins de thym frais
1 gros citron

1 Versez le sel dans un grand bol. Ajoutez la fécule de maïs à 250 ml (1/2 tasse) d'eau; mélangez bien et versez dans le sel. Malaxez avec vos mains jusqu'à ce que le mélange soit ferme. Laissez reposer 10 minutes.

2 Lavez le poisson et épongez-le avec un papier essuie-tout. Placez les brins de thym à l'intérieur de chaque poisson. Coupez le citron en tranches très fines.

3 Placez les poissons sur la plaque de cuisson. Recouvrez-les avec les tranches de citron, puis ajoutez le sel qui doit recouvrir complètement les poissons.

4 Faites cuire dans le four préchauffé pendant 25 minutes, jusqu'à ce que le sel ait complètement durci. Brisez délicatement la croûte de sel avec un marteau, enlevez toute trace de sel sur les poissons et servez.

!! SUGGESTION : Plusieurs aliments peuvent être cuits de cette façon, comme des cuisses de poulet ou une poitrine de dinde. Toutefois, il ne faut pas omettre la couche protectrice (composée d'assaisonnement ou de tranches de citron) entre la couche de sel et le poisson (ou la viande), sinon le plat risque d'être trop salé.

!! SUGGESTION : Des pommes de terre bouillies et une salade verte conviennent parfaitement à ce plat.

Perche aux lentilles du Puy et aux légumes

Gras	●●●	40 min.
Cholestérol	35 mg	
Fibre	●●●	

Par portion : environ 438 calories, 41 g de protéines, 13 g de gras, 39 g de glucides

POUR 2 PORTIONS
1 petit oignon
30 ml (2 c. à s.) d'huile de colza
125 ml ou 125 g (1/2 tasse) de lentilles du Puy
200 ml (3/4 tasse + 2 c. à s.) de bouillon de légumes
1 filet de perche d'environ 250 g (8 oz)
15 ml (1 c. à s.) de jus de citron fraîchement pressé
1 petite carotte
1 petit poivron jaune
Sel et poivre noir fraîchement moulu
Farine
15 à 30 ml (1 à 2 c. à s.) de vinaigre balsamique
30 ml (2 c. à s.) de lait de soya nature
30 ml (2 c. à s.) de ciboulette hachée

1 Pelez et émincez l'oignon finement. Faites chauffer 15 ml (1 c. à s.) d'huile dans une poêle antiadhésive. Faites revenir les oignons à feu doux jusqu'à ce qu'ils deviennent translucides. Ajoutez les lentilles et le bouillon, couvrez et laissez mijoter pendant 20 minutes.

2 Entre-temps, coupez la perche en deux, arrosez-la de jus de citron, couvrez et laissez reposer pendant 10 minutes. Pelez et émincez finement les carottes. Fendez le poivron en deux, retirez les graines et coupez-le en petits dés. Ajoutez les carottes et les poivrons aux lentilles et faites mijoter pendant 10 minutes.

3 Épongez le poisson avec un papier essuie-tout, salez, poivrez et saupoudrez de farine. Faites chauffer le reste de l'huile dans la poêle antiadhésive. Faites revenir le poisson des deux côtés à feu moyen jusqu'à ce qu'il soit doré.

4 Ajoutez le vinaigre et le lait de soya au mélange de lentilles. Répartissez les lentilles et le poisson dans deux assiettes, garnissez avec la ciboulette hachée. Servez.

!! SUGGESTION : Les lentilles du Puy, d'une belle couleur foncée, proviennent de France et sont parmi les meilleures au monde. On les trouve dans les bons supermarchés ou dans les épiceries fines. Vous pouvez les remplacer par des lentilles vertes.

Omble chevalier au thym dans une croûte de sel, en haut
Perche aux lentilles du Puy et aux légumes, en bas

Truite saumonée cuite dans le papier aluminium

Gras	○	15 min.
Cholestérol	85 mg	(+ 20 min de cuisson)
Fibre	●	

Par portion : environ 383 calories, 36 g de protéines, 6 g de gras, 18 g de glucides

FOUR PRÉCHAUFFÉ À 180 ºC (350 ºF)
2 GRANDS MORCEAUX DE PAPIER ALUMINIUM

POUR 2 PORTIONS
2 tomates
2 oignons verts
2 pommes sûres
Sel et poivre blanc fraîchement moulu
2 filets de truite saumonée d'environ 150 g (5 oz) chacun
2 brins d'estragon frais
60 ml (4 c. à s.) de cidre ou de jus de pomme

1 Coupez les tomates en tranches. Émincez les oignons verts en fines tranches. Évidez et coupez les pommes en rondelles. Placez les tranches de tomate et de pomme en alternance, en les faisant se chevaucher au centre de chacun des morceaux de papier aluminium. Saupoudrez d'oignons verts, salez et poivrez.

2 Lavez les filets à l'eau froide et épongez-les avec du papier essuie-tout. Salez, poivrez et placez-les sur le lit de tomates et de pommes. Saupoudrez d'estragon.

3 Relevez les bords de chaque papier aluminium. Arrosez de cidre ou de jus de pomme et repliez le papier aluminium hermétiquement. Placez les deux paquets sur la plaque de cuisson. Faites cuire dans le four préchauffé pendant 20 minutes.

‼ SUGGESTION : Au lieu de papier aluminium, vous pouvez utiliser du papier parchemin. Il est un peu plus difficile à manier, mais les résultats sont comparables. Utilisez un papier parchemin épais et, pour éviter toute mésaventure, employez deux épaisseurs de papier plutôt qu'une.

Roulades de poisson plat et courgettes

Gras	○	35 min.
Cholestérol	89 mg	
Fibre	●●	

Par portion : environ 223 calories, 27 g de protéines, 6 g de gras, 11 g de glucides

POUR 2 PORTIONS
4 filets de poisson plat (sole ou plie) d'environ 70 g (2 1/2 oz) chacun
15 ml (1 c. à s.) de jus de citron fraîchement pressé
Sel et poivre blanc fraîchement moulu
15 ml (1 c. à s.) de pâte de tomate
1 bouquet d'aneth frais
1 petit oignon rouge
1 grosse courgette d'environ 300 g (10 oz)
5 ml (1 c. à t.) d'huile d'olive
100 ml (1/3 tasse + 2 c. à s.) de bouillon de légumes
15 à 30 ml (1 à 2 c. à s.) de pommes de terre en flocons instantanées
Petites brochettes de bambou

1 Lavez les filets à l'eau froide et épongez-les avec un papier essuie-tout. Arrosez-les d'un peu de jus de citron, salez et poivrez. Étendez une mince couche de pâte de tomate sur chaque filet. Hachez grossièrement l'aneth et saupoudrez-en la moitié sur les filets. Roulez les filets, piquez une petite brochette en travers et rangez-les au froid.

2 Pelez et émincez l'oignon finement. Râpez grossièrement la courgette. Faites chauffer l'huile dans une casserole. À feu doux, faites revenir les oignons jusqu'à ce qu'ils deviennent translucides. Ajoutez les courgettes et poursuivez la cuisson jusqu'à ce que les légumes soient tendres. Versez le bouillon dans la casserole.

3 Assaisonnez les légumes avec le reste du jus de citron et l'aneth; salez et poivrez. Placez les roulades sur le lit de légumes, couvrez et faites cuire 6 minutes à feu moyen.

4 Retirez les roulades de la casserole et placez-les dans les assiettes. Incorporez les flocons de pommes de terre dans le mélange de légumes, amenez à ébullition et versez la sauce aux légumes dans les assiettes. Servez immédiatement.

‼ SUGGESTION : Utiliser des flocons de pommes de terre est une façon simple et rapide de donner à une sauce ou à une soupe une consistance crémeuse tout en étant faible en gras.

Truite saumonée cuite dans le papier aluminium, en haut
Roulades de poissons plats et courgettes, en bas

Filets de colin dans une croûte de son

Gras	●●	15 min.
Cholestérol	75 mg	(+ 15 à 20 min de cuisson)
Fibre	●	

Par portion : environ 208 calories, 28 g de protéines, 8 g de gras, 7 g de glucides

FOUR PRÉCHAUFFÉ À 180 ºC (350 ºF)
PLAT BEURRÉ ALLANT AU FOUR

POUR 2 PORTIONS
2 filets de colin ou de morue d'environ 150 g (5 oz) chacun
15 ml (1 c. à s.) de zeste de citron
30 ml (2 c. à s.) de jus de citron fraîchement pressé
2 oignons verts
30 ml (2 c. à s.) de son d'avoine
30 ml (2 c. à s.) de persil frais ciselé
30 ml (2 c. à s.) de lait de soya nature
Sel et poivre blanc fraîchement moulu

1 Lavez les filets de poisson, épongez-les avec un papier essuie-tout et arrosez-les d'un peu de jus de citron. Couvrez et laissez reposer.

2 Retirez l'extrémité des oignons verts et émincez-les finement. Mélangez le son d'avoine, le persil, le lait de soya et le jus de citron jusqu'à l'obtention d'une pâte.

3 Épongez les filets de poisson, salez, poivrez. Placez-les dans le plat de cuisson et étendez uniformément la pâte de son sur les filets de poisson.

4 Faites cuire au four préchauffé jusqu'à ce que les filets se défassent en flocons et que la croûte soit croustillante.

 REMARQUE : Garnissez le plat avec des rondelles de citron.

Filets de poisson à l'ananas et aux courgettes

Gras	+	30 min.
Cholestérol	58 mg	
Fibre	●●	

Par portion : environ 337 calories, 30 g de protéines, 17 g de gras, 16 g de glucides

POUR 2 PORTIONS
300 g (10 oz) de filet de sébaste, de bar ou de vivaneau
15 ml (1 c. à s.) de jus de citron fraîchement pressé
1 courgette d'environ 200 g (7 oz)
2 échalotes françaises
300 g (10 oz) d'ananas frais (à peu près la moitié d'un ananas)
Sel et poivre noir fraîchement moulu
30 ml (2 c. à s.) d'huile d'olive
100 ml (1/3 tasse + 2 c. à s.) de bouillon de légumes
45 ml (3 c. à s.) de lait de soya nature

1 Lavez le filet de poisson, épongez-le avec un papier essuie-tout et coupez-le en deux. Arrosez de jus de citron, couvrez et laissez reposer 10 minutes.

2 Entre-temps, coupez la courgette en quatre sur le sens de la longueur et émincez-la en petits morceaux. Pelez et émincez finement les échalotes. Pelez l'ananas, retirez les parties coriaces du centre et débitez la quantité requise en petits morceaux.

3 Épongez le filet avec un papier essuie-tout, salez, poivrez. Faites chauffer l'huile dans une poêle antiadhésive. Faites revenir le filet des deux côtés jusqu'à qu'il soit bien doré. Retirez du feu et réservez.

4 Faites revenir les échalotes et les courgettes dans le même poêlon pendant 5 minutes en brassant continuellement. Ajoutez les morceaux d'ananas, le bouillon de légumes et baissez le feu; poursuivez la cuisson à feu moyen pendant 3 minutes. Incorporez le lait de soya. Faites réchauffer brièvement le filet dans la sauce et servez.

Filets de colin dans une croûte de son, en haut
Filets de poisson à l'ananas et aux courgettes, en bas

Brochettes de poissons avec courgettes et poivrons

Gras	+	20 min.
Cholestérol	100 mg	
Fibre	●	

Par portion : environ 348 calories, 29 g de protéines, 15 g de gras, 2 g de glucides

FOUR PRÉCHAUFFÉ À LA FONCTION GRIL
4 BROCHETTES DE BAMBOU (TREMPÉES DANS L'EAU AU MOINS 20 MINUTES) ET ENDUITES D'HUILE

POUR 2 PORTIONS
1 steak de thon ou de flétan d'environ 250 g (5 oz)
Sel et poivre blanc fraîchement moulu
5 ml (1 c. à t.) de curcuma
1/2 courgette de grosseur moyenne
1 petit poivron jaune
2 gros champignons
1 citron
Huile pour badigeonner

1 Allumez le four à gril. Assaisonnez de sel, de poivre et de curcuma, les deux côtés du thon ou du flétan. Coupez-le en cubes de 1 cm (1/2 po).

2 Fendez la courgette sur le sens de la longueur et recoupez en demi-lunes de 1 cm (1/2 po). Coupez le poivron et retirez les graines; coupez-le en cubes ou en losanges. Nettoyez les champignons, retirez les queues et taillez en quatre.

3 Enfilez sur les brochettes les cubes de poisson en alternance avec les légumes, prenez soin d'enfiler le poisson dans le sens contraire des fibres. Badigeonnez les brochettes d'huile et placez-les sous le gril. Retournez les brochettes et faites griller uniformément.

4 Coupez le citron en quartiers et servez-vous en pour garnir les brochettes.

!! SUGGESTION : Vous pouvez aussi faire cuire les brochettes sur le feu dans une poêle antiadhésive. Badigeonnez la poêle d'huile et faites-la bien chauffer. Saisissez les brochettes sur toutes leurs faces à feu vif, puis réduisez à feu moyen jusqu'à ce que le poisson soit cuit.

!! SUGGESTION : Servez les brochettes de thon sur un lit de cresson, de roquette ou de mâche. Lavez et nettoyez environ 100 g (3 1/2 oz) de salade. Mélangez 30 ml (2 c. à s.) de jus de citron avec du sel et du poivre et versez sur la salade. Mélangez bien. Mettez la salade dans deux assiettes et déposez les brochettes.

Filets de perche aux abricots séchés

Gras	●	25 min.
Cholestérol	45 mg	
Fibre	●●	

Par portion : environ 330 calories, 32 g de protéines, 6 g de gras, 33 g de glucides

POUR 2 PORTIONS
10 abricots séchés (de préférence sans sulfites)
1 filet de perche ou d'aiglefin d'environ 250 à 300 g (8 à 10 oz)
15 ml (1 c. à s.) de jus de citron fraîchement pressé
2 échalotes françaises
Sel et poivre noir fraîchement moulu
Farine
15 ml (1 c. à s.) d'huile végétale
30 ml (2 c. à s.) de vinaigre de cidre
10 ml (2 c. à t.) de miel liquide
15 ml (1 c. à s.) de coriandre fraîche ou de persil haché

1 Faites gonflez les abricots dans de l'eau chaude. Coupez le filet de poisson en deux, arrosez de jus de citron, couvrez et laissez reposer.

2 Entre-temps, pelez et émincez finement les échalotes. Égouttez les abricots et coupez-les en lanières.

3 Épongez le poisson avec un papier essuie-tout, salez, poivrez et saupoudrez de farine. Faites chauffer l'huile dans une poêle antiadhésive et faites revenir les échalotes et le poisson sur les deux côtés jusqu'à ce qu'il soit bien doré. Retirez le poisson et gardez au chaud.

4 Ajoutez les abricots dans la poêle en imprimant à cette dernière un bref mouvement de va-et-vient. Versez 125 ml (1/2 tasse) d'eau et le vinaigre de cidre; faites légèrement réduire à feu vif. Incorporez le miel. Faites réchauffer les filets dans la sauce, parsemez de coriandre ou de persil et servez.

Brochettes de poissons avec courgettes et poivrons, en haut
Filet de perche aux abricots séchés, en bas

Goberge aux cœurs de palmiers

		25 min.
Gras	●●	
Cholestérol	41 mg	
Fibre	●	

Par portion : environ 389 calories, 43 g de protéines, 14 g de gras, 43 g de glucides

POUR 2 PORTIONS
1 filet de goberge d'environ 250 g (8 oz)
15 ml (1 c. à s.) de jus de citron fraîchement pressé
150 g (5 oz) de pois mange-tout
1 boîte de 425 ml ou 400 g (12 oz) de cœurs de palmiers
Sel et poivre blanc fraîchement moulu
Graines de coriandre moulues
15 ml (1 c. à s.) de farine
15 ml (1 c. à s.) d'huile de colza
10 ml (2 c. à t.) de sucre semoule
30 ml (2 c. à s.) de sauce de poisson asiatique
30 ml (2 c. à s.) de lait de soya nature
Cresson

1 Aspergez les filets de jus de citron, couvrez et laissez reposer 10 minutes. Pendant ce temps, coupez les pois mange-tout à angle pour former des lanières de 1 cm (1/2 po) de long. Égouttez les cœurs de palmiers et coupez-les en tronçons de 1 cm (1/2 po).

2 Épongez la goberge avec un papier essuie-tout; assaisonnez avec le sel, le poivre et les graines de coriandre et enfarinez des deux côtés.

3 Faites chauffer l'huile dans une poêle antiadhésive. Faites rissoler la goberge à feu moyen des deux côtés. Retirez et gardez au chaud. Dans la même poêle, faites revenir les pois mange-tout en brassant continuellement pendant 3 minutes, jusqu'à ce qu'ils soient tendres mais croquants. Incorporez les cœurs de palmiers et faites-les bien réchauffer.

4 Ajoutez le sucre et laissez le mélange se caraméliser quelque peu. Incorporez la sauce de poisson, le lait de soya et poursuivez la cuisson jusqu'à ce que la sauce ait un peu épaissi et que le tout soit bien chaud. Distribuez les légumes dans deux assiettes. Coupez le filet de goberge en deux portions et déposez sur les légumes. Garnissez de cresson et servez.

 SUGGESTION : Du riz ou du pain baguette conviennent bien à ce plat.

 VARIANTE : Remplacez les cœurs de palmiers par des asperges, des pousses de bambou, des racines de lotus ou du salsifis noir.

Goberge aux fèves germées

		25 min.
Gras	●●●	
Cholestérol	50 mg	
Fibre	●	

Par portion : environ 288 calories, 33 g de protéines, 11 g de gras, 14 g de glucides

POUR 2 PORTIONS
1 filet de goberge d'environ 250 à 300 g (8 à 10 oz)
15 ml (1 c. à s.) de jus de citron fraîchement pressé
1 oignon moyen
2 oranges (de préférence sans pesticides)
500 ml ou 500 g (17 oz) de fèves germées
Sel et poivre noir fraîchement moulu
30 ml (2 c. à s.) d'huile végétale
30 ml (2 c. à s.) de sauce de poisson asiatique
5 ml (1 c. à t.) de fécule de maïs

1 Coupez le filet en deux, arrosez de jus de citron, couvrez et laissez reposer 10 minutes.

2 Entre-temps, pelez et coupez l'oignon en rondelles. Coupez en longues lanières le zeste des oranges (5 ml ou 1 c. à t.), puis pressez-les pour en extraire le jus. Lavez et hachez grossièrement les fèves germées.

3 Épongez le poisson avec un papier essuie-tout; salez et poivrez. Faites chauffer l'huile dans une poêle antiadhésive. Faites revenir les rondelles d'oignon et le poisson pendant 5 minutes, jusqu'à ce que le tout soit bien doré. Retirez le poisson et gardez-le au chaud. Poursuivez la cuisson des oignons et ajoutez le jus d'orange.

4 Faites réchauffer les fèves germées dans la sauce. Ajoutez la sauce de poisson, salez et poivrez. Mélangez la fécule de maïs avec un peu d'eau et incorporez-la dans la sauce. Distribuez dans deux assiettes, déposez les filets de poisson et décorez avec le zeste d'orange.

 SUGGESTION : Le riz convient bien à ce plat.

Goberge aux cœurs de palmiers, en haut
Goberge aux fèves germées, en bas

Filets de morue aux tomates et aux fines herbes

Gras	⬤⬤	15 min.
Cholestérol	63 mg	(+ 30 min. de cuisson)
Fibre	⬤⬤	

Par portion : environ 203 calories, 24 g de protéines, 9 g de gras, 7 g de glucides

FOUR PRÉCHAUFFÉ À 180 ºC (350 ºF)
PLAT ALLANT AU FOUR TAPISSÉ DE 5 ML (1 C. À T.) D'HUILE

POUR 2 PORTIONS
250 g (8 oz) de morue fraîche ou surgelée
5 ml (1 c. à t.) de jus de citron fraîchement pressé
1 oignon moyen
2 gousses d'ail
15 ml (1 c. à s.) d'huile d'olive
250 g (8 oz) de tomates en dés
15 ml (1 c. à s.) de persil haché
2 ml (1/2 c. à t.) d'origan séché
2 ml (1/2 c. à t.) de romarin séché
Sel
Pincée de sucre semoule

1 Faites décongeler le poisson surgelé pendant 10 minutes. Lavez le filet et épongez-le avec un papier essuie-tout. Arrosez de jus de citron et laissez reposer.

2 Pelez et émincez finement l'ail et l'oignon. Faites chauffer 10 ml (2 c. à t.) d'huile d'olive dans une casserole et faites revenir les oignons à feu doux jusqu'à ce qu'ils deviennent translucides. Ajoutez l'ail et faites revenir brièvement. Incorporez les tomates, le persil, l'origan, le romarin, le sel et la pincée de sucre jusqu'à ce que le tout soit bien chaud.

3 Déposez les filets dans le plat de cuisson, nappez-les de sauce et faites cuire au four pendant 25 à 30 minutes.

 SUGGESTION : Des pommes de terre bouillies ou du pain français et une salade verte complètent bien ce plat.

Darnes de morue et carottes à l'estragon

Gras	⬤⬤	30 min.
Cholestérol	86 mg	
Fibre	–	

Par portion : environ 234 calories, 31 g de protéines, 7 g de gras, 11 g de glucides

POUR 2 PORTIONS
2 darnes de morue d'environ 125 g (4 oz) chacune
45 ml (3 c. à s.) de jus de citron fraîchement pressé
Sel et poivre blanc fraîchement moulu
3 ou 4 carottes de grosseur moyenne, soit environ 300 g (10 oz)
15 ml (1 c. à s.) d'huile
100 ml (1/3 tasse + 2 c. à s.) de bouillon de légumes
3 baies de genièvre entières
60 ml (4 c. à s.) d'estragon frais
10 ml (2 c. à t.) de fécule de maïs
30 ml (2 c. à s.) de lait de soya nature

1 Arrosez les darnes de morue avec un peu de jus de citron, salez et poivrez.

2 Pelez et coupez les carottes en fines rondelles, légèrement en diagonale. Faites chauffer l'huile dans une poêle antiadhésive et faites revenir les carottes à feu moyen environ 5 minutes. Versez suffisamment de bouillon pour les couvrir. Écrasez les baies de genièvre et ciselez finement l'estragon frais; ajoutez-les au mélange de carottes.

3 Déposez les darnes sur le mélange, couvrez et faites cuire à feu doux de 8 à 10 minutes, jusqu'à ce que les carottes soient cuites.

4 Retirez le poisson et distribuez-le dans deux assiettes chaudes. Mélangez la fécule de maïs avec un peu d'eau, incorporez au mélange de carottes et portez à ébullition. Ajoutez le reste du jus de citron, salez, poivrez et incorporez le lait de soya. Versez le mélange sur les darnes de morue.

 SUGGESTION : Du riz ou une purée de pommes de terre conviennent bien à ce plat.

Darnes de morue et carottes à l'estragon, en haut
Filets de morue aux tomates et aux fines herbes, en bas

Casserole de poissons avec pommes et poivrons

Gras	●●	25 min.
Cholestérol	88 mg	(+ 40 min. de cuisson)
Fibre	●●	

Par portion : environ 234 calories, 27 g de protéines, 8 g de gras,
13 g de glucides

FOUR PRÉCHAUFFÉ À 180 ºC (350 ºF)
PLAT OVALE ALLANT AU FOUR

POUR 3 À 4 PORTIONS
1 filet de perche ou 1 paquet de filets de goberge surgelée
d'environ 400 g (14 oz)
jus d'un demi citron
1 oignon moyen
2 poivrons rouges
15 ml (1 c. à s.) d'huile d'olive
2 pommes sûres
Sel et poivre fraîchement moulu
45 ml (3 c. à s.) d'aneth frais haché
150 ml ou 150 g (2/3 tasse) de crème sûre

1 Coupez le poisson en deux ou en trois, arrosez d'un peu de jus de citron, couvrez et laissez reposer brièvement.

2 Entre-temps, pelez et émincez finement l'oignon en rondelles. Fendez les poivrons en deux, retirez les graines et coupez-les en lanières.

3 Faites chauffer l'huile dans une poêle antiadhésive. Faites revenir les rondelles d'oignon à feu moyen pendant 5 minutes, jusqu'à ce que les rondelles soient dorées. Ajoutez les lanières de poivron et poursuivez la cuisson de 2 à 3 minutes, en brassant constamment. Transférez la moitié des légumes dans le plat de cuisson.

4 Pelez, évidez et tranchez les pommes en petits quartiers. Ajoutez-les au reste de légumes. Épongez le poisson avec un papier essuie-tout, salez et poivrez. Placez le poisson dans le plat de cuisson. Couvrez les filets avec le reste des légumes.

5 Mélangez 30 ml (2 c. à s.) d'aneth haché avec la crème sûre et versez sur la préparation. Couvrez la casserole d'un papier aluminium (le côté brillant en dessous) et faites cuire au four pendant 20 minutes. Retirez le papier aluminium et poursuivez la cuisson pendant 20 minutes, jusqu'à ce que le tout soit cuit. Garnissez avec le reste de l'aneth et servez.

 SUGGESTION : Des pommes de terre bouillies ou des pois mange-tout conviennent particulièrement bien à ce plat.

Risotto à la goberge cuit dans une cocotte d'argile

Fett	●●●	15 min.
Cholestérol	60 mg	(+ 45 min. de cuisson)
Fibre	●●●	

Par portion : environ 524 calories, 40 g de protéines, 13 g de gras,
59 g de glucides

COCOTTE D'ARGILE AVEC UN COUVERCLE, TREMPÉE
DANS L'EAU FROIDE PENDANT AU MOINS 20 MINUTES

POUR 2 PORTIONS
300 g de filets de goberge (10 oz)
15 ml (1 c. à s.) de jus de citron fraîchement pressé
150 ml ou 150 g (2/3 tasse) de riz brun
1 oignon moyen
15 ml (1 c. à s.) d'huile d'olive
500 ml (2 tasses) de bouillon de légumes
3 tomates sur vigne bien mûres
30 g (2 oz) de fromage Padano ou parmesan fraîchement râpé
Sel et poivre fraîchement moulu

1 Arrosez la goberge de jus de citron, couvrez et laissez reposer. Rincez le riz à l'eau froide et égouttez. Pelez et émincez finement l'oignon.

2 Faites chauffer l'huile dans une poêle antiadhésive. À feu doux, faites revenir les oignons jusqu'à ce qu'ils deviennent translucides. Ajoutez le riz et brassez jusqu'à ce qu'il devienne translucide. Transférez le tout dans la cocotte d'argile et versez le bouillon de légumes. Couvrez la cocotte et placez-la dans le bas du four froid. Allumez le four à 140 ºC (275 ºF) et laissez cuire le riz pendant 30 minutes, jusqu'à ce que le bouillon soit complètement absorbé.

3 Tranchez les tomates en rondelles. Incorporez le fromage au riz et retirez la moitié du riz. Salez, poivrez le poisson et placez-le sur le riz qui reste dans la cocotte. Couvrez le poisson avec le riz que vous avez prélevé et garnissez avec les tranches de tomate. Faites cuire à découvert pendant 15 minutes, jusqu'à ce que les tomates soient légèrement brunies. Servez le risotto dans la cocotte d'argile.

Casserole de poissons avec pommes et poivrons, en haut
Risotto à la goberge cuit dans une cocotte d'argile, en bas

Poisson à la sauce tomate

Gras	+		25 min.
Cholestérol	90 mg		
Fibre	–		

Par portion : environ 256 calories, 28 g de protéines, 15 g de gras, 4 g de glucides

POUR 2 PORTIONS

2 filets de colin, de morue ou de sébaste d'environ
150 g (5 oz) chacun
15 ml (1 c. à s.) de jus de citron fraîchement pressé
2 tomates bien mûres
4 oignons verts
2 champignons cremini
4 olives noires
30 ml (2 c. à s.) d'huile d'olive
15 ml (1 c. à s.) de pâte de tomate
10 ml (2 c. à t.) de câpres
Giclée de vinaigre balsamique
Sel et poivre noir fraîchement moulu

1 Arrosez les filets de jus de citron, couvrez et laissez reposer 10 minutes.

2 Entre-temps, faites une incision en forme de x à la base des tomates et faites-les blanchir 1 minute dans l'eau bouillante, pelez-les et coupez-les en dés. Fendez les oignons verts dans le sens de la longueur et émincez-les. Nettoyez et émincez finement les champignons. Dénoyautez les olives et coupez-les en fines lamelles.

3 Faites chauffer 15 ml (1 c. à s.) d'huile dans une petite casserole. À feu moyen, faites rissoler brièvement les oignons verts et les champignons. Incorporez la pâte de tomate et poursuivez la cuisson. Ajoutez les tomates et versez 100 ml (1/3 tasse + 2 c. à s.) d'eau. Amenez à ébullition et faites cuire à feu moyen jusqu'à ce que la sauce ait épaissi. Incorporez les câpres. Assaisonnez avec le vinaigre, salez, poivrez et gardez au chaud.

4 Épongez le poisson avec un papier essuie-tout, salez et poivrez. Faites chauffer le reste de l'huile dans une poêle antiadhésive. Faites rissoler le poisson à feu moyen de chaque côté de 4 à 5 minutes, jusqu'à ce qu'il soit doré. Versez la sauce dans deux assiettes et déposez le filet. Servez.

Poisson avec légumes et poivrons

Gras	●●		35 min.
Cholestérol	75 mg		(+ 25 min. de cuisson)
Fibre	●●●		

Par portion : environ 264 calories, 25 g de protéines, 9 g de gras, 10 g de glucides

FOUR PRÉCHAUFFÉ À 160 ºC (325 ºF)
PLAT DE CUISSON

POUR 2 PORTIONS

250 g (8 oz) de filets de colin, de morue ou de sébaste
1 ml (1/8 c. à t.) de chili en poudre
5 ml (1 c. à t.) de thym séché
1 oignon moyen
1 gousse d'ail
2 poivrons verts
1 poivron rouge
15 ml (1 c. à s.) d'huile d'olive
Sel
1 piment chili séché
150 ml (2/3 tasse) de vin blanc sec

1 Lavez les filets, épongez-les avec un papier essuie-tout. Saupoudrez-les de chili en poudre et de 2 ml (1/2 c. à t.) de thym. Pelez et émincez finement l'oignon et l'ail. Fendez les poivrons et retirez les graines. Hachez grossièrement 1 poivron vert avant de le réduire en purée. Coupez le reste des poivrons en gros dés.

2 Faites chauffer l'huile dans la poêle. Faites rissoler le poisson à feu moyen sur les deux côtés pendant 3 minutes. Salez et transférez dans le plat de cuisson. Faites cuire au four pendant 25 minutes.

3 Faites revenir les oignons, l'ail et les dés de poivron dans la même poêle pendant 5 minutes en brassant continuellement. Écrasez le piment et ajoutez-le au mélange. Mouillez avec le vin additionné de 50 ml (1/4 tasse) d'eau. Ajoutez le reste du thym et salez; poursuivez la cuisson pendant 5 minutes, jusqu'à ce que le liquide soit en grande partie évaporé. Incorporez la purée de poivron au mélange et faites cuire pendant 1 minute.

4 Sortez le poisson du four et déposez-le dans deux assiettes avec les légumes.

 SUGGESTION : Une purée de pommes de terre convient bien à ce plat.

Poisson à la sauce tomate, en haut
Poisson avec légumes et poivrons, en bas

Filets de sébaste à la vapeur et légumes du potager

Gras	●●○	35 min.
Cholestérol	48 mg	
Fibre	●●●	

Par portion : environ 267 calories, 28 g de protéines, 11 g de gras, 14 g de glucides

POUR 2 PORTIONS

250 g (8 oz) de filets de sébaste ou de vivaneau
15 ml (1 c. à s.) de jus de citron fraîchement pressé
250 ml ou 100 g (1 tasse) de haricots verts
Sel
1 poivron rouge
1 poivron jaune
2 gousses d'ail
1 petit oignon blanc
2 tomates bien mûres
15 ml (1 c. à s.) d'huile d'olive
100 ml (1/3 tasse + 2 c. à s.) de bouillon de légumes
Poivre blanc fraîchement moulu
15 ml (1 c. à s.) de vinaigre balsamique blanc
30 ml (2 c. à s.) de basilic frais ciselé

1 Si le filet de poisson est gros, coupez-le en deux. Arrosez de jus de citron, couvrez et laissez reposer pendant 10 minutes.

2 Entre-temps, équeutez et fendez en deux les haricots verts; faites-les blanchir 5 minutes dans l'eau bouillante salée. Égouttez-les et plongez-les immédiatement dans de l'eau glacée pour qu'ils conservent leur couleur.

3 Fendez les poivrons et retirez les graines. Coupez-les en lanières. Pelez et hachez grossièrement l'oignon et l'ail. Faites une incision en forme de x à la base des tomates et faites-les blanchir 1 minute, pelez-les et coupez-les en dés.

4 Faites chauffer l'huile dans une poêle antiadhésive. Faites revenir l'ail et les oignons à feu doux jusqu'à ce qu'ils deviennent translucides. Incorporez les lanières de poivron, les haricots verts et les tomates et faites cuire brièvement. Versez le bouillon sur les légumes.

5 Épongez les filets de poisson avec un papier essuie-tout, salez, poivrez et placez-les sur le lit de légumes. Couvrez et faites mijoter à feu doux pendant 7 minutes, jusqu'à ce que le poisson se détache en flocons. Disposez le poisson dans deux assiettes. Assaisonnez les légumes avec le vinaigre, du sel et du poivre et placez-les à côté des filets. Garnissez avec le basilic.

Daurade dans une marinade de cari et de soya

Gras	●●○	25 min.
Cholestérol	130 mg	(+ 1 à 2 h de macération dans la marinade)
Fibre	●	

Par portion : environ 364 calories, 36 g de protéines, 12 g de gras, 26 g de glucides

PLAT ALLANT AU FOUR

POUR 2 PORTIONS

1 échalote française
30 ml (2 c. à s.) de sauce soya
30 ml (2 c. à s.) de xérès
15 ml (1 c. à s.) de sucre semoule
2 ml (1/2 c. à t.) de sambal oelek (sauce chili indonésienne)
2 ml (1/2 c. à t.) de cari de Madras en poudre
2 petites daurades, truites ou maquereaux nettoyés
4 tranches d'ananas frais ou en conserve
2 ml (1/2 c. à t.) de fécule de maïs

1 Pelez et émincez finement l'échalote. Ajoutez-la au mélange de sauce soya, de xérès, de sucre, de sambal oelek et de cari en poudre.

2 Faites des incisions sur les poissons à chaque 2,5 cm (1 po) et placez-les dans un bol ou dans un plat. Versez le mélange de sauce soya sur les poissons, couvrez et mettez au réfrigérateur pendant 1 ou 2 heures.

3 Préchauffez le four à 160 ºC (325 ºF). Égouttez sommairement le poisson, en réservant la marinade. Placez les poissons dans le plat de cuisson et faites cuire au four pendant 12 minutes, jusqu'à ce que la nageoire dorsale se détache facilement.

4 Entre-temps, dans une petite casserole, amenez la marinade additionnée de 125 ml (1/2 tasse) d'eau à ébullition. Faites réchauffer les tranches d'ananas que vous déposerez dans deux assiettes. Mélangez la fécule avec un peu d'eau, ajoutez-la à la sauce et faites bouillir. Nappez la sauce sur les tranches d'ananas. Retirez délicatement les poissons du plat de cuisson et déposez-les sur les tranches d'ananas.

 SUGGESTION : Le riz convient bien à ce plat.

Filets de sébaste à la vapeur et légumes du potager, en haut
Daurade dans une marinade de cari et de soya, en bas

Viandes et volailles

Sauté de bœuf aux fèves germées

Gras	+	25 min.
Cholestérol	70 mg	
Fibre	●	

Par portion : environ 289 calories, 28 g de protéines, 15 g de gras, 10 g de glucides

POUR 2 PORTIONS

200 g (7 oz) de bœuf tendre et maigre comme du bifteck de contre-filet, de faux-filet ou de surlonge

300 ml ou 125 g (1 1/4 tasse) de haricots verts

2 carottes de grosseur moyenne

250 ml ou 100 g (1 tasse) de fèves germées

un morceau de 0,5 cm (1/4 po) de gingembre

30 ml (2 c. à s.) d'huile de colza

30 ml (2 c. à s.) de sauce de poisson ou de sauce soya

1 Retirez toute trace visible de tendons et de gras, coupez le bœuf en fines lanières. Coupez les haricots verts en tronçons de 2,5 cm (1 po). Pelez et débitez les carottes en julienne à peu près de la même grosseur que les haricots. Lavez, égouttez et hachez grossièrement les fèves germées. Pelez et émincez finement le gingembre.

2 Dans un wok ou dans une grande poêle antiadhésive, faites chauffer 15 ml (1 c. à s.) d'huile. Faites revenir le gingembre, les haricots et les carottes. Poursuivez la cuisson à feu moyen pendant 5 minutes, jusqu'à ce que les légumes soient tendres, mais toujours croquants. Retirez du feu et réservez.

3 Faites chauffer le reste de l'huile dans le wok ou la poêle. Faites revenir la viande de tous les côtés à feu vif. Incorporez les fèves germées et les légumes et faites-les revenir de nouveau 1 ou 2 minutes. Versez la sauce de poisson ou la sauce soya et amenez à ébullition. Servez dans deux assiettes chaudes.

!! VARIANTE : Ce plat se fait également avec du tofu. Utilisez 1 carotte et 100 g (3 1/2 oz) de tofu très ferme coupé en lamelles. Lorsque la viande est presque cuite, ajoutez le tofu avec les fèves germées et les légumes.

!! SUGGESTION : La cuisson à la cocotte d'argile ne nécessite aucun gras. Si vous n'en avez pas, vous pouvez utiliser une casserole munie d'un bon couvercle ou un sac à cuisson pour réaliser ce plat. Avant de mettre le plat au four préchauffé à 190 ºC (375 ºF), ajoutez environ 125 ml (1/2 tasse) de bouillon de légumes pour éviter que les légumes ne se dessèchent.

Filet d'agneau à la bette à carde cuit dans une cocotte d'argile

Gras	●●	1 h.
Cholestérol	70 mg	
Fibre	●●	

Par portion : environ 202 calories, 26 g de protéines, 9 g de gras, 3 g de glucides

COCOTTE D'ARGILE AYANT TREMPÉ DANS L'EAU FROIDE PENDANT AU MOINS 20 MIN.

POUR 2 PORTIONS

600 g (1 1/4 lb) de bette à carde

Sel

1 petit oignon

2 gousses d'ail

15 ml (1 c. à s.) d'huile d'olive

Poivre fraîchement moulu

200 g (7 oz) de filet d'agneau

15 ml (1 c. à s.) de moutarde de Dijon

1 Retirez les tiges coriaces de 8 grosses feuilles de bette à carde. Plongez-les dans l'eau bouillante et retirez-les immédiatement. Égouttez bien. Coupez le reste des feuilles en fines lanières.

2 Pelez et tranchez l'oignon en rondelles. Pelez et écrasez l'ail au moyen d'un presse-ail. Faites chauffer l'huile dans une poêle antiadhésive. À feu moyen, faites revenir les oignons et l'ail de 2 à 3 minutes. Ajoutez les lanières de bette à carde. Salez, poivrez légèrement et transférez le tout dans la cocotte d'argile.

3 Étendez les feuilles de bette à carde blanchies en les faisant se chevaucher légèrement de façon à former un grand carré (ou deux carrés, selon la forme de la pièce de viande). Retirez toute trace visible de gras de l'agneau, salez et poivrez. Enrobez la viande de moutarde et placez-la au centre des feuilles de bette à carde. Repliez les feuilles pour envelopper la viande et placez sur le mélange dans la cocotte d'argile.

4 Déposez la cocotte sur la grille du bas dans le four froid et allumez-le à 200 ºC (400 ºF). Faites cuire pendant 35 minutes.

5 Retirez la viande du four et découpez-la en 4 morceaux. Répartissez les légumes et la viande dans deux assiettes chaudes.

!! SUGGESTION : Une baguette à l'oignon ou des pommes de terre bouillies conviennent bien à ce plat.

Sauté de bœuf aux fèves germées, en haut
Filet d'agneau à la bette à carde cuit dans une cocotte d'argile, en bas

Agneau rôti aux haricots verts

Gras	●●	55 min.
Cholestérol	70 mg	
Fibre	●	

Par portion : environ 222 calories, 24 g de protéines, 9 g de gras, 8 g de glucides

FOUR PRÉCHAUFFÉ À 180 ºC (350 ºF)
PLAT DE CUISSON OU CASSEROLE ALLANT AU FOUR

POUR 2 PORTIONS

2 filets d'agneau désossés, de contre-filet ou d'épaule, d'environ 100 g (3 1/2 oz) chacun
2 gousses d'ail
2 ml (1/4 c. à t.) de romarin séché
2 ml (1/4 c. à t.) d'origan séché
Poivre noir fraîchement moulu
15 ml (1 c. à s.) d'huile d'olive
10 ml (2 c. à t.) de sauce chili comme la sambal oelek
10 ml (2 c. à t.) de sauce soya
5 ml (1 c. à t.) de vinaigre de vin
2 tomates moyennes
50 ml (1/4 tasse) de vin rouge ou d'eau
500 ml ou 250 g (2 tasses) de haricots verts
Sel
2 ml (1/4 c. à t.) de sarriette séchée

1 Retirez toute trace visible de gras de la viande. Émincez finement 1 gousse d'ail pour la marinade; écrasez l'autre au presse-ail. Assaisonnez la viande avec la gousse d'ail écrasée, le romarin, l'origan et poivrez.

2 Mélangez l'huile d'olive, la sauce chili, la sauce soya, le vinaigre et l'ail dans un petit bol. Badigeonnez la viande de ce mélange et déposez-la dans le plat de cuisson. Coupez les tomates en huit et ajoutez-les à la pièce de viande. Faites rôtir dans le four préchauffé pendant 45 minutes, en humectant la viande de temps à autre avec le mélange d'huile d'olive et en versant 15 à 30 ml (1 à 2 c. à s.) de vin rouge ou d'eau.

3 Entre-temps, lavez et équeutez les haricots verts. Amenez de l'eau salée à ébullition. À feu moyen, faites cuire les haricots verts avec la sarriette pendant 8 minutes, jusqu'à ce qu'ils soient tendres mais croquants. Égouttez bien.

4 Déposez la viande, les haricots, les tomates et la sauce dans deux assiettes chaudes.

SUGGESTION : Servez avec des pommes de terre bouillies ou du pain français.

Casserole castillane à l'agneau et aux légumes d'hiver

Gras	+	90 min.
Cholestérol	70 mg	(+ 8h. de macération dans la marinade)
Fibre	●●	

Par portion : environ 388 calories, 22 g de protéines, 18 g de gras, 24 g de glucides

POUR 2 PORTIONS

200 g (7 oz) de gigot d'agneau désossé
1 oignon moyen
2 ou 3 gousses d'ail
3 petites carottes, environ 250 g (8 oz)
125 ml (1/2 tasse) de vin blanc sec
15 ml (1 c. à s.) de vinaigre de vin blanc
Sel
1 feuille de laurier
5 ml (1 c. à t.) d'un mélange de fines herbes séchées comme du thym, du romarin, de l'origan et de la sauge
3 baies de genièvre entières
5 grains de poivre noir
250 g (8 oz) de pommes de terre
30 ml ou 30 g (2 c. à s.) de yogourt faible en gras

1 Coupez la viande en cubes de 2,5 cm (1 po) et déposez-les dans une casserole. Pelez et émincez finement l'oignon et l'ail. Pelez les carottes et coupez-les en rondelles.

2 Mélangez les oignons, l'ail et les carottes avec le vin, le vinaigre, le sel, la feuille de laurier, les herbes séchées, les baies de genièvre et les grains de poivre. Enrobez les cubes de viande de cette préparation, couvrez et laissez mariner au réfrigérateur plusieurs heures ou toute la nuit en retournant la viande de temps à autre.

3 Amenez la viande et la marinade à ébullition. Couvrez et faites braiser à feu doux pendant 40 minutes, en ajoutant de l'eau au besoin.

4 Entre-temps, pelez et coupez les pommes de terre en dés. Faites bouillir dans de l'eau salée pendant 8 minutes et égouttez. Ajoutez à la viande et poursuivez la cuisson pendant 20 minutes.

5 Répartissez le contenu de la casserole dans deux assiettes chaudes, garnissez chaque assiette avec 15 ml (1 c. à s.) de yogourt et servez.

Agneau rôti aux haricots verts, en haut
Casserole castillane à l'agneau et aux légumes d'hiver, en bas

Porc aux fèves germées et aux pois mange-tout

Gras	●●●	40 min.
Cholestérol	70 mg	
Fibre	●	

Par portion : environ 262 calories, 34 g de protéines, 12 g de gras, 11 g de glucides

POUR 2 PORTIONS

125 ml ou 50 g (2 oz ou 1/2 tasse) de pois mange-tout
500 ml ou 200 g (7 oz ou 2 tasses) de fèves germées
Sel
1/2 botte d'oignons verts
1/2 poivron rouge d'environ 125 ml ou 100 g (1/2 tasse)
1 petit morceau de gingembre frais
200 g (7 oz) de filet de porc
45 ml (3 c. à s.) de sauce soya
50 ml (1/4 tasse) de bouillon de légumes
5 ml (1 c. à t.) d'huile de sésame foncée
5 ml (1 c. à t.) de sauce chili
5 ml (1 c. à t.) de sambal oelek
15 ml (1 c. à s.) d'huile d'arachide ou de colza

1 Équeutez les pois mange-tout. Passez les fèves germées sous l'eau et égouttez. Amenez de l'eau salée à ébullition. Faites blanchir les pois mange-tout et les fèves germées pendant 3 minutes, plongez-les dans de l'eau glacée et égouttez. Tranchez les oignons verts en fines rondelles. Retirez les graines du poivron et émincez grossièrement. Pelez et hachez le gingembre finement. Coupez la viande en lanières.

2 Mélangez la sauce soya, le bouillon de légumes, l'huile de sésame, la sauce chili et le sambal oelek dans un petit bol et réservez.

3 Faites chauffer l'huile dans un wok ou dans une grande poêle antiadhésive et faites revenir brièvement le gingembre. Ajoutez la viande et faites-la saisir sur toutes ses faces de 2 ou 3 minutes en brassant sans arrêt. Ramenez la viande sur le côté du wok. Incorporez graduellement les dés de poivron, les pois mange-tout et les fèves germées au centre du wok et faites sauter les légumes pendant 1 minute avant de les tasser sur les côtés du wok. Mélangez les légumes et la viande, versez la sauce, couvrez et poursuivez la cuisson pendant encore 3 minutes.

!! SUGGESTION : Ajoutez au plat des nouilles asiatiques au blé entier, et vous aurez un repas complet. Une portion de 50 g (2 oz) de nouilles non cuites donnera 150 g (5 oz) de nouilles cuites et ajoutera 175 calories au plat.

!! SUGGESTION : Le riz convient bien à ce plat.

Porc aux nouilles diaphanes et aux arachides

Gras	●●●	45 min.
Cholestérol	70 mg	
Fibre	●	

Par portion : environ 343 calories, 31 g de protéines, 12 g de gras, 27 g de glucides

POUR 2 PORTIONS

45 ml (3 c. à s.) de sauce soya
15 ml (1 c. à s.) de vin de riz ou de xérès demi-sec
200 g (7 oz) de porc maigre comme des côtelettes désossées
1 carotte moyenne d'environ 100 g (3 1/2 oz)
1 petit poireau d'environ 100 g (3 1/2 oz)
1 grosse branche de céleri d'environ 100 g (3 1/2 oz)
2 gousses d'ail
50 ml (1/4 tasse) de bouillon de légumes
15 ml (1 c. à s.) de sauce de poisson asiatique
5 ml (1 c. à t.) de vinaigre de vin
2 ml (1/2 c. à t.) de fécule de maïs
Pincée de sucre
50 g (2 oz) de nouilles diaphanes
1 piment chili séché
15 ml (1 c. à s.) d'huile d'arachide ou de colza
30 ml ou 20 g (2 c. à s.) d'arachides rôties

1 Pour faire la marinade, mélangez 30 ml (2 c. à s.) de sauce soya avec le vin de riz ou le xérès. Coupez la viande en cubes et ajoutez la marinade.

2 Pelez les carottes. Coupez les carottes, le céleri et le poireau en julienne. Pelez et émincez l'ail finement. Pour la sauce, combinez le bouillon, le reste de la sauce soya (15 ml ou 1 c. à s.), la sauce de poisson, le vinaigre, la fécule de maïs et le sucre.

3 Amenez une casserole remplie d'eau à ébullition. Faites cuire les nouilles diaphanes 3 minutes et égouttez (ou suivez les instructions de cuisson sur l'emballage). Retirez les graines du piment fort, si vous préférez un plat moins piquant, et écrasez-le.

4 Faites chauffer l'huile dans un wok ou dans une grande poêle antiadhésive et incorporez le piment fort. Retirez la viande de la marinade et faites-la saisir à feu très vif pendant 2 ou 3 minutes en brassant souvent. Tassez la viande sur la paroi du wok. Ajoutez les carottes et le céleri et faites cuire pendant 3 minutes. Ajoutez l'ail et faites-le sauter quelques instants. Incorporez le poireau et faites saisir. Ajoutez le reste de la marinade et la sauce; couvrez et poursuivez la cuisson pendant 4 ou 5 minutes. À l'aide de ciseaux, découpez les nouilles diaphanes en petits morceaux, faites réchauffer le tout et garnissez d'arachides.

Porc avec fèves germées et pois mange-tout, en haut
Porc aux nouilles diaphanes et aux arachides, en bas

Filets de porc avec une purée de choux de Bruxelles

Gras	●●●	30 min.
Cholestérol	70 mg	
Fibre	●●●	

Par portion : environ 277 calories, 32 g de protéines, 10 g de gras, 13 g de glucides

POUR 2 PORTIONS
2 filets de porc d'environ 100 g (3 1/2 oz) chacun
5 ml (1 c. à t.) d'huile de sésame foncée
Poivre blanc fraîchement moulu
5 ml (1 c. à t.) d'huile de colza
Sel

POUR LA PURÉE DE CHOUX DE BRUXELLES
500 g (1 lb) de choux de Bruxelles frais ou 300 g (10 oz) de choux de Bruxelles surgelés
2 tranches épaisses de pain grillé suédois aux graines de sésame (30 g ou 1 oz)
1 gousse d'ail
5 ml (1 c. à t.) d'huile de sésame grillée
15 ml (1 c. à s.) de jus de citron fraîchement pressé
Muscade fraîchement moulue
Poivre blanc fraîchement moulu
2 à 3 gouttes de sauce forte aux piments

1 Frottez les pièces de viande avec de l'huile de sésame et du poivre, couvrez et laissez reposer.

2 Amenez 250 ml (2 tasses) d'eau salée à ébullition. Taillez et lavez les choux de Bruxelles. Plongez-les dans l'eau bouillante et faites cuire à feu doux (ou à la vapeur) pendant 15 minutes.

3 Entre-temps, émiettez le pain grillé en fine chapelure à l'aide d'un rouleau à pâtisserie ou d'un robot culinaire. Pelez l'ail. Égouttez les choux de Bruxelles en conservant l'eau de cuisson. À l'aide d'un robot culinaire ou d'un mélangeur, mettez les choux de Bruxelles en purée. Écrasez l'ail et incorporez-le à la purée ainsi que la chapelure de pain grillé, l'huile de sésame et l'eau de cuisson, jusqu'à l'obtention d'une pâte épaisse. Assaisonnez avec le jus de citron, une pincée de muscade, la sauce forte aux piments et poivrez.

4 Faites chauffer l'huile dans une poêle antiadhésive et faites revenir la viande 3 minutes de chaque côté. Salez et déposez la viande et la purée dans deux assiettes. Servez sans attendre.

Médaillons de porc aux fines herbes

Gras	++	30 min.
Cholestérol	93 mg	
Fibre	–	

Par portion : environ 335 calories, 32 g de protéines, 20 g de gras, 6 g de glucides

POUR 2 PORTIONS
1/4 de bouquet de persil plat (italien)
6 brins de basilic
1/2 bouquet de ciboulette
45 ml (3 c. à s.) d'huile d'olive
30 ml (2 c. à s.) de fine chapelure
30 ml (2 c. à s.) de fromage parmesan râpé
Poivre noir fraîchement moulu
30 ml (2 c. à s.) de sauce soya
2 filets de porc d'environ 125 g (4 oz) chacun coupés en forme de médaillon

1 Lavez les feuilles de persil et de basilic et coupez les tiges, en gardant quelques feuilles entières pour décorer le plat; hachez finement le reste. Émincez la ciboulette finement. Mettez les fines herbes dans un petit bol et ajoutez-y 30 ml (2 c. à s.) d'huile d'olive, la chapelure, le fromage parmesan, le poivre et la sauce soya.

2 Poivrez généreusement le porc.

3 Faites chauffer le reste de l'huile (15 ml ou 1 c. à s.) dans une poêle. Faites saisir le porc à feu très vif sur les deux côtés. Nappez chaque médaillon avec 15 ml (1 c. à s.) du mélange de fines herbes, couvrez et faites mijoter à feu doux pendant 5 minutes. Garnissez le plat avec le reste des feuilles de persil et de basilic.

!! SUGGESTION : Une salade verte et du pain à grains entiers grillé ou des pommes de terre nouvelles et des légumes à la vapeur conviennent bien à ce plat.

Filets de porc avec une purée de choux de Bruxelles, en haut
Médaillons de porc aux fines herbes, en bas

Cuisses de poulet rôties

Gras	++		20 min.
Cholestérol	128 mg		(+ 35 min de cuisson)
Fibre	●●		

Par portion : environ 350 calories, 31 g de protéines, 22 g de gras,
5 g de glucides

**FOUR PRÉCHAUFFÉ À 180 ºC (350 ºF) ET RETRAIT DE L'UNE
DES GRILLES DU FOUR
SAC DE CUISSON**

POUR 2 PORTIONS
2 cuisses de poulet d'environ 200 g (7 oz) chacune, avec l'os
Sel
2 ml (1/2 c. à t.) de paprika doux
15 ml (1 c. à s.) d'huile de colza
15 ml (1 c. à s.) de xérès demi-sec
1 petit oignon
1 petit poireau d'environ 100 g (3 1/2 oz)
1/2 poivron rouge d'environ 100 g (3 1/2 oz)
150 ml ou 150 g (2/3 tasse) de brocoli
30 ml (2 c. à s.) de persil frais ciselé

1 Enlevez la peau et le gras des cuisses de poulet.
Frottez-les avec le sel et le paprika. Faites chauffer
l'huile dans une poêle et faites dorer les cuisses à feu
vif. Retirez les cuisses et déglacez la poêle avec le xérès
et 15 ml (1 c. à s.) d'eau, en grattant bien.

2 Pelez et coupez l'oignon en quartiers. Fendez le
poireau dans le sens de la longueur, nettoyez-le
bien et coupez-le en tronçons de 2,5 cm (1 po).
Divisez le brocoli en gros bouquets; pelez et coupez
la tige en julienne.

3 Déposez les cuisses de poulet, les jus de cuisson et
les légumes dans le sac de cuisson; fermez-le à l'aide
de la pince fournie avec le sac. Trouez à l'aide d'une
fourchette le haut du sac. Placez le sac de cuisson sur
la grille froide du four que vous avez préalablement
retirée; glissez-la au milieu du four préchauffé et faites
cuire pendant 35 minutes.

4 Retirez le sac de cuisson du four et ouvrez-le avec
prudence. Disposez les cuisses et les légumes dans
deux assiettes, garnissez de persil et servez.

SUGGESTION : Du riz ou des pommes de terre
bouillies accompagnent bien ce plat.

SUGGESTION : Du pain baguette et une salade
verte accompagnent aussi très bien ce plat.

Cuisses de poulet à la sud-américaine

Gras	+	1 h 40 min.
Cholestérol	128 mg	
Fibre	●	

Par portion : environ 388 calories, 31 g de protéines, 23 g de gras,
13 g de glucides

**FOUR PRÉCHAUFFÉ À 180 ºC (350 ºF)
UN PLAT ALLANT AU FOUR OU UNE PLAQUE DE CUISSON**

POUR 2 PORTIONS
2 cuisses de poulet d'environ 200 g (7 oz) chacune, avec l'os
1 gousse d'ail
1 ml (1/4 c. à t.) de sel
1 ml (1/4 c. à t.) de poivre noir fraîchement moulu
30 ml (2 c. à s.) de persil frais ciselé
2 ml (1 c. à t.) de miel liquide

POUR LA SAUCE
1 oignon moyen
1 gousse d'ail
1 poivron vert
4 olives vertes
125 ml (1/2 tasse) de jus de tomate
45 ml (3 c. à s.) de ketchup
45 ml ou 20 g (3 c. à s.) d'amandes effilées
2 ml (1/2 c. à t.) de clous de girofle moulus
5 ml (1 c. à t.) de graines de coriandre moulues
Sel
Poivre noir fraîchement moulu
Pincée de poivre de Cayenne
15 ml (1 c. à s.) de xérès

1 Retirez la peau et le gras visible des cuisses de poulet.
Pelez et écrasez l'ail. Mélangez l'ail avec le sel, le poivre et
le persil. Enrobez les cuisses de poulet de cette préparation.

2 Pour la sauce, pelez et émincez finement l'oignon
et l'ail. Fendez le poivron en deux, retirez les graines
et coupez-le en petits dés. Dénoyautez les olives et
tranchez-les.

3 Faites réchauffer dans une petite casserole le jus de
tomate et le ketchup. Incorporez les oignons, l'ail, les
dés de poivron, les amandes et les olives. Amenez le tout
à ébullition et assaisonnez avec les clous de girofle, les
graines de coriandre, le sel, le poivre noir et le poivre de
Cayenne.

4 Placez les cuisses de poulet dans le plat de cuisson,
nappez-les de sauce et faites cuire dans le four préchauffé pendant 40 minutes en arrosant fréquemment
avec le jus de cuisson. Si la sauce est trop épaisse, diluez-la
avec du jus de tomate. Badigeonnez les cuisses de poulet de
miel et poursuivez la cuisson pendant encore 5 minutes,
jusqu'à ce que les cuisses soient bien cuites. Incorporez
le xérès à la sauce et servez.

**Cuisses de poulet rôties, en haut
Cuisses de poulet à la sud-américaine, en bas**

Poulet sauté aux arachides

Gras	+++	30 min.
Cholestérol	90 mg	
Fibre	●	

Par portion : environ 504 calories, 59 g de protéines, 22 g de gras, 30 g de glucides

POUR 2 PORTIONS

125 ml ou 100 g (1/2 tasse) de riz basmati ou de riz parfumé au jasmin (Thaï)
2 poitrines de poulet, environ 300 g (10 oz)
15 ml (1 c. à s.) de pâte de cari jaune
2 feuilles de lime kaffir ou 1 tige de citronnelle
375 ml ou 125 g (4 oz ou 1 1/2 tasse) de pois mange-tout
250 ml ou 100 g (3 1/2 oz ou 1 tasse) de pousses de fèves mungo
75 ml ou 50 g (1/2 tasse) d'arachides
250 ml (1 tasse) d'eau
Sel
15 ml (1 c. à s.) d'huile d'arachide
5 ml (1 c. à t.) de sucre semoule
30 ml (2 c. à s.) de sauce de poisson asiatique ou de sauce soya

1 Lavez le riz et faites-le tremper dans l'eau froide. Entre-temps, retirez toute trace visible de tendons et de gras des poitrines de poulet et coupez la viande en petites lanières. Ajoutez la pâte de cari, couvrez et laissez reposer 10 minutes.

2 Coupez les feuilles de lime kaffir ou la tige de citronnelle en fines lanières. Équeutez les pois mange-tout. Hachez grossièrement les pois mange-tout et les pousses de fèves mungo. Émincez finement les arachides.

3 Amenez le riz à ébullition. Salez au goût et faites cuire à feu doux pendant 10 minutes.

4 À feu vif, faites chauffer l'huile dans un wok et faites revenir le poulet. Retirez et réservez. À feu moyen, faites revenir les feuilles de kaffir, les pois mange-tout et les pousses de fèves mungo. Incorporez la sauce de poisson ou la sauce soya et le sucre.

5 Remettez le poulet dans le wok, ajoutez les arachides, poursuivez la cuisson à feu doux jusqu'à ce que le tout soit bien chaud. Servez avec le riz.

Poitrines de dinde avec poireaux et noix de cajou

Gras	●●●	25 min.
Cholestérol	60 mg	
Fibre	●	

Par portion : environ 254 calories, 29 g de protéines, 10 g de gras, 8 g de glucides

POUR 2 PORTIONS

45 ml (3 c. à s.) de sauce soya
30 à 45 ml (2 à 3 c. à s.) de vin de riz
200 g (7 oz) de poitrine de dinde
1 poireau moyen d'environ 200 g (7 oz)
10 noix de cajou
15 ml (1 c. à s.) d'huile de tournesol ou de colza
Sel

1 Mélangez la sauce soya avec le vin de riz dans un petit bol. Coupez la poitrine de dinde en lanières. Ajoutez la marinade aux lanières de dinde et laissez reposer pendant 15 minutes.

2 Fendez le poireau dans le sens de la longueur, lavez et coupez en julienne. Hachez sommairement les noix de cajou ou laissez-les entières. À feu doux, faites rôtir les noix à sec dans une poêle. Retirez et réservez.

3 Faites chauffer l'huile dans une poêle ou dans un wok. En réservant la marinade, retirez les lanières de dinde, égouttez et faites rissoler à feu vif pendant 5 minutes. Ajoutez les poireaux et la marinade, couvrez et faites braiser à feu doux pendant 5 minutes. Assaisonnez au goût en ajoutant de la sauce soya ou du sel. Garnissez le plat de noix de cajou et servez.

 SUGGESTION : Du riz et une salade verte complètent ce plat à merveille.

Poulet sauté aux arachides, en haut
Poitrines de dinde avec poireaux et noix de cajou, en bas

Escalopes de poulet et chutney à la mangue

Gras	●●●	30 min.
Cholestérol	90 mg	
Fibre	●	

Par portion : environ 406 calories, 35 g de protéines, 12 g de gras, 33 g de glucides

POUR 2 PORTIONS
1 mangue mûre
1 échalote française
30 ml (2 c. à s.) d'huile de colza
200 ml (3/4 tasse + 2 c. à s.) de jus de pomme
30 ml (2 c. à s.) de vinaigre de cidre
5 ml (1 c. à t.) de miel liquide
5 à 10 ml (1 à 2 c. à t.) de safran
2 poitrines de poulet d'environ 150 g (5 oz) chacune
Sel et poivre noir fraîchement moulu
15 ml (1 c. à s.) de farine

1 Pelez la mangue et coupez les côtés; retirez le noyau. Coupez la chair en dés. Pelez et émincez finement l'échalote.

2 Pour préparer le chutney, faites chauffer 15 ml (1 c. à s.) d'huile dans une poêle antiadhésive. À feu doux, faites revenir les échalotes jusqu'à ce qu'elles deviennent translucides. Ajoutez les dés de mangue et poursuivez la cuisson pendant 1 minute, en brassant sans arrêt. Incorporez le jus de pomme, le vinaigre, le miel et le safran. Faites bouillir le tout à feu moyen pendant 10 minutes, jusqu'à l'évaporation presque complète du liquide.

3 Entre-temps, parez la viande en retirant toute trace visible de gras ou de tendons et tranchez les poitrines de dinde pour en faire des escalopes. Salez, poivrez et enfarinez-les.

4 Faites chauffer le reste de l'huile, soit 15 ml (1 c. à s.), dans une poêle antiadhésive et faites rissoler les escalopes à feu moyen pendant 3 minutes de chaque côté. Ajoutez le chutney à la mangue et faites mijoter pendant 1 à 2 minutes.

SUGGESTION : Servez avec du riz comme le riz parfumé au jasmin (Thaï) ou une baguette bien croustillante.

VARIANTE : Remplacez la mangue par des abricots. Coupez 300 g (10 oz) d'abricots frais en deux, retirez les noyaux et coupez en petites sections (vous devriez avoir environ 250 ml ou 1 tasse d'abricots). Puis reprenez à l'étape numéro 2. Vous pouvez ajouter du piquant à ce plat en incorporant 15 ml (1 c. à s.) de piment fort au miel.

Escalopes de poulet aux marrons et aux endives

Gras	+	30 min.
Cholestérol	90 mg	
Fibre	●●●	

Par portion : environ 711 calories, 43 g de protéines, 16 g de gras, 95 g de glucides

POUR 2 PORTIONS
2 poitrines de poulet d'environ 150 g (5 oz) chacune
Sel et poivre blanc fraîchement moulu
500 ml ou 200 g (7 oz ou 2 tasses) d'endives
1 pomme sûre
15 ml (1 c. à s.) de jus de citron fraîchement pressé
30 ml (2 c. à s.) d'huile d'olive ou de colza
600 ml (20 1/2 oz) de marrons en conserve
30 ml (2 c. à s.) de persil frais ciselé

1 Parez les poitrines de poulet en retirant toute trace visible de tendons ou de gras et aplatissez les poitrines à l'aide d'un attendrisseur à viande. Salez et poivrez.

2 Nettoyez et coupez les endives en deux. Retirez la base et coupez les feuilles en lanières. Pelez la pomme, râpez-la et arrosez immédiatement de jus de citron.

3 Faites chauffer l'huile dans une grande poêle antiadhésive. À feu moyen, faites rissoler les escalopes pendant 6 minutes de chaque côté. Retirez du feu et couvrez d'un papier aluminium pour les garder au chaud.

4 Transférez les endives et la pomme dans la même poêle et poursuivez la cuisson pendant 2 minutes, en remuant sans arrêt jusqu'à ce que le tout soit tendre, mais toujours croquant. Ajoutez les marrons et leur jus et faites cuire jusqu'à ce que le tout soit bien chaud.

5 Déposez les légumes dans deux assiettes chaudes. Placez les escalopes sur le lit de légumes, garnissez de persil et servez.

Escalopes de poulet et chutney à la mangue, en haut
Escalopes de poulet aux marrons et aux endives, en bas

Pain de viande épicé à la dinde

Gras	●		30 min.
Cholestérol	60 mg		(+ 1 Std. Backzeit)
Fibre	–		

Par portion : environ 198 calories, 26 g de protéines, 5 g de gras, 13 g de glucides

POUR 2 PORTIONS

2 tranches de pain à grains entiers grillées
1 oignon moyen
2 gousses d'ail
15 ml (1 c. à s.) d'huile végétale
400 g (14 oz) de poitrine de dinde
1 carotte de grosseur moyenne
5 ml (1 c. à t.) de sel
5 ml (1 c. à t.) de poivre fraîchement moulu
5 ml (1 c. à t.) de marjolaine séchée
45 ml (3 c. à s.) de fine chapelure
125 ml (1/2 tasse) de bouillon de légumes
5 ml (1 c. à t.) de moutarde de Dijon
15 ml (1 c. à s.) de lait de soya nature

1 Faites tremper le pain grillé dans de l'eau. Pelez et émincez finement l'oignon. Pelez les gousses d'ail et écrasez-les avec un presse-ail. Faites chauffer l'huile dans une poêle antiadhésive. À feu doux, faites dorer les oignons et l'ail.

2 Parez la poitrine de dinde en retirant toute trace visible de gras ou de tendons et hachez finement la chair à l'aide d'une moulinette ou d'un robot culinaire. Pressez les miettes de pain pour en extraire l'eau et passez-les à la moulinette ou au robot culinaire.

3 Pelez et râpez la carotte. Malaxez la dinde hachée, les oignons, l'ail, les carottes râpées, la marjolaine, le sel et le poivre. Façonnez le mélange de telle sorte qu'il ait la forme d'un pain. Placez la chapelure dans une assiette et roulez le mélange dans la chapelure.

4 Transférez le pain de viande dans un sac de cuisson. Fermez le sac hermétiquement et faites quelques trous dans le haut du sac avec une fourchette. Placez le pain de viande dans le four froid et allumez-le à 150 ºC (300 ºF). Faites rôtir pendant 1 heure.

5 Versez le bouillon de légumes dans une petite casserole. Ajoutez la moutarde, le lait de soya et amenez le tout à ébullition. Coupez légèrement à la diagonale le pain de viande, déposez les tranches dans un plat de service et versez la sauce autour.

!! SUGGESTION : Des pommes de terre bouillies conviennent bien à ce plat. Les restes font d'excellents sandwichs, ou servez les tranches froides accompagnées d'une salade verte.

Lanières de dinde aux spätzles

Gras	+		30 min.
Cholestérol	94 mg		
Fibre	●●●		

Par portion : environ 604 calories, 51 g de protéines, 16 g de gras, 67 g de glucides

POUR 2 PORTIONS

200 ml (3/4 tasse + 2 c. à s.) de lait écrémé, 1 % ou 2 %
Sel
15 ml (1 c. à s.) de son d'avoine
30 ml (2 c. à s.) d'un mélange de fines herbes fraîches comme du romarin, du thym, du basilic, de la marjolaine et de l'origan
375 ml ou 200 g (1 1/2 tasse) de farine de blé entier
300 g (14 oz) de poitrine de dinde
1 botte d'oignons verts
30 ml (2 c. à s.) d'huile végétale
Poivre noir fraîchement moulu
Sauce Tabasco

1 Pour préparer les spätzles, mélangez le lait, le son d'avoine, les herbes fraîches et un peu de sel. Ajoutez progressivement la farine jusqu'à ce que le tout forme une pâte épaisse. Laissez reposer la pâte pendant 10 minutes – elle devrait être suffisamment ferme pour faire de petits spätzles.

2 Amenez une marmite pleine d'eau salée à ébullition. Transférez la pâte à spätzles dans une râpe à spätzles ou une râpe ordinaire à gros trous en râpant de petites quantités de pâte que vous ferez pocher dans l'eau bouillante. Les spätzles sont prêts lorsqu'ils remontent à la surface de l'eau. Retirez-les avec une écumoire, rincez-les à l'eau chaude et déposez-les dans un bol.

3 Découpez la poitrine de dinde en lanières. Coupez les oignons verts en rondelles. Faites chauffer l'huile dans une poêle antiadhésive. Faites brunir à feu vif la dinde et les oignons verts. Incorporez délicatement les spätzles dans la poêle et poursuivez la cuisson pendant 1 ou 2 minutes. Salez, poivrez et ajoutez une giclée de sauce Tabasco.

!! **TOMATES À LA VINAIGRETTE AU BABEURRE**
Ce plat s'accommode bien d'une simple salade. Pour la vinaigrette, mélangez 125 ml (1/2 tasse) de babeurre avec des graines de coriandre moulues, un peu de sel et de poivre, une giclée de sauce Tabasco ainsi que 30 ml (2 c. à s.) de fines herbes fraîches ciselées ou 15 ml (1 c. à s.) de fines herbes italiennes séchées. Vous aurez ainsi une quantité de vinaigrette suffisante pour napper 300 à 400 g (10 à 14 oz) de tomates.

Pain de viande épicé à la dinde, en haut
Lanières de dinde aux spätzles, en bas

VIANDES ET VOLAILLES

Poitrine de dinde aux lentilles et à l'ananas

Gras	●●●	25 min.
Cholestérol	91 mg	
Fibre	●●●	

Par portion : environ 478 calories, 50 g de protéines, 13 g de gras, 39 g de glucides

POUR 2 PORTIONS

2 échalotes françaises
30 ml (2 c. à s.) d'huile d'olive
200 ml (3/4 tasse + 2 c. à s.) de bouillon de légumes
125 ml ou 100 g (1/2 tasse) de lentilles orange
2 escalopes de dinde d'environ 150 g (5 oz) chacune
Sel et poivre noir fraîchement moulu
Cari en poudre
1/4 d'ananas frais
1 petit poivron rouge

1 Pelez et émincez finement les échalotes. Faites chauffer 15 ml (1 c. à s.) d'huile dans une poêle antiadhésive. À feu doux, faites revenir les échalotes jusqu'à ce qu'elles deviennent translucides. Versez le bouillon de légumes, ajoutez les lentilles et faites mijoter pendant 15 à 20 minutes, jusqu'à ce que les lentilles soient tendres et le liquide absorbé.

2 Entre-temps, aplatissez les escalopes de dinde à l'aide d'un attendrisseur ou d'un maillet, coupez chaque escalope en deux et assaisonnez avec du cari en poudre, du sel et du poivre, au goût. Coupez en deux l'ananas; retirez la partie centrale et coupez la quantité requise en fines tranches. Fendez le poivron en deux, retirez les graines et coupez en fines lanières. Ajoutez les ananas aux lentilles et poursuivez la cuisson jusqu'à ce que le tout soit bien chaud.

3 Faites chauffer le reste de l'huile, soit 15 ml (1 c. à s.), dans une poêle antiadhésive. À feu moyen, faites dorer les morceaux de dinde 4 minutes de chaque côté. Retirez et réservez. Dans la même poêle, faites revenir brièvement les lanières de poivron et ajoutez un peu d'eau, en grattant le fond de la poêle pour en détacher toutes les particules.

4 Distribuez les lentilles dans deux assiettes, déposez les escalopes par-dessus et garnissez de lanières de poivron.

!! SUGGESTION : Si vous aimez les plats épicés, ajoutez un peu de sambal oelek aux lentilles. Mais attention, le sambal oelek a une saveur très piquante.

Dinde Stroganoff

Gras	●●	20 min.
Cholestérol	63 mg	
Fibre	–	

Par portion : environ 182 calories, 25 g de protéines, 8 g de gras, 1 g de glucides

POUR 2 PORTIONS

Escalope de dinde de 300 g (14 oz)
100 g (3 1/2 oz) de champignons
100 g (3 1/2 oz) de cornichons
30 ml (2 c. à s.) d'huile végétale
30 ml (2 c. à s.) de crème sûre
Sel et poivre noir fraîchement moulu
15 ml (1 c. à s.) de jus de citron fraîchement pressé
30 ml (2 c. à s.) de persil frais ciselé

1 Parez l'escalope de dinde en retirant toute trace apparente de tendons et de gras et coupez la viande en petites lanières. Nettoyez et émincez les champignons finement. Tranchez les cornichons finement sur la longueur.

2 Faites chauffer 15 ml (1 c. à s.) d'huile dans une poêle antiadhésive. À feu vif, faites saisir la dinde pendant 3 à 5 minutes. Retirez du feu et placez la viande dans une assiette en la couvrant de papier aluminium pour la garder au chaud.

3 Faites chauffer le reste de l'huile, soit 15 ml (1 c. à s.), jusqu'à ce qu'elle devienne très chaude. À feu moyen, faites revenir les champignons en les remuant sans cesse pour les empêcher de rendre trop d'eau. Ajoutez les cornichons et poursuivez la cuisson jusqu'à ce que le tout soit bien chaud.

4 Incorporez la crème sûre et le jus de citron au mélange de champignons; salez et poivrez. Ajoutez les lanières de dinde ainsi que tous les jus qui se sont accumulés et laissez mijoter 1 ou 2 minutes. Disposez dans deux assiettes, garnissez de persil et servez.

 SUGGESTION : Des nouilles aux œufs, du riz ou des pommes de terre bouillies accompagnent bien ce plat.

Lapin au fenouil et aux champignons

Gras	++		20 min.
Cholestérol	106 mg		(+ 40 min de cuisson)
Fibre	●●●		

Par portion : environ 369 calories, 36 g de protéines, 22 g de gras, 5 g de glucides

FOUR PRÉCHAUFFÉ À 180 ºC (350 ºF)
PLAT DE CUISSON

POUR 2 PORTIONS
1 bulbe de fenouil d'environ 300 g (10 oz)
2 cuisses de lapin
Sel et poivre noir fraîchement moulu
125 ml (1/2 tasse) de bouillon de légumes
15 ml (1 c. à s.) d'huile d'olive
100 g (3 1/2 oz) de champignons
15 ml (1 c. à s.) d'huile végétale
30 ml (2 c. à s.) de lait de soya nature
30 ml (2 c. à s.) de persil frais ciselé

1 Lavez, retirez la partie feuillue du haut et débitez le fenouil en quartiers. Recoupez les quartiers en demi-lunes et mettez dans le plat de cuisson.

2 Parez le lapin en retirant toute trace apparente de gras, salez, poivrez et placez les cuisses sur le fenouil. Versez le bouillon de légumes. Ajoutez un petit filet d'huile d'olive et couvrez d'un papier aluminium (le côté brillant en dessous). Faites cuire dans le four préchauffé pendant 30 minutes. Retirez le papier aluminium et poursuivez la cuisson pendant 10 minutes, afin que la viande devienne d'une belle couleur dorée.

3 Nettoyez les champignons. Faites chauffer l'huile végétale à feu vif dans une poêle antiadhésive. À feu moyen, faites rissoler les champignons et ajoutez le lait de soya. Garnissez les cuisses de lapin avec du persil et servez avec les champignons.

Lapin aux pommes et aux poireaux cuit dans une cocotte d'argile

Gras	●●●		1 h 30 min.
Cholestérol	106 mg		
Fibre	●		

Par portion : environ 269 calories, 32 g de protéines, 12 g de gras, 7 g de glucides

COCOTTE D'ARGILE AVEC UN COUVERCLE TREMPÉS DANS L'EAU PENDANT AU MOINS 20 MINUTES

POUR 2 PORTIONS
600 g (1 1/4 lb) de lapin
Sel et poivre fraîchement moulu
Graines de coriandre moulues
2 petits poireaux
1 gousse d'ail
6 à 8 brins de thym frais
1 pomme sûre (rouge de préférence)
125 ml (1/2 tasse) de bouillon de légumes

1 Débitez le lapin en morceaux (la poitrine, le râble et les cuisses – en laissant les cuisses entières). Frottez le lapin avec du sel, du poivre et les graines de coriandre moulues.

2 Coupez les poireaux dans le sens de la longueur, lavez-les et coupez-les en rondelles. Pelez et émincez finement l'ail. Arrachez les feuilles des tiges de thym. Coupez la pomme en quatre, retirez le cœur et recoupez les quartiers en tranches.

3 Placez les poireaux, l'ail, le thym et les tranches de pomme dans la cocotte. Versez le bouillon. Disposez les morceaux de lapin par-dessus. Couvrez et placez la cocotte sur la grille du bas du four froid. Allumez le four à 180 ºC (350 ºF) et faites cuire le lapin pendant 1 heure et 15 minutes. Servez directement de la cocotte.

!! SUGGESTION : Ce plat s'accompagne de pommes de terre bouillies.

!! SUGGESTION : Une cocotte d'argile est sensible aux écarts soudains de température. Prenez soin de la mettre dans un four froid, sinon elle pourrait se fendre.

Lapin aux pommes et aux poireaux cuit dans une cocotte d'argile, à droite

Pâtes, Riz et tutti quanti

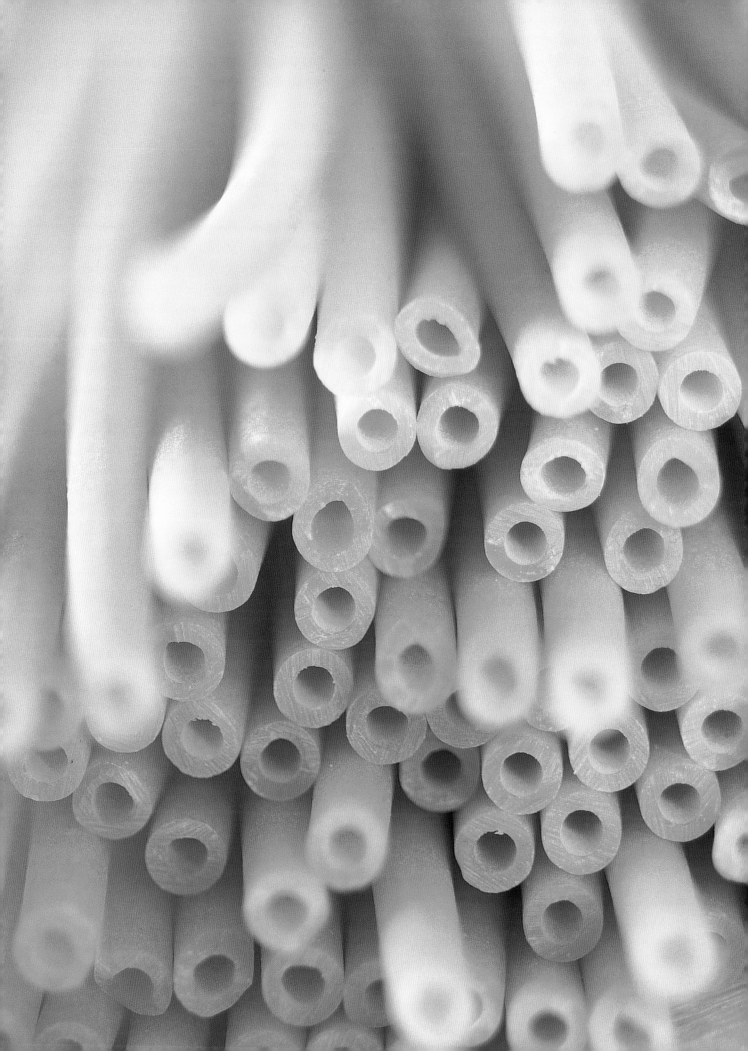

Salade de pâtes au tofu et au fenouil

Gras	+	
Cholestérol	–	25 min.
Fibre	●●●	

Par portion : environ 528 calories, 23 g de protéines, 18 g de gras, 70 g de glucides

POUR 2 PORTIONS

5 ml (1 c. à s.) de cari en poudre
150 g (5 oz) de pâtes à grains entiers comme des macaronis, des fusilli ou des nouilles
100 g (3 1/2 oz) de tofu très ferme
1 petit bulbe de fenouil d'environ 250 g (8 oz)
1/2 ananas d'environ 250 g (8 oz)
15 ml ou 10 g (1 c. à s.) de noix
60 ml (4 c. à s.) de vinaigre balsamique
Sel épicé et poivre noir fraîchement moulu
30 ml (2 c. à s.) d'huile de noix

1 Amenez une grosse marmite d'eau à ébullition. Assaisonnez avec du sel et le cari en poudre, ajoutez les pâtes et faites cuire à feu doux en suivant les instructions de cuisson sur l'emballage, jusqu'à ce qu'elles soient al dente.

2 Entre-temps, tranchez le tofu en julienne. Nettoyez le fenouil en le débarrassant de ses feuilles extérieures, si nécessaire, coupez-le en deux en retirant la partie coriace du centre et tranchez-le en lanières. Hachez la partie verte du fenouil et réservez. Pelez, débitez l'ananas en quartiers et retirez le cœur; tranchez-le en fines rondelles. Hachez grossièrement les noix. Mélangez le tofu, le fenouil, l'ananas et les noix dans un grand bol.

3 Pour la vinaigrette, fouettez ensemble le vinaigre, le sel épicé, le poivre et l'huile de noix. Ajoutez à la préparation au tofu; mélangez bien.

4 Égouttez les pâtes, plongez-les dans l'eau froide et ajoutez-les au mélange de tofu et de fenouil. Laissez reposer au moins 30 minutes pour que les saveurs aient le temps de s'imprégner. Garnissez avec les feuilles hachées de fenouil et servez.

 SUGGESTION : Du pain à l'oignon ou des ciabatta (petits pains italiens à l'huile d'olive) sortant du four complètent bien ce plat.

Soupe à l'engrain ou au sarrasin

Gras	●●	
Cholestérol	2 mg	25 min.
Fibre	●●●	

Par portion : environ 209 calories, 5 g de protéines, 8 g de gras, 27 g de glucides

POUR 2 PORTIONS

2 échalotes françaises
1 carotte moyenne
15 ml (1 c. à s.) d'huile de colza
50 ml ou 70 g (1/4 tasse) d'engrain (petit épeautre) ou de gruau de sarrasin (voir suggestion plus bas)
500 ml (2 tasses) de bouillon de légumes
100 g (3 1/2 oz) de champignons
15 ml ou 10 g (1 c. à s.) de noix grossièrement hachées comme des noix de Grenoble, des noisettes ou des pignons
Sel et poivre noir fraîchement moulu
Jus de citron fraîchement pressé

1 Pelez et émincez finement les échalotes. Pelez et coupez les carottes en dés. Faites chauffer l'huile dans une poêle antiadhésive et faites revenir à feu doux les échalotes, jusqu'à ce qu'elles deviennent translucides. Ajoutez les carottes et faites-les revenir brièvement. Incorporez l'engrain ou le gruau de sarrasin et versez le bouillon de légumes. Amenez le tout à ébullition et faites mijoter pendant 10 à 15 minutes, jusqu'à ce que les carottes soient cuites.

2 Entre-temps, nettoyez et tranchez les champignons. Faites dorer à sec les noix dans une poêle antiadhésive.

3 Mettez la soupe en purée à l'aide d'un robot culinaire ou d'un mélangeur et remettez le tout dans la casserole. Incorporez les tranches de champignon et faites bien réchauffer. Assaisonnez la soupe avec du sel, du poivre et du jus de citron, garnissez de noix et servez.

SUGGESTION : Vous pouvez épaissir la soupe en ajoutant 30 ml (2 c. à s.) de lait de soya ou de crème sûre pour une texture plus veloutée. Assurez-vous toutefois que le mélange ne bout pas après avoir ajouté ces ingrédients.

SUGGESTION : Si vous ne trouvez pas d'engrain (une spécialité de la cuisine allemande connue sous le nom de « Grünkern » ou « graine verte »), vous pouvez utiliser du gruau de sarrasin, d'avoine ou d'épeautre.

Salade de pâtes au tofu et au fenouil, en haut
Soupe à l'engrain ou au sarrasin, en bas

Pâtes aux tomates, au basilic et au parmesan

Gras	●●●		25 min.
Cholestérol	8 mg		
Fibre	–		

Par portion : environ 502 calories, 20 g de protéines, 10 g de gras, 81 g de glucides

POUR 2 PORTIONS
400 g (14 oz) de tomates fraîches
200 g (7 oz) de linguine ou de fettuccini
1 oignon moyen
15 ml (1 c. à s.) d'huile d'olive
1 petite gousse d'ail
Poivre fraîchement moulu
6 à 8 brins de basilic
30 g (1 oz) de fromage parmesan

1 Amenez environ 2 L (8 tasses) d'eau salée à ébullition. Faites une incision en forme de x à la base des tomates, faites-les blanchir 1 minute dans l'eau bouillante, pelez-les et coupez-les en dés. Placez les pâtes dans l'eau bouillante et faites-les cuire en suivant les instructions sur l'emballage, jusqu'à ce qu'elles soient croquantes sous la dent.

2 Pelez et émincez l'oignon finement. Faites légèrement chauffer l'huile dans une poêle antiadhésive assez grande pour contenir le plat final et faites revenir les oignons à feu doux, jusqu'à ce qu'ils deviennent translucides. Pelez l'ail et écrasez-le dans un presse-ail. Incorporez les tomates et faites bien réchauffer.

3 Égouttez les pâtes et mélangez-les avec la sauce. Salez et poivrez. Déchirez ou coupez quelques feuilles de basilic en chiffonnade; ajoutez aux nouilles. Disposez les pâtes dans un plat de service et saupoudrez de fromage parmesan; garnissez avec les feuilles de basilic restantes et servez.

SUGGESTION : L'ajout de fromage parmesan rehausse grandement la saveur d'un simple plat de pâtes. Même si 100 g (3 1/2 oz) de parmesan contient environ 60 mg de cholestérol, ce plat n'en contient que 9 mg par portion. Le parmesan est fait à partir de lait écrémé en partie, il n'y a donc aucune raison de s'en priver.

SUGGESTION : Les tomates fraîches donnent aussi beaucoup de saveur. Si elles ne sont pas de saison, remplacez-les par des tomates en conserve.

Nouilles sautées aux poireaux et aux tomates cerises

Gras	+		25 min.
Cholestérol	8 mg		
Fibre	●		

Par portion : environ 537 calories, 20 g de protéines, 15 g de gras, 80 g de glucides

POUR 2 PORTIONS
200 g (7 oz) de nouilles larges comme des tagliatelles ou des nouilles sans œufs
1 gros poireau
Sel et poivre noir fraîchement moulu
5 ml (1 c. à t.) de thym séché
10 à 12 tomates cerises, soit environ 100 g (3 1/2 oz)
30 ml (2 c. à s.) d'huile d'olive
1 petite gousse d'ail
30 g (2 oz) de fromage parmesan

1 Amenez 2 L (8 tasses) d'eau salée à ébullition. Ajoutez les nouilles en suivant les instructions sur l'emballage, jusqu'à ce qu'elles soient al dente.

2 Entre-temps, coupez le poireau sur la longueur et lavez-le; coupez-le dans le sens de la longueur en longs filaments de la largeur des nouilles. Lavez et coupez les tomates cerises en quatre.

3 Faites légèrement chauffer l'huile dans une poêle antiadhésive. Faites brièvement revenir le poireau en l'assaisonnant avec du sel, du poivre et du thym. Pelez l'ail et écrasez-le avec un presse-ail. À feu doux, poursuivez la cuisson des poireaux pendant 5 minutes en remuant sans arrêt jusqu'à ce qu'ils soient tendres et légèrement colorés (mais pas brunis).

4 Égouttez les nouilles et mélangez-les délicatement avec les poireaux. Incorporez les tomates cerises et faites réchauffer. Râpez le parmesan. Répartissez les nouilles dans deux assiettes, saupoudrez de parmesan et servez.

Pâtes aux tomates, au basilic et au parmesan, en haut
Nouilles sautées aux poireaux et aux tomates cerises, en bas

Spaghettis aux légumes verts et aux noix de pin

Gras	++	25 min.
Cholestérol	26 mg	
Fibre	−	

Par portion : environ 628 calories, 20 g de protéines, 22 g de gras, 82 g de glucides

POUR 2 PORTIONS

1/2 à 1 botte, soit environ 125 g (4 oz) de légumes verts comme du cresson, de l'oseille, du pissenlit, de la roquette et de la chicorée de Vérone (radicchio)
1 petit oignon
1 gousse d'ail
100 ml ou 100 g (1/3 tasse + 2 c. à s.) de fromage ricotta
75 ml (1/3 tasse) de bouillon de légumes
75 ml (1/3 tasse) de vin blanc sec
200 g (7 oz) de spaghettis
45 ml (3 c. à s.) de noix de pin
15 ml (1 c. à s.) d'huile d'olive
Sel et poivre noir fraîchement moulu
15 ml (1 c. à s.) de jus de citron fraîchement pressé

1 Lavez les légumes verts en retirant toutes les parties coriaces et hachez-les grossièrement. Pelez l'oignon et débitez-le en petits quartiers. Pelez l'ail. Fouettez le ricotta avec le bouillon de légumes et le vin.

2 Dans une grande marmite, amenez à ébullition 2 à 3 L (8 à 12 tasses) d'eau salée. Ajoutez les spaghettis et faites-les cuire en suivant les instructions sur l'emballage, jusqu'à ce qu'ils soient al dente.

3 Entre-temps, hachez grossièrement les noix de pin et, à feu doux, faites-les rôtir à sec dans une poêle antiadhésive. Retirez du feu et réservez.

4 Dans la même poêle, faites légèrement chauffer l'huile d'olive. À feu doux, faites revenir les quartiers d'oignon, jusqu'à ce qu'ils deviennent translucides. Ajoutez l'ail écrasé. Incorporez les légumes verts et faites cuire de 3 à 4 minutes. Ajoutez le mélange de ricotta et assaisonnez le tout avec du sel, du poivre et du jus de citron.

5 Égouttez les spaghettis. Répartissez-les dans deux assiettes, nappez-les de sauce, saupoudrez de pignons et servez.

!! SUGGESTION : Les légumes verts sont disponibles dans tous les marchés. Vous pouvez aussi les cueillir vous-même si vous savez où les chercher. Vous pouvez faire ce plat en utilisant des rapinis.

Spaghettis aux courgettes dans une sauce au fromage

Gras	+	30 min.
Cholestérol	14 mg	
Fibre	−	

Par portion : environ 597 calories, 22 g de protéines, 19 g de gras, 83 g de glucides

POUR 2 PORTIONS

1 oignon rouge
1 grosse courgette
2 à 3 brins de sauge fraîche ou 5 ml (1 c. à t.) de sauge séchée
200 g (7 oz) de spaghettis
45 ml (3 c. à s.) de noix de pin
15 ml (1 c. à s.) d'huile d'olive
1 petite gousse d'ail
100 ml ou 100 g (1/3 tasse + 2 c. à s.) de fromage à la crème faible en gras
50 ml (1/4 tasse) de bouillon de légumes
Sel et poivre noir fraîchement moulu

1 Pelez et émincez finement l'oignon. Coupez les extrémités de la courgette et râpez-la grossièrement. Arrachez la tige des feuilles de sauge. Gardez quelques feuilles pour décorer et coupez le reste en fines lanières.

2 Dans une grande marmite, faites bouillir environ 3 à 4 L (12 à 16 tasses) d'eau salée. Ajoutez les spaghettis et faites cuire en suivant les instructions sur l'emballage, jusqu'à ce qu'ils soient croquants sous la dent.

3 À feu moyen, faites dorer les pignons à sec dans une grande poêle. Retirez et réservez. Dans la même poêle, faites chauffer l'huile. Faites revenir les oignons à feu doux, jusqu'à ce qu'ils deviennent translucides. Pelez l'ail et écrasez-le dans le presse-ail. Incorporez la chiffonnade de sauge et la courgette râpée. Mélangez le fromage avec la crème et le bouillon. Salez et poivrez la sauce.

4 Égouttez bien les spaghettis. Disposez-les dans deux assiettes et nappez-les de sauce. Garnissez avec les noix de pin et les feuilles de sauge et servez sans plus attendre. Égouttez bien les spaghettis. Disposez-les dans deux assiettes et nappez-les de sauce. Garnissez avec les noix de pin et les feuilles de sauge et servez sans plus attendre.

Spaghettis aux légumes verts et aux noix de pin, en haut
Spaghettis aux courgettes dans une sauce au fromage, en bas

Nouilles de riz frites avec carottes et poireaux

Gras	+	30 min.
Cholestérol	–	
Fibre	●	

Par portion : environ 386 calories, 13 g de protéines, 17 g de gras, 49 g de glucides

POUR 2 PORTIONS
100 g (3 1/2 oz) de nouilles de riz larges
1 piment chili rouge ou vert
45 ml (3 c. à s.) de noix de cajou
1 morceau de 1 cm (1/2 po) de gingembre
1 petite gousse d'ail
2 carottes moyennes
1 gros poireau
30 ml (2 c. à s.) d'huile
10 ml (2 c. à t.) de garam masala
45 ml (3 c. à s.) de sauce soya

1 Placez les nouilles de riz dans un saladier, couvrez-les d'eau chaude et laissez reposer 10 minutes.

2 Fendez le chili en deux sur la longueur, retirez les graines, si vous le désirez (le plat sera moins piquant), et coupez-le en lanières. Hachez grossièrement les noix de cajou. Pelez et émincez le gingembre et l'ail finement.

3 Pelez les carottes et coupez-les en lanières de 5 cm (2 po). Fendez le poireau dans le sens de la longueur et lavez-le bien. Coupez la partie tendre en tronçons de 5 cm (2 po) et recoupez chaque tronçon en lanières.

4 Faites chauffer l'huile dans une poêle antiadhésive et faites dorer les noix de cajou à feu moyen. Ajoutez l'ail et le gingembre et poursuivez la cuisson jusqu'à ce qu'ils soient légèrement dorés. Égouttez les nouilles de riz et transférez-les dans la poêle avec le piment chili, les carottes et les poireaux. Mélangez bien et assaisonnez le tout avec le garam masala et la sauce soya. Faites revenir à feu moyen pendant 2 à 3 minutes.

!! SUGGESTION : Au lieu du garam masala, qui donne un petit goût indien, vous pouvez utiliser du cari ou de la poudre au cinq épices chinoise. Vous pouvez aussi remplacer le piment chili frais par du sambal oelek ou des flocons de piment fort séché pour ajouter du piquant. Mais n'en ajoutez pas trop. Vous pourrez toujours en rajouter si le plat n'est pas assez piquant à votre goût.

Farfalles à la dinde et au fenouil

Gras	●●	30 min.
Cholestérol	76 mg	
Fibre	●●	

Par portion : environ 584 calories, 45 g de protéines, 8 g de gras, 82 g de glucides

POUR 2 PORTIONS
1 petit bulbe de fenouil
1 oignon moyen
250 g (8 oz) de poitrine de dinde
200 g (7 oz) de farfalles (pâtes en forme de nœud papillon)
15 ml (1 c. à s.) d'huile d'olive
Sel et poivre noir fraîchement moulu
Graines de coriandre moulues
10 ml (2 c. à t.) de farine de blé entier
150 ml (2/3 tasse) de bouillon de légumes
15 ml (1 c. à s.) de jus de citron fraîchement pressé
15 ml (1 c. à s.) de persil ciselé

1 Retirez les feuilles coriaces et coupez le bulbe de fenouil en fines lanières. Hachez la partie feuillue et réservez. Pelez et émincez l'oignon finement. Tranchez la poitrine de dinde en fines lanières.

2 Dans une casserole, amenez environ 2 L (8 tasses) d'eau salée à ébullition. Ajoutez les pâtes et faites-les cuire en suivant les instructions sur l'emballage, jusqu'à ce qu'elles soient croquantes sous la dent.

3 Entre-temps, faites chauffer l'huile d'olive dans une poêle antiadhésive. Faites légèrement rissoler les lanières de dinde sur tous les côtés pendant 2 à 3 minutes. Assaisonnez avec du sel, du poivre et les graines de coriandre; retirez la viande de la poêle et réservez.

4 Dans la même poêle, faites revenir à feu doux les oignons jusqu'à ce qu'ils soient translucides. Incorporez le fenouil. Saupoudrez de farine et poursuivez la cuisson. Ajoutez le bouillon de légumes et laissez mijoter pendant 5 à 10 minutes.

5 Remettez les lanières de dinde dans la poêle et poursuivez la cuisson. Assaisonnez au goût (sel, poivre, coriandre et jus de citron). Égouttez les nouilles et répartissez-les dans deux assiettes en y ajoutant la dinde et le fenouil. Garnissez avec les feuilles de fenouil et le persil hachés.

Nouilles de riz frites aux carottes et aux poireaux, en haut
Farfalles à la dinde et au fenouil, en bas

Riz au cari et légumes cuits dans une sauce au lait de coco

Gras	●●		20 min.
Cholestérol	1 mg		
Fibre	●●●		

Par portion : environ 338 calories, 16 g de protéines, 9 g de gras, 53 g de glucides

POUR 2 PORTIONS

1 oignon moyen
10 ml (2 c. à t.) d'huile de soya
15 ml (1 c. à s.) de cari en poudre
125 ml ou 100 g (1/2 tasse) de riz basmati
250 ml (1 tasse) de bouillon de légumes
1 petit chou chinois d'environ 300 g (10 oz)
2 carottes
125 ml ou 50 g (1/2 tasse ou 2 oz) de pois mange-tout
250 ml (1 tasse) de pousses de haricots mungo
300 ml (1 1/4 tasse) de lait de coco
Poivre noir fraîchement moulu
45 à 50 ml (3 à 4 c. à s.) de sauce soya

1 Pelez et émincez l'oignon finement. Faites chauffer l'huile dans une petite casserole. À feu doux, faites revenir les oignons jusqu'à ce qu'ils deviennent translucides. Saupoudrez de cari en poudre et faites rissoler légèrement en remuant sans arrêt.

2 Incorporez le riz et faites cuire jusqu'à ce que les grains perdent leur opacité. Ajoutez le bouillon. Couvrez et faites cuire à feu doux pendant 20 minutes, en ajoutant de l'eau au besoin.

3 Retirez la base du chou et coupez-le en lanières de 2,5 cm (1 po). Pelez et coupez les carottes en très fines rondelles. Coupez en diagonale les pois mange-tout, en deux ou en trois sections. Lavez et égouttez les pousses de haricots mungo.

4 Amenez le lait de coco à ébullition. À feu doux, faites mijoter les carottes et les pois mange-tout pendant 5 minutes. Ajoutez le chou chinois et les pousses de haricots et faites cuire pendant 5 minutes encore. Augmentez le feu pour faire évaporer un peu du liquide et poursuivez la cuisson jusqu'à ce que les légumes soient à votre goût. Poivrez et ajoutez la sauce soya. Disposez le riz et les légumes dans deux assiettes et servez.

!! SUGGESTION : Vous pouvez réaliser ce plat plus rapidement si vous remplacez les légumes frais par 300 à 400 g (10 à 14 oz) de légumes asiatiques ou chinois surgelés.

Risotto aux champignons séchés

Gras	++		40 min.
Cholestérol	9 mg		
Fibre	●●●		

Par portion : environ 536 calories, 16 g de protéines, 28 g de gras, 55 g de glucides

POUR 2 PORTIONS

25 g (1 oz) de bolets séchés ou de toute autre variété de champignons séchés
1 botte d'oignons verts
50 ml ou 40 g (1/4 tasse) de noix de pin
30 ml (2 c. à s.) d'huile d'olive
125 ml ou 125 g (1/2 tasse) de riz arborio
125 ml (1/2 tasse) de bouillon de légumes
50 ml (1/4 tasse) de vin blanc sec
Sel et poivre noir fraîchement moulu
30 g (1 oz) de fromage parmesan

1 Placez les champignons dans un bol et couvrez-les de 250 ml (1 tasse) d'eau chaude. Laissez reposer 5 à 10 minutes. Retirez l'extrémité des oignons verts et coupez-les en fines rondelles. Séparez les parties blanches des vertes. Réservez.

2 À feu doux, faites dorer à sec les noix de pin dans une poêle antiadhésive. Réservez.

3 Dans la même poêle, faites chauffer l'huile d'olive. Ajoutez les parties blanches des oignons verts et faites-les revenir jusqu'à ce qu'elles deviennent translucides. Incorporez le riz aux oignons et faites revenir jusqu'à ce que les grains de riz perdent de leur opacité. Ajoutez le bouillon et le vin et amenez le tout à ébullition. Baissez le feu et laissez mijoter jusqu'à ce que le riz ait absorbé tout le liquide.

4 Ajoutez les champignons et l'eau de macération au riz et faites mijoter à feu doux jusqu'à ce que le liquide ait été absorbé par le riz. Incorporez les parties vertes des oignons verts et poursuivez la cuisson pendant encore 3 à 4 minutes, en ajoutant de l'eau au besoin. Le riz doit être d'une texture crémeuse tout en étant légèrement croquant sous la dent. Salez et poivrez.

5 Râpez le parmesan. Disposez le risotto dans deux assiettes et saupoudrez de noix de pin et de parmesan. Servez.

Riz au cari et légumes cuits dans une sauce au lait de coco, en haut
Risotto aux champignons séchés, en bas

Nasi Goreng (rit frit)

Gras	●●○	30 min.
Cholestérol	80 mg	
Fibre	–	

Par portion : environ 267 calories, 25 g de protéines, 11 g de gras, 15 g de glucides

POUR 2 PORTIONS

125 ml ou 100 g (1/2 tasse) de riz au jasmin (thaï) ou
de riz basmati
1 poireau moyen
1 gros piment chili rouge
150 g (5 oz) de poitrine de poulet
50 g (2 oz) de crevettes décortiquées
30 ml (2 c. à s.) d'huile de soya
45 ml (3 c. à s.) de sauce soya légère
Poivre fraîchement moulu

1 Amenez 250 ml (2 tasses) d'eau à ébullition. Versez le riz et refaites bouillir l'eau à gros bouillons. Couvrez et faites cuire à feu doux pas plus de 15 minutes.

2 Entre-temps, fendez le poireau sur la longueur, lavez-le et coupez-en la moitié en fines rondelles. Pelez et émincez l'ail finement. Fendez le chili sur la longueur, retirez les graines, si vous le désirez, et coupez-le en fines lanières.

3 Coupez le poulet en très fines lanières. Passez les crevettes sous l'eau froide et égouttez-les.

4 Faites chauffer l'huile dans un wok. Incorporez le poireau, l'ail et le chili et faites revenir pendant 1 minute. Tassez les légumes sur le côté du wok, ajoutez les lanières de poulet au centre et poursuivez la cuisson à feu moyen en remuant constamment. Ajoutez les crevettes et poursuivez la cuisson.

5 Incorporez le riz en mélangeant le tout et faites sauter en remuant fréquemment. Ajoutez la sauce soya et poivrez.

!! SUGGESTION : Ce plat, originaire de Java, est un classique de la cuisine indonésienne. Traditionnellement, on y ajoute de fines lanières d'omelette. Comme les œufs sont riches en cholestérol, nous omettons donc cette partie, mais le plat proposé ne perd rien au change et est tout aussi savoureux.

Risotto à l'orge et aux champignons (séchés ou sauvages)

Gras	●●○	40 min.
Cholestérol	–	(+ 4 h de macération)
Fibre	●●○	

Par portion : environ 443 calories, 13 g de protéines, 12 g de gras, 72 g de glucides

POUR 2 PORTIONS

250 ml ou 200 g (1 tasse) d'orge
25 g (1 oz) de bolets séchés ou autres variétés de champignons séchés, ou 200 g (7 oz) de champignons frais des bois, comme des morilles ou des chanterelles
4 oignons verts
2 gousses d'ail
30 ml (2 c. à s.) d'huile d'olive
Sel et poivre noir fraîchement moulu
2 ml (1/2 c. à t.) de marjolaine séchée

1 Rincez l'orge à l'eau froide. Mettez 500 ml (2 tasses) d'eau dans une casserole moyenne et faites tremper l'orge pendant au moins 4 heures ou toute une nuit. Faites aussi macérer les champignons séchés dans une petite casserole remplie d'eau froide.

2 Amenez l'orge et les champignons à ébullition dans leurs casseroles respectives. Faites cuire l'orge à feu doux de 8 à 10 minutes, jusqu'à ce que l'eau ait été complètement absorbée. Faites cuire les champignons à feu doux pendant 10 minutes.

3 Entre-temps, retirez l'extrémité des oignons verts et coupez-les en fines rondelles. Pelez l'ail. Égouttez les champignons (en conservant l'eau de trempage pour un autre usage, comme une base de bouillon) et hachez grossièrement les champignons séchés ou les champignons frais. Faites chauffer l'huile dans une poêle antiadhésive. À feu doux, faites revenir les oignons verts jusqu'à ce qu'ils deviennent translucides. Ajoutez les champignons et faites revenir de 1 à 2 minutes. Écrasez l'ail dans le presse-ail et ajoutez-le aux champignons en poursuivant la cuisson jusqu'à ce que l'ail dégage son parfum. Incorporez l'orge. Salez, poivrez et ajoutez la marjolaine. Servez.

!! SUGGESTION : Une salade verte ou des cornichons conviennent bien à ce plat. Vous pouvez aussi le servir accompagné d'une sauce tomate.

!! SUGGESTION : Vous pouvez utiliser à la fois des champignons séchés et des champignons frais que vous ferez sauter en même temps que les oignons verts.

Nasi Goreng, en haut
Risotto à l'orge et aux champignons (séchés ou sauvages), en bas

Polenta à la sauce tomate et à la sauge

Gras	●●	40 min.
Cholestérol	3 mg	(+ 30 min de réfrigération)
Fibre	●	

Par portion : environ 325 calories, 8 g de protéines, 8 g de gras, 54 g de glucides

MOULE CARRÉ DE 23 CM (9 PO) BADIGEONNÉ D'HUILE D'OLIVE

POUR 2 PORTIONS
500 ml (2 tasses) de bouillon de légumes
175 ml ou 125 g (3/4 tasse) de semoule de maïs finement moulue
Huile d'olive
Sel et poivre fraîchement moulu
1 oignon moyen
3 à 4 brins de sauge fraîche
1 gousse d'ail
1 boîte de tomates concassées de 398 ml (14 oz)

1 Versez le bouillon dans une casserole moyenne et amenez à ébullition. Ajoutez la semoule de maïs lentement, en un mouvement continu, en remuant sans arrêt; faites mijoter à découvert pendant 15 minutes à feu doux. Brassez occasionnellement. Salez et poivrez. Étendez de façon uniforme dans la lèchefrite carrée et laissez refroidir.

2 Pelez et émincez finement l'oignon. Arrachez la tige des feuilles de sauge et gardez-en quelques-unes pour décorer le plat; hachez le reste. Faites chauffer l'huile dans une casserole. À feu doux, faites revenir les oignons jusqu'à ce qu'ils deviennent translucides. Pelez l'ail et écrasez-le dans le presse-ail. Ajoutez l'ail aux oignons ainsi que la sauge hachée et les tomates. Salez et poivrez. Faites mijoter le tout à découvert pendant 10 minutes, à feu moyen.

3 Démoulez la polenta et tranchez-la. Vous pouvez servir ces tranches telles quelles, les faire griller, ou encore, les faire revenir légèrement jusqu'à ce qu'elles soient dorées des deux côtés. Goûtez et assaisonnez au goût la sauce, si nécessaire. Disposez la polenta dans deux assiettes, nappez de sauce et garnissez de feuilles de sauge.

!! SUGGESTION : La polenta (semoule de maïs) est un plat très apprécié en Italie, en Autriche et en Suisse. Comme les grains sont moulus entiers, ils conservent toutes leurs propriétés nutritives.

Orecchiette à la sauce au thon

Gras	●●	35 min.
Cholestérol	34 mg	
Fibre	●	

Par portion : environ 373 calories, 24 g de protéines, 7 g de gras, 52 g de glucides

POUR 2 PORTIONS
1 petit oignon
1 petit bulbe de fenouil d'environ 150 g (5 oz)
125 g (4 oz) d'orecchiette (pâtes en forme d'oreille)
15 ml (1 c. à s.) d'huile d'olive
540 ml (19 oz) de tomates en conserve ou 500 g (1 lb) de tomates fraîches
15 ml (1 c. à s.) de câpres
170 g (6 oz) de thon en boîte conservé dans l'eau
Origan séché
Poivre noir fraîchement moulu

1 Pelez et émincez finement l'oignon. Nettoyez et coupez le fenouil en deux, en retirant le centre coriace, puis tranchez les moitiés en fines lanières. Hachez la partie verte du fenouil et réservez. Si vous utilisez des tomates fraîches, coupez-les en dés.

2 Amenez 500 ml (2 tasses) d'eau salée à ébullition. Ajoutez les pâtes et faites-les cuire en suivant les instructions sur l'emballage, jusqu'à ce qu'elles soient al dente.

3 Faites chauffer l'huile dans une poêle antiadhésive. À feu doux, faites revenir les oignons jusqu'à ce qu'ils deviennent translucides. Ajoutez les lanières de fenouil et poursuivez la cuisson pendant 1 à 2 minutes. Incorporez les câpres et les tomates, couvrez et faites cuire pendant 10 minutes. Ajoutez le thon et l'eau, en brisant les plus gros morceaux avec une fourchette, et faites réchauffer le tout. Salez, poivrez et ajoutez l'origan séché.

4 Égouttez les pâtes et répartissez-les dans deux assiettes. Nappez de sauce et servez.

Polenta à la sauce tomate et à la sauge, en haut
Orecchiette à la sauce au thon, en bas

Riz frit aux poivrons et aux champignons

Gras	●●	25 min.
Cholestérol	45 mg	
Fibre	●●	

Par portion : environ 418 calories, 28 g de protéines, 8 g de gras, 59 g de glucides

POUR 2 PORTIONS

150 ml ou 150 g (2/3 tasse) de riz à grain long

1 oignon moyen

150 g (5 oz) de poitrine de dinde

1 poivron rouge

1/2 poivron jaune

250 g (8 oz) de champignons

15 ml (1 c. à s.) d'huile de colza

10 ml (2 c. à t.) de paprika piquant

Sel et poivre noir fraîchement moulu

1 Rincez le riz. Amenez 325 ml (1 1/3 tasse) d'eau salée à ébullition. Ajoutez le riz, couvrez et laissez mijoter pendant 20 minutes.

2 Pelez et émincez l'oignon finement. Coupez l'escalope de dinde en fines lanières. Nettoyez et coupez les poivrons en cubes ou en forme de diamant. Nettoyez et tranchez finement les champignons.

3 Faites chauffer l'huile dans une casserole antiadhésive. Faites revenir à feu moyen les oignons et la dinde pendant 2 minutes, en remuant sans arrêt. Incorporez les champignons et faites-les sauter brièvement de sorte qu'ils conservent leur forme et ne rendent pas leur eau.

4 Incorporez le paprika et mélangez bien. Ajoutez le riz et poursuivez la cuisson à feu doux pendant 1 minute. Salez, poivrez et servez.

 SUGGESTION : Vous pouvez omettre la dinde dans ce plat et la remplacer par du tofu tranché. Le plat dès lors ne comportera pas de cholestérol.

Cari thaï aux pistaches

Gras	++	30 min.
Cholestérol	–	
Fibre	●●●	

Par portion : environ 279 calories, 8 g de protéines, 21 g de gras, 16 g de glucides

POUR 2 PORTIONS

80 g (3 oz) de pistaches vertes

1 gousse d'ail

1 morceau de 1 cm (1/2 po) de gingembre

1 aubergine japonaise

1 poivron rouge

1 poivron jaune

30 ml (2 c. à s.) d'huile de soya

400 ml (14 oz) de lait de coco en conserve

15 à 30 ml (1 à 2 c. à s.) de pâte de cari rouge thaï

Sel

1/2 botte d'oignons verts

1 Décortiquez les pistaches. Faites-les rôtir à sec dans une poêle antiadhésive jusqu'à ce qu'elles dégagent leur parfum. Retirez du feu et réservez.

2 Pelez et hachez finement l'ail et le gingembre. Retirez les extrémités de l'aubergine et coupez-la en dés. Fendez les poivrons en deux, retirez-en les graines et coupez-les en dés.

3 Faites chauffer l'huile dans une casserole ou une poêle. À feu doux, faites revenir l'ail et le gingembre. Ajoutez les dés d'aubergine et de poivron et faites-les revenir brièvement. Versez le lait de coco. Assaisonnez avec un peu de pâte de cari rouge et de sel et amenez le tout à ébullition. Faites mijoter à feu doux pendant 8 minutes.

4 Entre-temps, retirez les extrémités des oignons verts et coupez-les en rondelles; ajoutez à la préparation ainsi que les pistaches rôties. Faites bouillir à nouveau et assaisonnez au goût en ajoutant de la pâte de cari et du sel, si nécessaire.

SUGGESTION : Le riz basmati convient bien à ce plat. Les restes font d'excellents plats d'accompagnement pour les poissons grillés.

SUGGESTION : Les pistaches de Californie sont un bon choix. Les noix sont traitées en moins de 24 heures pour éviter la formation de l'aflatoxine, un champignon cancérigène.

Riz frit aux poivrons et aux champignons, en haut
Cari thaï aux pistaches, en bas

Desserts et entremets

Crêpes au blé entier farcies au fromage

Gras	●		30 min.
Cholestérol	156 mg		(+ 15–20 min de cuisson)
Fibre	–		

Par portion : environ 368 calories, 24 g de protéines, 10 g de gras, 46 g de glucides

PLAT OVALE DE 28 CM (11 PO) ALLANT AU FOUR

POUR 2 PORTIONS
200 ml (3/4 tasse + 2 c. à s.) de lait écrémé, 1 % ou 2 %
15 ml (1 c. à s.) de sucre semoule
1 œuf
Pincée de sel
150 ml ou 80 g (2/3 tasse) de farine de blé entier
10 à 20 ml (2 à 4 c. à t.) d'huile de colza

POUR LA FARCE
5 ml (1 c. à t.) de zeste de citron
jus d'un demi citron
200 ml ou 200 g (3/4 tasse + 2 c. à s.) de fromage quark faible en gras, de fromage cottage ou de yogourt égoutté
30 ml (2 c. à s.) de raisins secs
15 ml (1 c. à s.) d'amandes effilées
15 à 30 ml (1 à 2 c. à s.) de sucre semoule

1 Mélangez 30 ml (2 c. à s.) de lait avec 15 ml (1 c. à s.) de sucre et réservez. Fouettez le reste du lait avec l'œuf et la pincée de sel; incorporez graduellement la farine. Laissez reposer 10 minutes. Faites préchauffer le four à 180 ºC (350 ºF).

2 Entre-temps, mélangez le jus et le zeste de citron ainsi que le fromage quark jusqu'à l'obtention d'une texture lisse. Incorporez les raisins secs, les amandes et le sucre.

3 Dans une petite poêle antiadhésive, faites chauffer 5 ml (1 c. à t.) d'huile pour chaque crêpe. Divisez la pâte à crêpes pour faire 2 à 4 crêpes et faites-les cuire 3 à 4 minutes d'un côté, jusqu'à ce qu'elles soient dorées. Étendez 30 ml (2 c. à s.) de farce au centre de chacune des crêpes, roulez-les et placez-les dans le plat de cuisson. Nappez-les avec le mélange de lait et de sucre en réserve. Faites cuire au four pendant 15 à 20 minutes, jusqu'à ce qu'elles soient bien croustillantes.

!! VARIANTE : La pâte à crêpes donnera deux grosses crêpes ou quatre petites. Vous pouvez aussi ajouter 30 ml (2 c. à s.) de confiture d'abricot au fromage quark ou tout autre fruit frais de saison.

Tranches de tofu aux graines de sésame et à la sauce à l'orange

Gras	+		20 min.
Cholestérol	–		
Fibre	●		

Par portion : environ 289 calories, 13 g de protéines, 18 g de gras, 21 g de glucides

POUR 2 PORTIONS
125 g (4 oz) de tofu ferme
30 ml (2 c. à s.) de miel de bonne qualité
45 ml (3 c. à s.) de graines de sésame
15 ml (1 c. à s.) d'huile de colza ou d'olive
1 orange
2 ml (1/2 c. à t.) de cardamome moulue
2 ml (1/2 c. à t.) d'agar-agar
Sucre en poudre

1 Coupez le tofu en tranches de 0,5 cm (1/4 po). Faites doucement réchauffer le miel. Placez les graines de sésame dans une assiette. Trempez les tranches de tofu dans le miel, puis enrobez-les de graines de sésame.

2 Faites chauffer l'huile dans une poêle antiadhésive. À feu doux, faites dorer le tofu 2 à 3 minutes de chaque côté.

3 Pressez le jus de l'orange et ajoutez-le au reste de miel chaud. Incorporez la cardamome et l'agar-agar dans le mélange. Répartissez la sauce obtenue dans deux assiettes et déposez les tranches de tofu par-dessus. Saupoudrez de sucre en poudre.

!! SUGGESTION : Vous pouvez servir les tranches de tofu chaudes ou à la température de la pièce, avec la sauce coulante. Vous pouvez aussi réfrigérer la sauce pour la servir en gelée.

!! SUGGESTION : L'agar-agar est un agent gélifiant qui est vendu dans les magasins d'aliments naturels. Soyez prudent lorsque vous servez ce produit aux enfants, car il contient beaucoup d'iode. Les adultes ne devraient pas en consommer plus de 15 ml (1 c. à s.) par jour et les enfants, pas plus de 7 ml.

Tranches de tofu aux graines de sésame et à la sauce à l'orange, en haut
Crêpes au blé entier farcies au fromage, en bas

Millet épicé aux prunes

Gras	●●●	30 min.
Cholestérol	4 mg	(+ 30 min de cuisson)
Fibre	●●	

Par portion : environ 488 calories, 20 g de protéines, 12 g de gras, 71 g de glucides

PLAT À GRATINER DE 25 CM (10 PO), LÉGÈREMENT HUILÉ

POUR 2 PORTIONS
125 ml ou 100 g (1/2 tasse) de millet
Pincée de sel
250 ml (1 tasse) d'eau
1 morceau de 0,5 cm (1/4 po) de gingembre
1 ml (1/4 c. à t.) de zeste de citron
Jus d'un demi citron
150 ml ou 150 g (2/3 tasse) de fromage quark faible en gras, de fromage cottage ou de yogourt égoutté
15 ml (1 c. à s.) de miel
30 ml (2 c. à s.) de noisettes moulues
Margarine
400 g (14 oz) de prunes
30 ml (2 c. à s.) de sucre semoule
150 ml ou 150 g (2/3 tasse) de kéfir faible en gras

1 Amenez l'eau salée et le millet à ébullition. Couvrez et laissez cuire à feu doux de 15 à 20 minutes, jusqu'à ce que le liquide soit complètement absorbé. Préchauffez le four à 180 ºC (350 ºF).

2 Pelez et émincez finement le gingembre. Combinez le millet avec le gingembre, le jus et le zeste de citron, le fromage quark, le miel et les noisettes.

3 Transférez la préparation dans le plat de cuisson et étendez-la uniformément. Coupez les prunes en deux, retirez les noyaux et coupez-les en petits quartiers. Disposez-les sur la préparation de millet et saupoudrez de sucre. Faites cuire dans le four préchauffé pendant 30 minutes ou jusqu'à ce que les prunes soient tendres. Servez avec du kéfir.

 SUGGESTION : Remplacez les prunes par la même quantité de cerises ou un mélange de petits fruits.

Pâtes sucrées sautées aux mûres

Gras	●●●	30 min.
Cholestérol	–	
Fibre	–	

Par portion : environ 436 calories, 12 g de protéines, 11 g de gras, 72 g de glucides

POUR 2 PORTIONS
150 g (5 oz) de petites pâtes
15 ml (1 c. à s.) de margarine diète
30 ml (2 c. à s.) d'amandes effilées
15 ml (1 c. à s.) de sucre semoule
2 ml (1/4 c. à t.) de vanille
100 g (3 1/2 oz) de mûres
Feuilles de mélisse
Sucre en poudre

1 Faites cuire les pâtes dans de l'eau légèrement salée en suivant les instructions de cuisson sur l'emballage. Égouttez.

2 Faites légèrement chauffer la margarine dans une poêle antiadhésive. Faites dorer les amandes. Saupoudrez de sucre, faites légèrement caraméliser et ajoutez-les aux pâtes avec la vanille.

3 Lavez délicatement les mûres et égouttez-les. Ajoutez aux pâtes et faites réchauffer doucement le tout à feu doux. Ne remuez pas trop souvent, les pâtes prendraient une coloration violette.

4 Répartissez les pâtes dans deux assiettes, saupoudrez de sucre en poudre et garnissez avec les feuilles de mélisse.

 SUGGESTION : Si vous préférez faire cuire les pâtes d'avance, assurez-vous de bien les rincer sous l'eau froide et de les laisser complètement refroidir afin qu'elles conservent leur fermeté.

VARIANTE : Vous pouvez remplacer les mûres par des bleuets, des framboises ou tout autre mélange de petits fruits.

DESSERTS ET ENTREMETS

Millet épicé aux prunes, en haut
Pâtes sucrées sautées aux mûres, en bas

Mousse au babeurre dans un panier de pâte phyllo

Gras	+	20 min.
Cholestérol	4 mg	(+ 1 h de réfrigération)
Fibre	–	

Par portion : environ 418 calories, 10 g de protéines, 16 g de gras, 60 g de glucides

FOUR PRÉCHAUFFÉ À 150 ºC (300 ºF)
4 PETITES ASSIETTES À TARTE OU
1 MOULE À MUFFINS

POUR 2 PORTIONS
1 feuille de pâte phyllo ou de pâte feuilletée
2 feuilles ou 1/2 sachet, 7 ml ou 7 g (1/4 oz ou 1 1/2 c. à t.) de gélatine non aromatisée
200 ml ou 200 g (3/4 tasse + 2 c. à s.) de babeurre
15 ml (1 c. à s.) de jus de citron fraîchement pressé
30 ml (2 c. à s.) de sucre semoule
5 ml (1 c. à t.) de sucre vanillé
5 ml (1 c. à t.) de miel liquide
30 ml (2 c. à s.) de lait de soya nature
4 fraises
Sucre en poudre

1 Coupez la feuille de pâte phyllo en huit carrés allongés de 10 cm (4 po). Déposez un carré sur un autre de façon à former un octogone. Mettez les 4 octogones obtenus dans les moules et pressez pour que la pâte en épouse la forme. Faites cuire au four pendant 5 minutes, jusqu'à ce que la pâte soit dorée. Retirez du four et laissez refroidir.

2 Faites tremper les feuilles de gélatine dans l'eau froide ou saupoudrez de la gélatine en poudre sur 50 ml (1/4 tasse) d'eau (et réduire la quantité requise de babeurre de 50 ml). Mélangez le babeurre avec le jus de citron, le sucre, le sucre vanillé et le miel. Faites fondre la gélatine à feu doux, incorporez 15 ml (2 c. à s.) du mélange de babeurre à la gélatine, puis ajoutez le reste du babeurre. Incorporez le lait de soya et faites réfrigérer pendant 1 heure.

3 Pour servir, remplissez les paniers de pâte phyllo de cette mousse. Garnissez avec les fraises et saupoudrez de sucre en poudre.

 SUGGESTION : Au lieu des fraises, vous pouvez utiliser n'importe quel fruit de saison.

Mousse aux graines de pavot avec sauce aux fruits

Gras	●	20 min.
Cholestérol	2 mg	(+ 1 h de réfrigération)
Fibre	●	

Par portion : environ 146 calories, 9 g de protéines, 5 g de gras, 14 g de glucides

POUR 2 PORTIONS
2 feuilles ou 1/2 sachet, 7 ml ou 7 g (1/4 oz ou 1 1/2 c. à t.) de gélatine non aromatisée
1/4 de gousse de vanille
125 ml (1/2 tasse) de lait écrémé, 1 % ou 2 %
30 ml (2 c. à s.) de graines de pavot
30 ml (2 c. à s.) de lait écrémé, 1 % ou 2 %
50 ml ou 50 g (1/4 tasse) de fromage quark faible en gras, de fromage cottage ou de yogourt égoutté
15 ml (1 c. à s.) de miel liquide
150 g (5 oz) d'un mélange de petits fruits frais ou surgelés
15 à 30 ml (1 à 2 c. à s.) de nectar de pêche
Sucre en poudre

1 Faites tremper les feuilles de gélatine dans l'eau froide ou saupoudrez de la gélatine en poudre sur 50 ml (1/4 tasse) de lait. Fendez la gousse de vanille, grattez les graines et ajoutez-les au reste de lait. Incorporez les graines de pavot. Amenez le tout à ébullition, couvrez et faites mijoter à feu doux pendant 10 minutes. Laissez refroidir.

2 Faites fondre la gélatine à feu doux. Ajoutez 30 ml (2 c. à s.) de lait et incorporez immédiatement le mélange de lait et de graines de pavot. Ajoutez le miel et le fromage quark et mélangez bien. Mettez la mousse au réfrigérateur au moins 1 heure.

3 Mettez de côté quelques petits fruits et réduisez le reste en purée avec le nectar de pêche. Répartissez la sauce aux fruits dans deux bols. Prélevez à l'aide d'une cuillère parisienne des petites boules de la mousse aux graines de pavot et déposez-les sur la sauce. Garnissez avec le reste des petits fruits et saupoudrez de sucre en poudre.

 SUGGESTION : La mousse sera plus ferme si, au départ, les graines de pavot sont moulues.

Lait glacé au babeurre avec sauce aux petits fruits

Gras	–	15 min.
Cholestérol	4 mg	(+ 2–3 h de
Fibre	●●	congélation)

Par portion : environ 101 calories, 7 g de protéines, 1 g de gras, 15 g de glucides

POUR 2 PORTIONS
200 ml ou 200 g (3/4 tasse + 2 c. à s.) de babeurre
2 ml (1/2 c. à t.) de vanille
30 ml (2 c. à s.) de concentré de jus de pomme surgelé
1 blanc d'œuf
200 g (7 oz) d'un mélange de petits fruits surgelés
15 ml (1 c. à s.) de sucre en poudre
Menthe fraîche

1 Mélangez le babeurre, la vanille et le jus de pomme jusqu'à ce que le tout soit bien homogène. Montez le blanc en neige bien ferme; incorporez délicatement au premier mélange.

2 Transférez le tout dans un plat à congélation, couvrez et mettez au congélateur pour 2 ou 3 heures. Remuez de temps à autre pour empêcher la formation de cristaux.

3 Entre-temps, couvrez et faites décongeler les petits fruits au micro-onde. Mettez de côté quelques fruits et réduisez le reste en purée que vous passerez au tamis, si vous le désirez, pour enlever toutes les graines. Ajoutez le sucre en poudre et mettez au frais.

4 Quelques minutes avant de servir, sortez le lait glacé du congélateur et laissez-le à la température de la pièce, puis passez-le au mélangeur à main jusqu'à ce qu'il devienne crémeux. Déposez le lait glacé sur la sauce de petits fruits et décorez avec les fruits entiers et les feuilles de menthe.

Mousse au babeurre dans un panier de pâte phyllo, en haut
Mousse aux graines de pavot avec sauce aux fruits, en bas à gauche
Lait glacé au babeurre avec sauce aux petits fruits, en bas à droit

Mini muffins au chocolat et aux pistaches

Gras	–	40 min.
Cholestérol	12 mg	(+ 12 min de cuisson)
Fibre	–	

Par portion : environ 17 calories, 1 g de protéines, 0 g de gras, 2 g de glucides

FOUR PRÉCHAUFFÉ À 180 ºC (350 ºF)
PLAQUE DE CUISSON TAPISSÉE DE 55 PETITS MOULES DE PAPIER À BONBON

DONNE 55 MINI MUFFINS
15 ml (1 c. à s.) de cacao en poudre non sucrée
Pincée de cardamome moulue
75 g (3 oz) de pistaches
30 ml (2 c. à s.) de farine
Pincée de levure chimique
15 ml (1 c. à s.) de margarine diète
20 ml (1 c. à s. comble) d'écorce de citron confite
2 œufs
Pincée de sel
45 ml ou 50 g (3 c. à s.) de sucre semoule

1 Mélangez le cacao et la cardamome. Écaillez les pistaches, frottez-les dans un linge propre pour enlever la peau et le sel; réduisez en poudre. Mélangez la farine avec la levure chimique. Faites fondre la margarine au micro-onde. Émincez finement l'écorce de citron confite.

2 Séparez les blancs des jaunes d'œufs. Montez les blancs en neige avec 15 ml (1 c. à s.) d'eau froide et un peu de sel, jusqu'à ce qu'ils soient très fermes, et en ajoutant graduellement tout le sucre sauf 10 ml (2 c. à t.).

3 Incorporez délicatement les blancs d'œufs aux jaunes. Saupoudrez le mélange de cacao, de pistaches et d'écorce de citron confite. Ajoutez la margarine fondue et mélangez le tout.

4 Remplissez chaque petit moule de papier au 2/3, soit environ 10 ml (2 c. à t.) de pâte. Faites cuire au four de 10 à 12 minutes. Faites refroidir sur une grille.

!! SUGGESTION : Les pistaches sont les noix qui contiennent le moins de gras; elles sont une excellente source d'acide folique et contiennent plus de calcium que le lait entier.

Yogourt glacé aux framboises et aux pistaches

Gras	●●	20 min.
Cholestérol	–	(+ 1 h de congélation)
Fibre	●●●	

Par portion : environ 211 calories, 8 g de protéines, 7 g de gras, 30 g de glucides

2 BOLS À DESSERT OU DES VERRES MIS AU CONGÉLATEUR

POUR 2 PORTIONS
50 g (2 oz) de pistaches vertes
5 ml (1 c. à t.) de zeste d'orange
300 g (10 oz) de framboises fraîches ou surgelées
45 ml ou 25 g (3 c. à s.) de sucre en poudre
5 ml (1 c. à t.) de sirop de framboise
5 ml (1 c. à t.) de jus de citron fraîchement pressé
175 ml ou 175 g (3/4 tasse) de yogourt nature faible en gras

1 Écaillez les pistaches, faites-les blanchir brièvement dans l'eau bouillante et égouttez-les. Hachez-les grossièrement et faites-les rôtir à sec dans une poêle, jusqu'à ce qu'elles dégagent un arôme. Retirez du feu et réservez. Ajoutez le zeste d'orange aux pistaches.

2 Congelez les framboises fraîches. Disposez-les sur une plaque de cuisson et mettez-les au congélateur pour environ 3 heures. À l'aide d'un robot culinaire ou d'un mélangeur, réduisez les petits fruits en purée en ajoutant le sucre, le sirop de framboise, le jus de citron et le yogourt.

3 Servez la purée de fruits dans des bols ou des verres givrés et saupoudrez le mélange de pistaches et de zeste de citron.

!! SUGGESTION : Augmenter la proportion de gras monoinsaturés dans votre apport total de gras peut avoir un effet bénéfique sur votre état de santé. On retrouve ces gras dans des aliments comme les pistaches, les avocats et l'huile d'olive. Les pistaches sont particulièrement bonnes comme collation. Une portion d'environ 30 g (2 c. à s.) ou, grosso modo, environ 47 pistaches, est riche en fibres, en vitamines (entre autres, la vitamine B6 et la thiamine), en oligo-éléments comme le magnésium, le potassium, le phosphore et le cuivre. De plus, les pistaches contiennent très peu de gras saturés et aucun cholestérol.

Mini muffins au chocolat et aux pistaches, en haut
Yogourt glacé aux framboises et aux pistaches, en bas

Salade de mangue et kiwi dans une sauce à la noix de coco

Gras	●●	20 min.
Cholestérol	– (+ 20 min de réfrigération)	
Fibre	●●	

Par portion : environ 244 calories, 2 g de protéines, 9 g de gras, 37 g de glucides

POUR 2 PORTIONS

60 ml (4 c. à s.) de noix de coco filamenteuse

15 ml (1 c. à s.) de sucre

125 ml (1/2 tasse) de jus de pomme sans sucre

5 ml (1 c. à t.) de liant végétal comme l'agar-agar (suivre les instructions sur l'emballage) ou de fécule de maïs

15 ml (1 c. à s.) de yogourt écrémé nature

1 grosse mangue bien mûre

1 kiwi

15 ml (1 c. à s.) de jus de lime ou de citron fraîchement pressé

1 Dans une poêle antiadhésive, faites dorer la noix de coco à feu doux. Prélevez environ 15 ml (1 c. à s.) et réservez. Saupoudrez de sucre le reste de la noix de coco et poursuivez la cuisson jusqu'à ce que le tout ait une coloration légèrement dorée. Versez doucement le jus de pomme, amenez à ébullition et retirez du feu. Faites passer la sauce à travers un chinois, en pressant bien les filaments de noix de coco. Fouettez la sauce obtenue avec le liant et le yogourt jusqu'à l'obtention d'une texture lisse et crémeuse et laissez refroidir.

2 Pelez et coupez la chair de la mangue en dés. Pelez et coupez le kiwi en dés. Mélangez les dés de fruits et arrosez de jus de lime ou de citron.

3 Disposez les fruits et la sauce dans deux coupes et saupoudrez de noix de coco que vous aviez gardée en réserve.

Petits fruits en gelée avec sauce à la vanille

Gras	–	10 min.
Cholestérol	7 mg	
Fibre	●●	

Par portion : environ 233 calories, 3 g de protéines, 3 g de gras, 41 g de glucides

POUR 2 PORTIONS

300 g (10 oz) d'un mélange de petits fruits frais ou surgelés

5 ml (1 c. à t.) de fécule de maïs

5 ml (1 c. à t.) d'édulcorant liquide ou, encore, 60 ml ou 60 g (4 c. à s.) de sucre semoule

30 ml (2 c. à s.) de rhum ou 2 ml (1/2 c. à t.) d'extrait de rhum

POUR LA SAUCE À LA VANILLE

60 ml (4 c. à s.) de lait concentré (4 %)

2 ml (1/2 c. à t.) de vanille

1 Lavez les petits fruits frais. Transférez-les, encore humides, dans une casserole et amenez à ébullition à feu moyen, en remuant constamment. Vous pouvez aussi faire dégeler lentement les petits fruits surgelés à feu doux, puis les amener à ébullition.

2 Faites dissoudre la fécule de maïs dans un peu d'eau, incorporez les petits fruits et faites bouillir le tout pendant 1 minute, en remuant sans arrêt. Ajoutez l'édulcorant ou le sucre et le rhum ou l'extrait de rhum. Versez dans deux coupes à dessert, laissez refroidir et réfrigérez.

3 Pour faire la sauce, mélangez le lait concentré avec la vanille. Versez 30 ml (2 c. à s.) de sauce sur chaque coupe de fruits en gelée. Servez.

!! SUGGESTION : Vous pouvez doubler et même tripler les quantités de cette recette – les petits fruits en gelée se conservent plusieurs jours au réfrigérateur.

!! SUGGESTION : Lorsque vous utilisez des œufs crus, assurez-vous de leur fraîcheur ou utilisez des œufs pasteurisés.

Vin en gelée avec sauce au yogourt

Gras	–	20 min.
Cholestérol	– (+ 2 h de réfrigération)	
Fibre	–	

Par portion : environ 192 calories, 7 g de protéines, 1 g de gras, 24 g de glucides

POUR 2 PORTIONS

3 feuilles ou 3/4 de sachet, soit 7 g (1/4 oz) ou encore, 10 ml (2 c. à t.) de gélatine non aromatisée

175 ml ou 100 g (3/4 tasse ou 3 1/2 oz) de raisins rouges ou noirs

250 ml (1 tasse) de vin blanc sec

15 ml (1 c. à s.) de sucre en poudre

1 blanc d'œuf

5 ml (1 c. à t.) de sucre vanillé

100 ml ou 100 g (1/3 tasse + 2 c. à s.) de yogourt nature sans gras

1 Faites tremper les feuilles de gélatine dans l'eau froide de 5 à 10 minutes ou saupoudrez la gélatine en poudre sur 50 ml (1/4 tasse) de vin. Lavez les raisins, coupez-les en deux et retirez les pépins.

2 Dans une petite casserole, faites chauffer 125 ml (1/2 tasse) de vin et incorporez le sucre en poudre. Retirez la casserole du feu. Essorez les feuilles de gélatine (ou ajoutez la gélatine en poudre) et faites-les fondre dans le vin chaud, puis ajoutez le reste du vin.

3 Réservez quelques raisins et placez le reste dans deux coupes. Versez le mélange de vin sur les fruits et réfrigérez jusqu'à ce que le tout soit ferme.

4 Pour faire la sauce, montez le blanc d'œuf en neige. Ajoutez graduellement le sucre et continuez à battre le blanc jusqu'à la formation de pics bien fermes. Incorporez délicatement le blanc d'œuf dans le yogourt. Ajoutez quelques cuillerées du mélange sur les fruits et garnissez avec les raisins que vous aviez gardés en réserve.

Salade de mangue et kiwi avec sauce à la noix de coco, en haut
Petits fruits en gelée avec sauce à la vanille, en bas à gauche
Vin en gelée avec sauce au yogourt, en bas à droite

Lait frappé au tofu et à la banane

Gras	–	5 min.
Cholestérol	–	
Fibre	–	

Par portion : environ 129 calories, 3 g de protéines, 1 g de gras, 27 g de glucides

POUR 2 PORTIONS
1 petite banane
150 g (5 oz) de tofu souple
Pincée de sel
15 ml (1 c. à s.) de jus de citron fraîchement pressé
Pincée de cannelle moulue
5 ml (1 c. à t.) de sucre vanillé
30 ml ou 30 g (2 c. à s.) de sucre semoule ou 2 ml (1/2 c. à t.) d'édulcorant liquide

1 Pelez et coupez la banane en rondelles. À l'aide d'un robot culinaire ou d'un mélangeur, mettez le tofu et la banane en purée. Ajoutez le sel, le jus de citron, la cannelle et le sucre vanillé, jusqu'à l'obtention d'une texture homogène. Ajoutez du sucre au goût, réfrigérez et servez bien froid.

SUGGESTION : Vous pouvez remplacer la banane par n'importe quel fruit. Ajoutez 100 g (3 1/2 oz) de purée de fruits avec le tofu. Au lieu du tofu, essayez du yogourt faible en gras, du fromage quark, du fromage cottage, de la crème sûre faible en gras ou du babeurre.

SUGGESTION : Le tofu se retrouve sous plusieurs formes dans les épiceries asiatiques, les magasins d'aliments naturels et la plupart des supermarchés. Le tofu contient des protéines de bonne qualité et aucun cholestérol. Le tofu souple est un type de tofu qui n'est pas pressé pour en extraire l'eau. Après le processus d'épaississement, le tofu est égoutté. La texture du tofu souple, similaire à celle du fromage quark, est donc parfaite pour en faire des laits frappés.

Mousse au moka

Gras	–	15 min.
Cholestérol	1 mg	(+ 1 à 2 h de réfrigération)
Fibre	–	

Par portion : environ 108 calories, 14 g de protéines, 1 g de gras, 12 g de glucides

POUR 2 PORTIONS
5 ml (1 c. à t. bien comble) de café instantané en poudre
2 feuilles ou 1/2 sachet, 7 ml ou 7 g (1/4 oz ou 1 1/2 c. à t.) de gélatine non aromatisée
150 ml ou 150 g (2/3 tasse) de fromage quark faible en gras, de fromage cottage ou de yogourt égoutté
100 ml ou 100 g (1/3 tasse + 2 c. à s.) de lait de babeurre
5 ml (1 c. à t.) d'édulcorant liquide
5 ml (1 c. à t.) de sucre vanillé
4 ou 5 gouttes d'extrait de rhum

1 Ajoutez 30 ml (2 c. à s.) d'eau au café instantané en poudre et amenez le tout à ébullition. Laissez refroidir. Faites tremper la gélatine dans beaucoup d'eau froide pendant 5 minutes ou saupoudrez la gélatine en poudre sur la moitié de la quantité requise de lait de babeurre.

2 Fouettez le fromage quark avec le reste du lait de babeurre et le café. Dans une petite casserole, faites fondre doucement la gélatine en remuant constamment; incorporez le mélange de quark et de café. Ajoutez l'édulcorant, le sucre vanillé et l'extrait de rhum.

3 Disposez la mousse dans deux coupes qui auront été au préalable rincées à l'eau froide. Mettez les coupes au réfrigérateur pour 1 ou 2 heures, jusqu'à ce que la mousse soit bien ferme.

SUGGESTION : Servez la mousse au moka sur une assiette et garnissez de pêches fraîches, de fraises, de kiwis ou avec tout autre fruit de votre choix.

Lait frappé au tofu et à la banane, en haut
Mousse au moka, en bas

Pains et pâtisseries

Petits pains au babeurre

Gras	●●	20 min.
Cholestérol	1 mg	(+ 45 min de repos)
Fibre	●	(+ 20 min de cuisson)

Par portion (1 petit pain) : environ 214 calories, 8 g de protéines,
9 g de gras, 24 g de glucides

DONNE 6 PETITS PAINS

375 ml ou 200 g (1 1/2 tasse) de farine de blé entier moulue
sur pierre
75 ml ou 50 g (1/3 tasse) de farine de soya
2 ml (1/2 c. à t.) de sel
125 ml ou 125 g (1/2 tasse) de lait de babeurre
5 ml (1 c. à t.) de sucre semoule
1 enveloppe ou 7 g (2 1/4 c. à t.) de levure sèche
50 ml ou 50 g (1/4 tasse) de margarine diète
Lait

1 Mélangez dans un grand bol la farine de blé entier,
la farine de soya et le sel. Faites un puits au centre.
Faites doucement réchauffer la moitié du babeurre à la
température du corps et faites dissoudre le sucre et la
levure dans le liquide. Versez le mélange de levure dans
le puits, couvrez et laissez la pâte lever dans un endroit
chaud pendant 15 minutes.

2 En vous servant du crochet pétrisseur de votre
malaxeur, pétrissez la pâte en ajoutant le reste du
babeurre et la margarine. Poursuivez le pétrissage de
la pâte avec vos mains jusqu'à ce qu'elle soit élastique.
Couvrez et laissez lever 15 minutes. Allumez le four
à 180 ºC (350 ºF). Tapissez de papier parchemin une
plaque de cuisson.

3 Divisez la pâte en six portions égales, façonnez en
boule et placez-les sur la plaque de cuisson. Couvrez
et laissez lever à nouveau pendant 15 minutes. Avec un
couteau pointu, faites quelques incisions en diagonale
au sommet de chaque petit pain. Badigeonnez de lait et
enfournez dans le four préchauffé. Faites cuire pendant
20 minutes, jusqu'à ce que les petits pains soient dorés.

!! SUGGESTION : Ces petits pains sont particulièrement
bons servis chauds et tartinés de fromage à la crème
faible en gras, et accompagnés de fruits frais.
Essayez-les avec la tartinade de fromage cottage aux
poivrons et cari (voir recette à la page 46).

Brioches aux pommes, noix et cannelle

Gras	●	30 min.
Cholestérol	–	(+ 20 min de cuisson)
Fibre	–	

Par portion (1 brioche) : environ 93 calories, 3 g de protéines,
4 g de gras, 11 g de glucides

FOUR PRÉCHAUFFÉ À 180 ºC (350 ºF)
PLAQUE DE CUISSON RECOUVERTE DE PAPIER PARCHEMIN

DONNE 15 BRIOCHES
POUR LA PÂTE
75 ml ou 150 g (1/3 tasse) de farine d'épeautre à grains entiers
7 ml (1 1/2 c. à t.) de levure chimique
100 ml ou 100 g (1/3 tasse + 2 c. à s.) de fromage quark faible
en gras, de fromage cottage ou de yogourt égoutté
30 ml ou 25 g (2 c. à s.) de sucre semoule
45 ml (3 c. à s.) d'huile d'olive
30 à 45 ml (2 à 3 c. à s.) de lait écrémé, 1 % ou 2 %

POUR LA FARCE
15 ml ou 15 g (1 c. à s.) de margarine diète
2 pommes sûres
37 ml ou 25 g (2 1/2 c. à s.) de pacanes ou de noix de Grenoble
5 ml (1 c. à t.) de cannelle moulue

1 Tamisez la farine et la levure chimique dans un bol.
Ajoutez le fromage quark, le sucre et l'huile. En vous
servant du crochet pétrisseur de votre mixeur, pétrissez
le tout en y ajoutant suffisamment de lait pour obtenir
une pâte bien élastique.

2 Pétrissez la pâte brièvement avec vos mains sur une
surface de travail enfarinée, et à l'aide d'un rouleau
à pâtisserie, étendez la pâte pour former un rectangle de
40 x 30 cm (16 x 12 po).

3 Pour la farce, faites fondre la margarine et étendez-la
sur le rectangle de pâte. Pelez et râpez finement les
pommes; distribuez-les uniformément sur la pâte.
Hachez les noix et saupoudrez-les avec la cannelle sur
la pâte. En commençant par la partie plus longue, roulez
délicatement la pâte pour en faire un rouleau bien ferme.

4 En vous servant d'un couteau bien coupant, coupez
des tranches de 1,5 cm (3/4 po) d'épaisseur et déposez
les rondelles de pâte sur la plaque de cuisson. Faites cuire
au four préchauffé pendant 15 minutes, jusqu'à ce que
les brioches soient bien dorées.

!! SUGGESTION : Si vous voulez servir ces brioches au
dessert, essayez cette sauce au yogourt : vous aurez
besoin de 150 ml ou 150 g (2/3 tasse) de yogourt
faible en gras, d'une pincée de sucre vanillé et d'un peu
de cassonade. Vous pouvez remplacer les pacanes par les
noix de votre choix.

Petits pains au babeurre, en haut
Brioches aux pommes, noix et cannelle, en bas

Pain épicé aux pommes de terre, poireaux, oignons et poivrons rouges

Gras	–	30 min.
Cholestérol	35 mg	(+ 30–35 min de cuisson)
Fibre	●●●	

Par portion (1 tranche) : environ 68 calories, 4 g de protéines, 1 g de gras, 9 g de glucides

MOULE À PAIN D'UNE CAPACITÉ DE 2 L (9 X 5 PO), BEURRÉ

DONNE 1 PAIN (10 PORTIONS)
450 g (1 lb) de pommes de terre farineuses
1 petit oignon rouge
1 petit poivron rouge
1 petit poireau
30 ml ou 40 g (2 c. à s.) de farine de seigle foncée
1 œuf
50 ml ou 60 g (4 c. à s.) de fromage quark faible en gras, de fromage cottage ou de yogourt égoutté
Pincée de sel
Pincée de poivre de Cayenne
5 ml (1 c. à t.) de marjolaine séchée

1 Faites cuire les pommes de terre avec la peau de 20 à 25 minutes, égouttez-les et laissez refroidir.

2 Entre-temps, pelez et émincez finement l'oignon. Fendez le poivron en deux, retirez-en les graines et coupez-le en dés. Fendez le poireau sur la longueur, lavez-le et émincez-le finement. Allumez le four à 180 ºC (350 ºF).

3 Pelez les pommes de terre et passez-les au presse-purée ou coupez-les grossièrement et écrasez-les à la fourchette. Mélangez avec les dés d'oignon, de poivron et de poireau. Ajoutez la farine, l'œuf, le fromage, le sel, le poivre de Cayenne et la marjolaine. Malaxez le tout.

4 Placez la préparation dans le moule à pain. Faites cuire au four préchauffé de 30 à 35 minutes, jusqu'à ce que la surface du pain soit bien sèche. Retirez du four et laissez refroidir sur une grille. Coupez le pain en tranches et servez.

 SUGGESTION : Ce pain peut être servi simplement avec une belle salade verte ou des tomates à la vinaigrette au babeurre (voir recette à la page 148).

Petits pains au yogourt et aux noix

Gras	●●	20 min.
Cholestérol	–	(+ 1 h 20 de repos)
Fibre	●	(+ 30–35 min de cuisson)

Par portion (1 petit pain) : environ 234 calories, 8 g de protéines, 8 g de gras, 32 g de glucides

PLAQUE DE CUISSON RECOUVERTE DE PAPIER PARCHEMIN

DONNE 6 PETITS PAINS
1 enveloppe de 7 g (2 1/4 c. à t.) de levure sèche
5 ml (1 c. à t.) de sucre
75 ml (1/3 tasse) d'eau tiède
500 ml ou 250 g (2 tasses) de farine de blé entier moulue sur pierre
2 ml (1/2 c. à t.) de sel
5 ml (1 c. à t.) de levure chimique
125 ml ou 125 g (1/2 tasse) de yogourt faible en gras
75 ml ou 70 g (1/3 tasse) de noix de Grenoble ou de graines de citrouille

1 Faites dissoudre la levure et le sucre dans l'eau tiède. Couvrez et laissez reposer 10 minutes. Transférez le tout dans un bol. Ajoutez la farine, la levure chimique et le yogourt. En vous servant du crochet pétrisseur de votre mixeur, pétrissez le tout pour en faire une pâte qui se manie bien. Couvrez et laissez reposer 50 minutes dans un endroit chaud.

2 Hachez grossièrement les noix ou les graines de citrouille et incorporez-les à la pâte. Pétrissez le tout. Divisez la pâte en 6 portions égales, donnez une forme allongée aux petits pains et placez-les sur la plaque de cuisson. Couvrez et laissez lever pendant 30 minutes. Allumez le four à 160 ºC (325 ºF).

3 Badigeonnez les petits pains avec de l'eau salée et faites cuire au four de 30 à 35 minutes. Faites refroidir sur une grille.

 SUGGESTION : Vous pouvez doubler la recette et faire cuire tous les petits pains. Ils se congèlent très facilement et se conservent pendant au moins 3 mois.

SUGGESTION : Au lieu des noix, utilisez des graines de tournesol, des oignons frits ou des herbes fraîches ciselées.

Pain épicé aux pommes de terre, poireaux, oignons et poivrons rouges, en haut
Petits pains aux noix et au yogourt, en bas

Mini galettes de millet aux tomates fraîches

Gras	–	30 min.
Cholestérol	1 mg	(+ 30 min de cuisson)
Fibre	–	

Par portion (1 galette) : environ 35 calories, 2 g de protéines,
1 g de gras, 5 g de glucides

PLAQUE DE CUISSON RECOUVERTE DE PAPIER PARCHEMIN

DONNE 20 GALETTES
250 ml (1 tasse) de bouillon de légumes
5 ml (1 c. à t.) de sel
125 ml ou 125 g (1/2 tasse) de millet
125 ml ou 125 g (1/2 tasse) de fromage quark faible en gras,
de fromage cottage ou de yogourt égoutté
5 ml (1 c. à t.) de paprika piquant
3 ou 4 petites tomates
30 ml (2 c. à s.) de basilic frais haché
30 g (1 oz) de fromage Grana Padano ou parmesan finement
râpé

1 Amenez le bouillon, le sel et le millet à ébullition.
Couvrez et faites cuire à feu doux pendant 20 minu-
tes, jusqu'à ce que le liquide soit complètement absorbé.
Allumez le four à 160 ºC (325 ºF).

2 Mélangez bien le paprika avec le fromage quark et
ajoutez le millet. À l'aide d'une cuillère, déposez
4 à 10 ml (1 à 2 c. à t.) du mélange sur la plaque de cuisson
et aplatissez le mélange pour former des galettes de
4 cm (1 1/2 po).

3 Tranchez les tomates en rondelles minces et placez-les
sur les galettes. Saupoudrez de basilic et de parmesan.
Mettez au four pendant 30 minutes, jusqu'à ce que le
fromage ait fondu.

 SUGGESTION : Vous pouvez remplacer les tomates
et le basilic par des rondelles de poivrons et de la
marjolaine.

Mini fougasses

Gras	●●	40 min.
Cholestérol	–	(+ 1 h de repos)
Fibre	–	(+ 8 min de cuisson)

Par portion (1 fougasse) : environ 180 calories, 4 g de protéines,
8 g de gras, 22 g de glucides

2 PLAQUES DE CUISSON BADIGEONNÉES D'HUILE

DONNE 8 FOUGASSES
1 enveloppe de 7 g (2 1/4 c. à t.) de levure sèche
5 ml (1 c. à t.) de sucre semoule
150 ml (2/3 tasse) d'eau tiède
500 ml ou 250 g (2 tasses) de farine de blé entier moulu sur
pierre
90 ml (6 c. à s.) d'huile d'olive
Sel
20 ml (4 c. à t.) de thym séché ou un mélange d'épices à pizza
1 gousse d'ail

1 Faites dissoudre la levure et le sucre dans 75 ml
(1/3 tasse) d'eau tiède et remuez jusqu'à ce que le
tout soit bien lisse. Incorporez 45 ml (3 c. à s.) de
farine, couvrez et laissez lever pendant 15 minutes
dans un endroit chaud.

2 Transférez dans un bol moyen et incorporez le reste
de farine, 45 ml (3 c. à s.) d'huile, une pincée de sel
et le reste de l'eau. En vous servant d'un crochet pétrisseur, malaxez la pâte jusqu'à ce qu'elle devienne lisse.
Couvrez et laissez lever à la température de la pièce
pendant 45 minutes.

3 Divisez la pâte en 8 portions. Sur une surface de
travail enfarinée, étalez la pâte au rouleau pour
former des ronds d'un diamètre de 10 cm (4 po) et
placez-les sur la plaque de cuisson. Couvrez et laissez
lever à nouveau pendant 15 minutes. Allumez le four
à 220 ºC (425 ºF).

4 Mélangez le reste de l'huile avec le sel et le thym ou
les épices à pizza. Pelez, écrasez et incorporez l'ail.
Badigeonnez avec parcimonie les fougasses de ce
mélange et faites cuire au four pendant 8 minutes.

SUGGESTION : Pour plus de saveur, étendez une
mince couche de pâte de tomate sur les fougasses
avant de les badigeonner avec le mélange d'huile
et d'épices.

Mini galettes de millet aux tomates fraîches, en haut
Mini fougasses, en bas

Croustillants aux oignons

Gras	●	15 min.
Cholestérol	4 mg	(+ 30 min de réfrigération)
Fibre	●●●	(+ 25 min de cuisson)

Par portion (1 carré) : environ 140 calories, 7 g de protéines,
6 g de gras, 14 g de glucides

PLAQUE DE CUISSON BADIGEONNÉE D'HUILE

DONNE 16 CARRÉS
Pour la pâte
500 ml ou 250 g (2 tasses) de farine de blé entier moulue sur pierre
2 ml (1/2 c. à t.) de sel
200 ml ou 200 g (3/4 tasse) de fromage quark faible en gras, de fromage cottage ou de yogourt égoutté
60 ml (4 c. à s.) d'huile d'olive

POUR LA FARCE
600 g (1 1/2 tasse) d'oignons
15 ml (1 c. à s.) d'huile d'olive
Sel et poivre fraîchement moulu
Paprika piquant
10 ml (2 c. à t.) de thym séché
30 ml (2 c. à s.) de farine de blé entier moulue sur pierre
125 ml (1/2 tasse) de lait écrémé, 1 % ou 2 %
125 ml (1/2 tasse) de bouillon de légumes
100 g (3 1/2 oz) de fromage râpé faible en gras (15 % de gras)

1 Pour faire la pâte, mélangez la farine, le fromage quark, le sel, l'huile et environ 75 à 90 ml (5 à 6 c. à s.) d'eau. Sur une surface de travail, pétrissez la pâte jusqu'à ce qu'elle soit bien lisse. Couvrez et mettez au réfrigérateur pour 30 minutes.

2 Entre-temps, pelez et émincez finement les oignons. Faites chauffer l'huile dans une grande poêle. Ajoutez les oignons et faites-les revenir à feu moyen pendant 20 minutes, jusqu'à ce qu'ils prennent une légère coloration dorée. Assaisonnez le tout avec du sel, du poivre, du paprika et du thym.

3 Saupoudrez les oignons de farine et, en remuant constamment, ajoutez graduellement le lait et le bouillon. Faites mijoter à feu doux pendant 5 minutes, puis retirez du feu.

4 Allumez le four à 180 ºC (350 ºF). Sur une surface de travail légèrement enfarinée, pétrissez à nouveau la pâte. Étalez la pâte au rouleau en une couche mince de façon à bien couvrir la plaque de cuisson; faites un rebord tout autour. Répartissez uniformément à l'intérieur le mélange d'oignons et saupoudrez de fromage râpé. Faites cuire au four pendant 25 minutes. Coupez en 16 carrés.

!! SUGGESTION : Acheter du fromage déjà râpé constitue une bonne économie de temps; ce fromage se conserve au réfrigérateur pendant plusieurs semaines.

Quiche aux pommes et aux poireaux

Gras	●	30 min.
Cholestérol	30 mg	(+ 30 min de réfrigération)
Fibre	–	(+ 30 min de cuisson)

Par portion (1 pointe) : environ 122 calories, 6 g de protéines,
5 g de gras, 14 g de glucides

1 ASSIETTE À TARTE DE 25 CM (10 PO)

DONNE 1 QUICHE (12 PORTIONS)
Pour la croûte
375 ml ou 175 g (1 1/2 tasse) de farine de blé entier moulue sur pierre
2 ml (1/2 c. à t.) de sel
125 ml ou 125 g (1/2 tasse) de fromage quark faible en gras, de fromage cottage ou de yogourt égoutté
30 ml (2 c. à s.) d'huile de colza

POUR LA FARCE
700 g (1 1/2 lb) de poireaux
15 ml (1 c. à s.) d'huile de colza
Sel et poivre fraîchement moulu
1 pomme sûre
4 brins d'estragon frais ou 5 ml (1 c. à t.) d'estragon séché
200 ml ou 200 g (3/4 tasse + 2 c. à s.) de yogourt faible en gras
1 œuf
100 ml ou 100 g (1/3 tasse + 2 c. à s.) de lait écrémé, 1 % ou 2 %
15 ml (1 c. à s.) de fécule de maïs
45 ml (3 c. à s.) de graines de tournesol

1 Pour faire la croûte, mélangez la farine, le sel, le fromage quark, l'huile et 45 ml (3 c. à s.) d'eau. Pétrissez bien, couvrez et réfrigérez pendant 30 minutes.

2 Entre-temps, fendez les poireaux sur la longueur, lavez-les et tranchez-les en fines rondelles. Faites légèrement chauffer l'huile dans une poêle. Faites revenir brièvement les poireaux, salez et poivrez. Poursuivez la cuisson à feu moyen pendant 5 à 10 minutes.

3 Allumez le four à 180 ºC (350 ºF). Sur une surface de travail enfarinée et à l'aide d'un rouleau à pâtisserie, étalez la pâte en forme de rondelle et transférez-la dans l'assiette à tarte.

4 Pelez, évidez et débitez la pomme en quartiers. Coupez les quartiers en rondelles. Ajoutez les rondelles aux poireaux. Mélangez le yogourt, l'œuf, le lait et la fécule de maïs. Hachez les feuilles d'estragon et ajoutez-les au mélange de yogourt. Versez le mélange de yogourt dans la préparation de poireaux, assaisonnez au goût et versez le mélange obtenu dans la croûte. Saupoudrez de graines de tournesol. Faites cuire au four préchauffé pendant 20 minutes. Coupez en 12 portions.

Croustillants aux oignons, en haut
Quiche aux poireaux et aux pommes, en bas

Mini calzones

Gras	●●	30 min.
Cholestérol	–	(+ 20 min de repos)
Fibre	–	(+ 15 à 20 min de cuisson)

Par portion (1 calzone) : environ 199 calories, 10 g de protéines,
8 g de gras, 23 g de glucides

PLAQUE DE CUISSON RECOUVERTE DE PAPIER PARCHEMIN

DONNE 8 MINI CALZONES
Pour la croûte
500 ml ou 250 g (2 tasses) de farine de blé entier moulue sur pierre
150 ml ou 150 g (2/3 tasse) de fromage quark faible en gras, de fromage cottage ou de yogourt égoutté
5 ml (1 c. à t.) de sel
2 ml (1/2 c. à t.) de thym séché
45 ml (3 c. à s.) d'huile d'olive

POUR LA FARCE
1 oignon moyen
5 ml (1 c. à t.) d'huile d'olive
1 gousse d'ail
10 ml (2 c. à t.) de thym séché
2 petites tomates fermes
1 petit poivron vert
125 g (4 oz) de mozzarella
Sel et poivre fraîchement moulu

1 En vous servant du crochet pétrisseur de votre mixeur, malaxez la farine, le fromage quark, le sel, le thym et l'huile d'olive avec 60 à 90 ml (4 à 6 c. à s.) d'eau. Couvrez et laissez reposer au moins 30 minutes.

2 Entre-temps, pelez et émincez finement l'oignon. Faites légèrement chauffer l'huile. À feu doux, faites revenir les oignons jusqu'à ce qu'ils deviennent translucides. Pelez et écrasez l'ail et ajoutez-le aux oignons; ajoutez le thym et retirez la poêle du feu. Faites une incision en forme de x à la base des tomates et faites-les blanchir dans l'eau bouillante pendant 1 minute. Pelez-les et coupez-les en petits dés. Fendez le poivron en deux, retirez-en les graines et émincez-le finement. Coupez la mozzarella en petits cubes ou râpez-la. Salez et poivrez. Allumez le four à 200 ºC (400 ºF).

3 Pétrissez la pâte à nouveau et divisez-la en 8 portions égales. Façonnez chaque portion en boule et, sur une surface de travail enfarinée et à l'aide d'un rouleau à pâtisserie, étalez chaque boule en rondelle de 15 cm (6 po) de diamètre. Déposez 15 à 30 ml (1 à 2 c. à s.) de farce au centre de chaque rondelle, repliez la pâte pour former une demi-lune et pressez bien pour en sceller les bords. Plissez délicatement la bordure avec vos doigts et disposez les calzones de façon à ce que la bordure se retrouve au sommet et que le tout ait la forme d'un bateau. Disposez sur la plaque de cuisson, badigeonnez d'huile et saupoudrez de thym. Faites cuire au four de 15 à 20 minutes, jusqu'à ce que les calzones soient bien dorés.

Pochettes pique-nique

Gras	●●	45 min.
Cholestérol	–	(+ 30 min de repos)
Fibre	●●	(+ 15 min de cuisson)

Par portion (1 pochette) : environ 319 calories, 11 g de protéines,
8 g de gras, 52 g de glucides

PLAQUE DE CUISSON RECOUVERTE DE PAPIER PARCHEMIN

DONNE 8 POCHETTES
Pour la croûte
375 ml ou 200 g (1/2 tasse) de farine de blé entier moulue sur pierre
2 ml (1/2 c. à t.) de sel
150 ml ou 150 g (2/3 tasse) de fromage quark faible en gras, de fromage cottage ou de yogourt égoutté
45 ml (3 c. à s.) d'huile de colza

POUR LA FARCE
2 bottes d'oignons verts
1/2 poivron rouge
375 ml ou 375 g (1 1/2 tasse) de maïs frais, surgelé ou en conserve
Poivre de Cayenne
Sel
15 ml (1 c. à s.) de lait
30 ml (2 c. à s.) de graines de sésame

1 En vous servant du crochet pétrisseur de votre mixeur, malaxez la farine, le sel, le fromage quark et l'huile avec 45 à 60 ml (3 à 4 c. à s.) d'eau. Couvrez et laissez reposer au moins 30 minutes.

2 Entre-temps, retirez l'extrémité des oignons verts et coupez-les en fines rondelles. Nettoyez et émincez finement le poivron. Mélangez les oignons verts, les poivrons et les grains de maïs et assaisonnez avec du sel et du poivre de Cayenne. Allumez le four à 200 ºC (400 ºF).

3 Sur une surface de travail enfarinée, pétrissez de nouveau la pâte. Divisez en 8 portions et étalez la pâte au rouleau pour en faire des rondelles de 15 cm (6 po) de diamètre. Déposez la farce au centre de chaque rondelle et repliez le bord inférieur par-dessus le rebord supérieur. Avec vos doigts, plissez le rebord afin de bien sceller la pochette. Déposez les pochettes sur la plaque de cuisson, badigeonnez de lait et saupoudrez de graines de sésame. Faites cuire 15 minutes au four, jusqu'à ce que les pochettes soient bien dorées.

Mini fougasses, en haut
Pochettes pique-nique, en bas

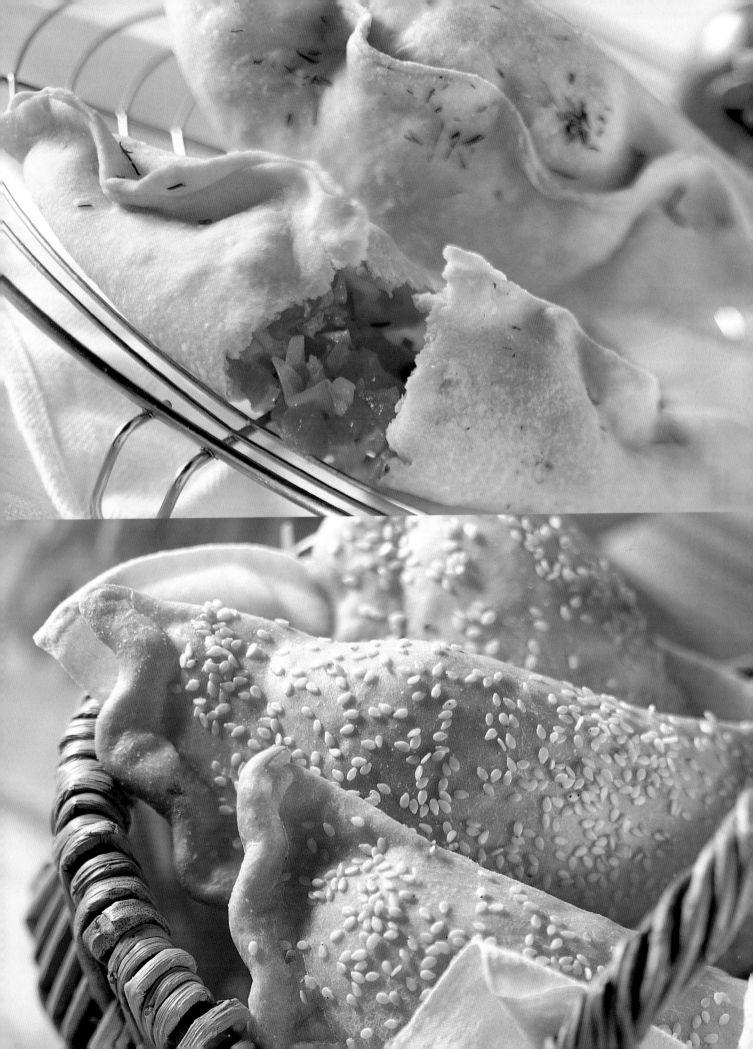

Canapés en moulinet

Gras	●●	50 min.
Cholestérol	8 mg	(+ 4h de réfrigération)
Fibre	●●	(+ 30 min de cuisson)

Par portion (1 canapé) : environ 392 calories, 13 g de protéines, 24 g de gras, 30 g de glucides

PLAQUE DE CUISSON RECOUVERTE DE PAPIER PARCHEMIN

DONNE 4 CANAPÉS
Pour la croûte
175 ml ou 150 g (3/4 tasse) de farine de blé entier moulue sur pierre
150 ml ou 150 g (2/3 tasse) de fromage quark faible en gras, de fromage cottage ou de yogourt égoutté
125 ml ou 100 g (1/2 tasse) de margarine diète
Pincée de sel

POUR LA FARCE
1 poivron jaune
1 grosse tomate
2 oignons verts
75 g (3 oz) de fromage de chèvre (20 % de gras)
Sel et poivre fraîchement moulu
Lait

1 En vous servant du crochet pétrisseur de votre mixeur, malaxez la farine, le fromage quark, la margarine diète et un peu de sel. Couvrez et réfrigérez pendant 4 heures.

2 Fendez le poivron en deux, retirez-en les graines et coupez-le en fines lanières. Tranchez la tomate en rondelles. Retirez l'extrémité des oignons verts et coupez-les en rondelles. Émiettez le fromage de chèvre. Mélangez délicatement les poivrons, les tomates, les oignons verts et le fromage; salez et poivrez. Allumez le four à 180 ºC (350 ºF).

3 Pétrissez de nouveau la pâte. Sur une surface de travail enfarinée, étalez la pâte en un carré d'environ 30 cm (12 po) de diamètre et de 1 cm (1/2 po) d'épaisseur. Coupez en 4 carrés. Disposez les carrés sur la plaque de cuisson en pratiquant une incision aux 4 coins et de chaque côté jusqu'à la moitié du centre. Déposez la farce au centre des 4 carrés. Ramenez chaque deuxième section (les pointes des coins) au centre pour former un moulinet et pressez la pâte pour que les sections adhèrent bien au centre. Badigeonnez de lait et faites cuire pendant 30 minutes, jusqu'à ce que les canapés soient bien dorés.

Anneaux de sésame

Gras	●●	20 min.
Cholestérol	—	(+ 1 h 10 min de repos)
Fibre	●●	(+ 25 à 30 min de cuisson)

Par portion (1 anneau) : environ 296 calories, 9 g de protéines, 11 g de gras, 41 g de glucides

2 PLAQUES DE CUISSON HUILÉES

DONNE 8 ANNEAUX
875 ml ou 450 g (3 1/2 tasses) de farine de blé entier moulue sur pierre
2 enveloppes de 7 g (2 1/4 c. à t.) chacune de levure sèche
5 ml (1 c. à t.) de sucre
5 ml (1 c. à t.) de sel
50 ml ou 50 g (1/4 tasse) de margarine diète ramollie
125 ml ou 80 g (1/2 tasse) de graines de sésame
Lait

1 Versez la farine dans un grand bol et faites un puits au centre avec vos mains. Faites dissoudre la levure et le sucre dans 125 ml (1/2 tasse) d'eau tiède et versez le tout dans le puits. Mélangez avec la farine, couvrez et laissez reposer pendant 10 minutes dans un endroit chaud.

2 Saupoudrez de sel la farine, ajoutez la margarine et, tout en remuant, incorporez 125 ml (1/2 tasse) d'eau. En vous servant du crochet pétrisseur de votre mixeur, malaxez la pâte de 4 à 5 minutes. Huilez-vous les mains et pétrissez la pâte, couvrez et laissez lever pendant 1 heure dans un endroit chaud. Allumez le four à 200 ºC (400 ºF).

3 Pétrissez de nouveau la pâte en lui donnant la forme d'une boule. Divisez en 8 portions égales. Façonnez la pâte en un rouleau d'environ 30 à 35 cm de long (12 à 14 po) et formez des anneaux en pressant fermement les extrémités ensemble. Déposez les anneaux sur les plaques de cuisson. Badigeonnez de lait et saupoudrez de graines de sésame. Laissez les anneaux lever pendant 10 minutes et faites-les cuire au four pendant 25 à 30 minutes, jusqu'à ce qu'ils soient dorés.

Canapés en moulinet, en haut
Anneaux de sésame, en bas

Gâteau fourré aux pommes sans œufs

Gras	+	40 min.
Cholestérol	4 mg	(+ 15 min de repos)
Fibre	●●●	(+ 30 min de cuisson)

Par portion : environ 304 calories, 7 g de protéines, 15 g de gras, 37 g de glucides

UN MOULE À CHARNIÈRE DE 20 CM (8 PO)

DONNE 8 PORTIONS
Pour le gâteau
125 ml ou 100 g (1/2 tasse) de margarine diète
375 ml ou 200 g (1 1/2 tasse) de farine de blé entier
75 ml ou 50 g (1/3 tasse) de farine de soya
7 ml (1 1/2 c. à t.) de levure chimique
30 ml ou 30 g (2 c. à s.) de sucre
Pincée de sel
100 ml ou 100 g (1/3 tasse + 2 c. à s.) de lait écrémé, 1 % ou 2 %

POUR LA GARNITURE
1 kg (2 lb) de pommes sûres comme les Granny Smith
5 ml (1 c. à t.) de zeste de citron
Jus d'un demi citron
75 ml ou 30 g (1/3 tasse) d'amandes effilées
45 ml ou 40 g (3 c. à s.) de sucre
Sucre en poudre

1 Pour le gâteau, faites fondre la margarine à feu doux ou au four micro-onde. Dans un bol moyen, mélangez la farine de blé entier, la farine de soya, la levure chimique et le sucre. Incorporez la margarine et le lait. En vous servant du crochet pétrisseur de votre mixeur, malaxez brièvement le tout. Sur une surface de travail enfarinée, pétrissez la pâte de nouveau jusqu'à ce que sa texture soit bien lisse. Réfrigérez pendant 15 minutes. Allumez le four à 180 ºC (350 ºF).

2 Pour la garniture, pelez et râpez grossièrement les pommes. Ajoutez le zeste et le jus de citron, les amandes et le sucre aux pommes râpées.

3 Au rouleau, étalez légèrement plus de la moitié de la pâte en formant un cercle un peu plus grand que le diamètre du moule. Transférez la pâte dans le moule et pressez en utilisant vos doigts. Ajoutez la garniture. Étalez le reste de la pâte pour faire un cercle de 18 cm (8 po) et recouvrez-en la garniture. Pressez les bords pour bien sceller et piquez la pâte avec une fourchette à quelques reprises. Faites cuire au four pendant 30 minutes, jusqu'à ce que la croûte soit bien dorée et croustillante. Saupoudrez de sucre en poudre et coupez en 8 portions.

Gâteau à la farine de seigle garni de mirabelles

Gras	●	15 min.
Cholestérol	31 mg	(+ 30 min de repos)
Fibre	●●●	(+ 40 min de cuisson)

Par portion (1 part) : environ 157 calories, 4 g de protéines, 6 g de gras, 21 g de glucides

MOULE À CHARNIÈRE DE 25 CM (10 PO), GRAISSÉ

POUR 12 PORTIONS
375 ml ou 200 g (1 1/2 tasse) de farine de seigle foncée
75 ml ou 50 g (1/3 tasse) de farine de soya
150 ml ou 150 g (2/3 tasse) de lait écrémé, 1 % ou 2 %
50 ml ou 50 g (1/4 tasse) de sucre semoule
1 enveloppe de 7 g (2 1/4 c. à t.) de levure sèche
60 ml ou 60 g (4 c. à s.) de margarine diète
1 œuf
Sel
5 ml (1 c. à t.) de sucre vanillé
5 ml (1 c. à t.) de zeste de citron
450 g (1 lb) de mirabelles
Sucre en poudre

1 Dans un bol moyen, mélangez la farine de seigle avec la farine de soya et faites un puits au centre. Faites chauffer le lait à la température du corps. Mélangez 15 ml (1 c. à s.) de sucre avec 60 ml (4 c. à s.) de lait et incorporez la levure. Versez dans le puits et laissez lever pendant 15 minutes dans un endroit chaud.

2 Ajoutez le reste du lait et du sucre ainsi que la margarine coupée en morceaux, l'œuf, le sel, le sucre vanillé et le zeste de citron. Malaxez le tout à l'aide du crochet pétrisseur d'un mixeur. Couvrez et laissez lever pendant 15 minutes.

3 Entre-temps, fendez les mirabelles en deux, retirez les noyaux et coupez la chair en petits quartiers. Allumez le four à 180 ºC (350 ºF).

4 Déposez la pâte dans le moule graissé et répartissez le mélange uniformément. Ajoutez les mirabelles en les pressant dans la pâte. Faites cuire pendant 20 minutes. Saupoudrez le gâteau de sucre en poudre et poursuivez la cuisson de 15 à 20 minutes, jusqu'à ce que les mirabelles soient bien dorées. Faites refroidir sur une grille. Avant de servir, saupoudrez de nouveau de sucre en poudre et coupez le gâteau en 12 portions.

Gâteau fourré aux pommes sans œufs, en haut
Gâteau à la farine de seigle garni de mirabelles, en bas

Meringues aux amandes

Gras		25 min.
Cholestérol	–	(+ 20 min de cuisson)
Fibre	–	

Par portion (1 macaron) : environ 80 calories,
2 g de protéines, 4 g de gras, 7 g de glucides

FOUR PRÉCHAUFFÉ À 140 ºC (275 ºF)
Plaque de cuisson comportant 35
moules de papier de 5 cm (2 po) de
diamètre ou un papier parchemin sur
lequel sont dessinés autant de ronds
au crayon de plomb

DONNE 35 MACARONS
2 blancs d'œufs
150 ml ou 150 g (2/3 tasse) de sucre
250 ml ou 200 g (2 tasses) d'amandes
moulues
45 ml ou 50 g (3 c. à s.) d'écorce
d'orange confite
15 ml (1 c. à s.) de sucre en poudre
Cannelle moulue

1 Montez les blancs d'œufs en
neige. Lorsqu'ils sont presque
fermes, ajoutez graduellement le
sucre en continuant à fouetter,
jusqu'à l'obtention de pics très
fermes. Incorporez délicatement
les amandes.

2 Transférez le tout dans une
poche à douille et pressez une
petite quantité de façon à remplir
les 35 moules de papier. Hachez
finement l'écorce d'orange confite
et garnissez-en le centre de chaque
macaron. Faites cuire dans le four
préchauffé pendant 20 minutes,
jusqu'à ce que les macarons prennent une légère coloration dorée
et soient bien secs au toucher.
Saupoudrez de sucre en poudre
et de cannelle.

Boules au gruau d'avoine

Gras	–	25 min.
Cholestérol	–	
Fibre	–	

Par portion (1 boule) : environ 16 calories,
0 g de protéines, 1 g de gras, 3 g de glucides

DONNE ENVIRON 30 BOULES
150 ml (2/3 tasse) d'eau
5 gouttes d'extrait d'amande
1 ml (1/4 c. à t.) de cannelle moulue
1 ml (1/4 c. à t.) de piment de la
Jamaïque moulu
250 ml ou 100 g (1 tasse) de gruau
d'avoine à cuisson rapide
15 ml (1 c. à s.) de miel liquide
30 ml (2 c. à s.) de sucre cristallisé,
de flocons de noix de coco ou de graines
de sésame

1 Mélangez l'extrait d'amande,
la cannelle, le piment de la
Jamaïque et l'eau; portez le tout
à ébullition. Incorporez graduellement le gruau d'avoine en remuant
le mélange jusqu'à ce qu'il soit ferme
et collant. Ajoutez le miel et laissez
refroidir avant de manier le tout.

2 Passez vos mains sous l'eau et
faites de petites boules d'environ
1,5 cm (3/4 po) de diamètre et
roulez-les dans le sucre, la noix
de coco ou les graines de sésame.
Disposez les boules côte à côte dans
un plat de service et réfrigérez
jusqu'à ce qu'elles soient complètement refroidies.

SUGGESTION : Ces boules au
gruau d'avoine complètent
bien une salade de fruits ou
un dessert crémeux.

SUGGESTION : Vous pouvez
remplacer le piment de la
Jamaïque et la cannelle par
2 ml (1/2 c. à t.) de poudre de cacao
et rouler les boules dans un mélange
de poudre de cacao et de sucre.

Bouchées aux dattes

Gras	–	25 min.
Cholestérol	14 mg	(+ 20 min de cuisson)
Fibre	–	

Par portion (1 bouchée) : environ 37 calories,
2 g de protéines, 1 g de gras, 6 g de glucides

FOUR PRÉCHAUFFÉ À 150 ºC (300 ºF)
PLAQUE DE CUISSON RECOUVERTE
DE PAPIER PARCHEMIN

DONNE ENVIRON 25 BOUCHÉES
150 ml ou 125 g (2/3 tasse) de dattes
100 ml ou 100 g (1/3 tasse + 2 c. à s.)
de fromage quark faible en gras, de
fromage cottage ou de yogourt égoutté
1 œuf
5 ml (1 c. à t.) de sucre vanillé
5 ml (1 c. à t.) de cannelle moulue
300 ml ou 125 g (1 1/4 tasse) de muesli

1 Fendez les dattes en deux et
retirez-en les noyaux, puis
coupez-les en fines rondelles.
Ajoutez le fromage quark, l'œuf,
le sucre vanillé et la cannelle.
Incorporez graduellement le
muesli, jusqu'à l'obtention d'une
pâte ferme.

2 À l'aide d'une cuillère à thé,
déposez la pâte en petits monti-
cules de 2,5 cm (1 po) sur la plaque
de cuisson. Faites cuire au four
préchauffé de 15 à 20 minutes,
jusqu'à ce que les bouchées soient
bien croustillantes.

SUGGESTION : Placées dans
un contenant bien hermé-
tique, ces bouchées peuvent
se conserver de 2 ou 3 jours, s'il
en reste !

Meringues aux amandes, en haut
Boules au gruau d'avoine, en bas à gauche
Bouchées aux dattes, en bas à droite

Galette au riz et à l'orange

Gras	●		1 h
Cholestérol	2 mg		(+ 3 h de réfrigération)
Fibre	–		(+ 20 à 25 min de cuisson)

Par portion : environ 171 calories, 4 g de protéines, 5 g de gras, 24 g de glucides

MOULE À CHARNIÈRE DE 25 CM (10 PO)

DONNE 12 PORTIONS
POUR LA PÂTE
250 ml ou 125 g (1 tasse) de farine d'épeautre
60 ml ou 60 g (4 c. à s.) de margarine diète froide
30 ml (2 c. à s.) de sucre en poudre

POUR LA GARNITURE
500 ml (2 tasses) de lait écrémé, 1 % ou 2 %
10 ml (2 c. à t.) de sucre vanillé
150 ml ou 130 g (2/3 tasse) de riz à grain long
2 oranges
6 feuilles (1 1/2 sachet) de 22 ml ou 7 g (1/4 oz ou 1 1/2 c. à s.) chacune de gélatine non aromatisée
30 ml ou 50 g (2 c. à s.) de marmelade d'oranges
45 ml ou 50 g (3 c. à s.) d'écorce d'orange confite
12 feuilles de menthe

1 Mélangez la farine, la margarine et le sucre en poudre avec 30 à 45 ml (2 à 3 c. à s.) d'eau froide et pétrissez le tout. Enveloppez la pâte dans une pellicule plastique et placez au réfrigérateur pour 30 minutes. Allumez le four à 160 ºC (325 ºF).

2 Entre deux morceaux de pellicule plastique, étalez la pâte de façon à ce qu'elle recouvre le fond du moule. À l'aide d'une fourchette, piquez la pâte en plusieurs endroits. Faites cuire au four pendant 20 minutes. Laissez refroidir sur une grille.

3 Entre-temps, amenez le lait à ébullition. Incorporez le sucre vanillé et le riz. Faites cuire à feu doux pendant 40 minutes. Fermez le feu et laissez reposer jusqu'à ce que le liquide soit complètement absorbé.

4 Râpez le zeste des oranges. Pelez et défaites une orange en quartiers et pressez le jus de la seconde orange. Faites tremper les feuilles de gélatine dans l'eau froide pendant 5 minutes ou saupoudrez la poudre de gélatine au-dessus de 50 ml (1/4 tasse) de jus d'orange; faites fondre dans un bain-marie ou au four micro-onde. Incorporez la gélatine au zeste et au jus d'orange et au riz. Émincez les quartiers d'orange avant de les ajouter au mélange.

5 Transférez délicatement la croûte dans une assiette à gâteau. Faites chauffer la marmelade et étalez-la sur la croûte. Remettez la partie en anneau du moule à charnière autour de la croûte et garnissez avec le mélange de riz. Couvrez et réfrigérez pour au moins 2 heures. Émincez finement l'écorce d'orange confite. Saupoudrez le gâteau d'écorce d'orange et de feuilles de menthe. Coupez en 12 portions.

Tarte aux pommes à la française

Gras	●●		30 min.
Cholestérol	1 mg		(+ 1 h de réfrigération)
Fibre	–		(+ 35 à 40 min de cuisson)

Par portion : environ 173 calories, 2 g de protéines, 7 g de gras, 25 g de glucides

PLAQUE DE CUISSON RECOUVERTE DE PAPIER PARCHEMIN

POUR 6 PORTIONS
POUR LA CROÛTE
200 ml ou 100 g (3/4 tasse + 2 c. à s.) de farine tout usage
60 ml ou 50 g (4 c. à s.) de margarine diète froide
30 ml (2 c. à s.) de sucre en poudre

POUR LA GARNITURE
2 petites pommes sûres
15 ml (1 c. à s.) de jus de citron fraîchement pressé
45 ml ou 20 g (3 c. à s.) d'amandes effilées
10 ml (2 c. à t.) de sucre semoule
45 ml ou 75 g (3 c. à s.) de gelée de pomme

1 Mélangez la farine, la margarine et le sucre en poudre avec 15 à 30 ml (1 à 2 c. à s.) d'eau froide et pétrissez la pâte. Enveloppez-la dans une pellicule plastique et réfrigérez pour au moins 1 heure.

2 Allumez le four à 160 ºC (325 ºF). Étalez la pâte entre deux morceaux de pellicule plastique pour en faire un disque un peu plus grand que 20 cm (8 po). Retirez la pellicule plastique sur le dessus de la pâte et utilisez celle du dessous pour vous aider à transférer la pâte sur la plaque de cuisson. Retirez la pellicule plastique. Utilisez le fond d'un moule à charnière de 20 cm (8 po) et servez-vous-en comme guide pour bien placer la pâte et faire un rebord que vous plisserez. Faites cuire la croûte jusqu'à ce qu'elle soit bien dorée. À l'aide d'une fourchette, crevez toute bulle d'air qui aurait pu se former.

3 Pelez, coupez en quatre et évidez les pommes, puis coupez-les en fines tranches; arrosez-les de jus de citron et disposez-les artistiquement sur la croûte. Saupoudrez les amandes et le sucre sur les pommes et faites cuire de 20 à 25 minutes. Faites fondre la gelée de pomme et badigeonnez-en la tarte. Coupez en 6 portions et servez.

Tarte aux pommes à la française, en haut
Galette au riz et à l'orange, en bas

Petits strudels au fromage et aux abricots

Gras	–	40 min.
Cholestérol	26 mg	(+ 30 min de repos)
Fibre	–	(+ 35 min de cuisson)

Par portion : environ 214 calories, 13 g de protéines, 2 g de gras, 35 g de glucides

PLAQUE DE CUISSON RECOUVERTE DE PAPIER PARCHEMIN

POUR 12 PORTIONS
Pour la pâte
625 ml ou 300 g (2 1/2 tasses) de farine tout usage
1 petit œuf
15 ml (1 c. à s.) de vinaigre
15 ml (1 c. à s.) d'huile
Pincée de sel
125 ml (1/2 tasse) d'eau tiède

POUR LA GARNITURE
750 ml ou 750 g (3 tasses) de fromage quark faible en gras, de fromage cottage ou de yogourt égoutté
30 ml ou 50 g (2 c. à s.) de raisins de Smyrne
10 ml (2 c. à t.) de sucre vanillé
75 ml ou 75 g (1/3 tasse) de sucre semoule
45 ml (3 c. à s.) d'amandes effilées
5 ou 6 abricots frais
30 ml (2 c. à s.) de lait écrémé, 1 % ou 2 %
15 ml (1 c. à s.) de sucre en poudre

1 Pour préparer la pâte, mélangez la farine, l'œuf, le vinaigre, l'huile, le sel et l'eau et pétrissez le tout jusqu'à ce que la pâte soit bien élastique. Laissez reposer au moins 30 minutes recouvert d'un linge humide.

2 Pour la garniture, mélangez le fromage quark, les raisins, le sucre vanillé, le sucre semoule et les amandes. Dénoyautez les abricots et émincez-les finement; incorporez-les délicatement au mélange de fromage. Allumez le four à 180 ºC (350 ºF).

3 Divisez la pâte en trois portions. Sur une surface de travail enfarinée, étalez chaque portion au rouleau. En vous servant de vos mains et avec la pâte placée sur un torchon propre, étirez-la de façon à former un mince rectangle. Étendez un tiers de la garniture sur chaque rectangle, en laissant une bordure de 2 cm (1/2 po) sans garniture. Ramenez les côtés les plus courts sur la garniture puis, à partir d'un des côtés les plus longs du rectangle, faites un rouleau bien serré en vous aidant du torchon.

4 Déposez les strudels côte à côte sur la plaque de cuisson. Pratiquez 4 incisions peu profondes en diagonale sur le sommet de chacun. Badigeonnez de lait et faites cuire au four pendant 35 minutes. Saupoudrez de sucre en poudre et coupez le long des incisions. Servez.

Tarte aux poires

Gras	●	30 min.
Cholestérol	15 mg	(+ 30 min de cuisson)
Fibre	●	

Par portion : environ 130 calories, 4 g de protéines, 5 g de gras, 18 g de glucides

FOUR PRÉCHAUFFÉ À 180 ºC (350 ºF)
LÈCHEFRITE, HUILÉE

DONNE 20 PORTIONS
POUR LA CROÛTE
150 ml ou 150 g (2/3 tasse) de fromage quark faible en gras, de fromage cottage ou de yogourt égoutté
1 petit œuf
30 ml ou 30 g (2 c. à s.) de sucre semoule
Pincée de sel
30 à 45 ml (2 à 3 c. à s.) de lait écrémé, 1 % ou 2 %
30 ml (2 c. à s.) d'huile
550 ml ou 275 g (2 1/4 tasses) de farine de blé entier
10 ml (2 c. à t.) de levure chimique

POUR LA GARNITURE
1,5 à 2 kg (3 à 4 lb) de poires mûres et fermes
10 ml (2 c. à t.) de sucre vanillé
100 g (3 1/2 oz) d'amandes effilées

1 Pour faire la croûte, mélangez le fromage quark, l'œuf, le sucre, le sel, le lait et l'huile. Incorporez la farine et la levure chimique et pétrissez jusqu'à ce que la pâte soit bien lisse.

2 Sur une surface de travail enfarinée, étalez la pâte au rouleau et transférez-la dans la lèchefrite. Pressez le pourtour de la pâte pour former un petit rebord.

3 Pelez les poires, fendez-les en quatre, retirez-en les cœurs et coupez-les en fines tranches; répartissez-les sur la pâte. Saupoudrez de sucre vanillé et d'amandes. Faites cuire dans le four préchauffé pendant 30 minutes. Servez la tarte encore chaude ou servez-la froide.

!! VARIANTE : Vous pouvez remplacer les poires par n'importe quel fruit de saison comme les pommes, les prunes ou les abricots. Ne vous servez pas de fruits trop juteux, car la pâte se détremperait.

Petits strudels au fromage et aux abricots, en haut
Tarte aux poires, en bas

Tarte au sarrasin avec fromage et kiwis

Gras	●●		35 min.
Cholestérol	38 mg		(+ 40 min de cuisson)
Fibre	●●●		

Par portion : environ 202 calories, 6 g de protéines, 9 g de gras, 23 g de glucides

ASSIETTE À TARTE DE 25 CM (10 PO), GRAISSÉE

DONNE 8 PORTIONS
POUR LA PÂTE
150 ml ou 130 g (2/3 tasse) de gruau de sarrasin
250 ml (1 tasse) d'eau
1/2 gousse de vanille
15 ml ou 20 g (1 c. à s.) de noisettes moulues
30 ml ou 30 g (2 c. à s.) de raisins secs
50 ml ou 50 g (1/4 tasse) de margarine diète
15 ml (1 c. à s.) de miel liquide
1 œuf
75 ml ou 40 g (1/3 tasse) de farine de blé ou d'épeautre

POUR LA GARNITURE
150 ml ou 150 g (2/3 tasse) de fromage quark faible en gras, de fromage cottage ou de yogourt égoutté
45 ml (3 c. à s.) de sucre semoule
3 kiwis
Sucre en poudre

1 Rincez le sarrasin à l'eau froide. Transférez dans une casserole avec l'eau. Fendez la gousse de vanille et grattez les graines que vous mettrez dans la casserole avec la gousse. Amenez le tout à ébullition et faites cuire à feu doux pendant 15 minutes, jusqu'à ce que le liquide soit complètement absorbé. Laissez refroidir brièvement. Allumez le four à 160 ºC (325 ºF).

2 Mélangez les noisettes, les raisins, la margarine, le miel, l'œuf et le sarrasin. Incorporez graduellement la farine jusqu'à ce que le mélange soit ferme et s'étende facilement. Mettez la pâte dans l'assiette à tarte. Faites cuire au four pendant 40 minutes, jusqu'à ce que les rebords soient bien croustillants. Laissez refroidir.

3 Pour faire la garniture, mélangez le fromage quark avec le sucre et étendez la préparation dans la croûte. Pelez les kiwis, tranchez-les en rondelles et disposez-les sur le mélange de fromage. Saupoudrez de sucre en poudre et coupez en 8 portions.

Gâteau pause-café rapide

Gras	●		30 min.
Cholestérol	34 mg		(+ 25 min de cuisson)
Fibre	–		

Par portion : environ 168 calories, 5 g de protéines, 6 g de gras, 25 g de glucides

FOUR PRÉCHAUFFÉ À 200 ºC (400 ºF)
PLAQUE DE CUISSON RECOUVERTE DE PAPIER PARCHEMIN

DONNE 18 PORTIONS
800 ml ou 400 g (3 1/4 tasses) de farine de blé entier moulue sur pierre
15 ml (1 c. à s.) de levure chimique
Pincée de sel
5 ml (1 c. à t.) de cannelle moulue
125 ml ou 100 g (1/2 tasse) de sucre semoule
125 ml ou 100 g (1/2 tasse) de margarine diète
50 ml ou 50 g (1/4 tasse) de fromage quark faible en gras, de fromage cottage ou de yogourt égoutté
2 petits œufs
125 ml ou 75 g (1/2 tasse) de raisins de Smyrne
Sucre en poudre

1 Dans un grand bol, mélangez la farine, la levure chimique, le sel, la cannelle et le sucre. Incorporez la margarine et brassez jusqu'à ce que le mélange devienne friable. Ajoutez le fromage quark, les œufs et les raisins secs; pétrissez le tout.

2 En vous servant de vos mains, pétrissez la pâte sur une surface de travail enfarinée. Façonnez un rondin d'une longueur de 40 cm (16 po), soit à peu près la longueur de la plaque de cuisson. Sur la plaque de cuisson, formez un anneau avec le rondin. Faites cuire pendant 25 minutes, jusqu'à ce que le gâteau soit doré. Saupoudrez de sucre en poudre et servez, de préférence à la température de la pièce.

!! SUGGESTION : La préparation d'une génoise requiert beaucoup de gras et beaucoup d'œufs; il ne s'agit donc pas d'un gâteau que les gens soucieux de leur taux de cholestérol devraient manger. Ce gâteau est une version allégée de la génoise, dans laquelle nous avons remplacé un peu du gras et des œufs requis par des ingrédients faibles en gras.

Tarte au sarrasin avec fromage et kiwis, en haut
Gâteau pause-café rapide, en bas

Carrés de kéfir glacés aux framboises

Gras	●●●		30 min.
Cholestérol	36 mg		(+ 15 min de cuisson)
Fibre	●		(+ 3 h 30 de réfrigération)

Par portion : environ 245 calories, 7 g de protéines, 11 g de gras, 27 g de glucides

PLAT D'UNE CAPACITÉ DE 2 L (7 X 11 PO), BEURRÉ ET ENFARINÉ

DONNE 10 PORTIONS
POUR LA BASE
100 ml ou 200 g (1/3 tasse + 2 c. à s.) de farine de blé entier moulue sur pierre
75 ml ou 50 g (1/3 tasse) de sucre en poudre
1 petit jaune d'œuf
Pincée de sel
50 ml ou 50 g (1/4 tasse) de fromage quark faible en gras, de fromage cottage ou de yogourt égoutté
125 ml ou 100 g (1/2 tasse) de margarine diète

POUR LA GARNITURE
300 g (10 oz) de framboises surgelées
8 feuilles ou 1 sachet, de 7 ml ou 7 g (1/4 oz ou 1 1/2 c. à t.) chacune de gélatine non aromatisée
Zeste et jus de 1 citron
500 ml ou 500 g (2 tasses) de kéfir faible en gras
45 ml (3 c. à s.) de sucre semoule
1 petit blanc d'œuf
45 ml (3 c. à s.) de pistaches

1 Mélangez la farine, le sucre en poudre, le jaune d'œuf et la margarine diète. Malaxez brièvement, couvrez et réfrigérez pour au moins 30 minutes. Allumez le four à 180 ºC (350 ºF).

2 Étalez la pâte au rouleau entre 2 épaisseurs de pellicule plastique de la même dimension que le plat de cuisson. Retirez la pellicule du haut et déposez la pâte dans le plat en retirant celle du dessous. Pressez la pâte dans les coins, sans faire de rebords. En vous servant d'une fourchette, piquez la pâte à plusieurs endroits. Faites cuire pendant 15 minutes, jusqu'à ce qu'elle soit dorée. Laissez refroidir.

3 Pour la garniture, faites dégeler les framboises. Mettez les feuilles de gélatine à tremper dans beaucoup d'eau froide pendant 5 minutes ou saupoudrez la poudre de gélatine au-dessus du jus de citron. Faites chauffer le jus de citron pour faire fondre la gélatine. Ajoutez un peu de kéfir dans la gélatine, puis mélangez la gélatine avec le reste du kéfir, le zeste de citron, le jus de citron (si vous ne l'avez pas déjà utilisé) et le sucre. Montez le blanc d'œuf en neige ferme et incorporez-le délicatement au mélange de kéfir. Gardez-vous quelques framboises entières et incorporez le reste dans le mélange de kéfir.

4 Versez la garniture dans la croûte cuite et réfrigérez pour au moins 3 heures. Coupez en 12 carrés et garnissez avec les framboises et les pistaches.

Petites meringues garnies à la crème de moka

Gras	●		30 min.
Cholestérol	14 mg		(+ 90 min de cuisson)
Fibre	–		

Par portion : environ 196 calories, 8 g de protéines, 4 g de gras, 32 g de glucides

FOUR PRÉCHAUFFÉ À 100 ºC (200 ºF)
PLAQUE DE CUISSON RECOUVERTE DE PAPIER PARCHEMIN

DONNE 8 PORTIONS
4 blancs d'œufs
400 ml ou 200 g (1 2/3 tasse) de sucre en poudre
5 ml (1 c. à t.) de fécule de maïs
3 feuilles ou 3/4 de sachet, 10 ml ou 7 g (2 c. à s. ou 1/4 oz) de gélatine non aromatisée
60 ml (4 c. à s.) de café expresso froid
300 ml ou 300 g (1 1/4 tasse) de fromage quark faible en gras, de fromage cottage ou de yogourt égoutté
30 ml (2 c. à s.) de sucre semoule
2 ml (1/4 c. à t.) de vanille
15 ml (1 c. à s.) de poudre de cacao non sucrée, tamisée
100 ml ou 100 g (1/3 tasse +2 c. à s.) de crème 35 %
Grains de café et de la poudre de cacao non sucrée

1 Montez les blancs d'œufs en neige. Vers la fin de la manœuvre, ajoutez graduellement le sucre en poudre lorsque les blancs seront assez fermes pour qu'il soit possible de les « couper ». Incorporez la fécule de maïs.

2 Transférez la préparation dans une poche à douille munie d'un bec de grosseur moyenne et faites des disques de 7,5 cm (3 po) de diamètre sur la plaque de cuisson. Faites de petits capuchons décoratifs tout autour des disques. Faites sécher dans le four préchauffé pendant 90 minutes, en laissant la porte du four entrouverte. Laissez refroidir.

3 Faites tremper les feuilles de gélatine dans beaucoup d'eau froide ou saupoudrez la gélatine en poudre au-dessus de l'expresso. Laissez reposer 5 minutes. Si vous avez utilisé des feuilles de gélatine, retirez-les de l'eau ou faites chauffer le café expresso, si vous avez utilisé de la gélatine en poudre, jusqu'à ce qu'elle ait fondu. Laissez refroidir quelques instants, puis mélangez la gélatine avec le fromage, le sucre semoule, la vanille et le cacao. Réfrigérez jusqu'à ce que la préparation commence à se gélifier. Fouettez la crème 35 % jusqu'à ce qu'elle soit bien ferme et incorporez-la au mélange. Laissez reposer le tout 15 minutes, puis remplissez la poche à douille avec le mélange et garnissez le centre des meringues. Décorez avec des grains de café et saupoudrez de cacao.

Petites meringues garnies à la crème de moka, en haut
Carrés de kéfir glacés aux framboises, en bas

Chaussons aux graines de pavot

Gras	●	60 min.
Cholestérol	1 mg	(+ 75 min de repos)
Fibre	●	(+ 15 min de cuisson)

Par portion (1 chausson) : environ 157 calories, 8 g de protéines, 4 g de gras, 22 g de glucides

PLAQUE DE CUISSON RECOUVERTE DE PAPIER PARCHEMIN

DONNE 12 CHAUSSONS
POUR LA PÂTE
1 sachet de 7 g (1/4 oz ou 2 1/4 c. à t.) de levure sèche
100 ml ou 100 g (1/3 tasse + 2 c. à s.) de lait tiède
30 ml (2 c. à s.) de sucre semoule
500 ml ou 250 g (2 tasses) de farine d'épeautre
100 ml ou 100 g (1/3 tasse + 2 c. à s.) de fromage quark faible en gras, de fromage cottage ou de yogourt égoutté
Pincée de sel

POUR LA GARNITURE
125 ml ou 75 g (1/2 tasse) de graines de pavot moulues
100 ml ou 100 g (1/3 tasse + 2 c. à s.) de lait
200 ml ou 200 g (3/4 tasse + 2 c. à s.) de fromage quark faible en gras, de fromage cottage ou de yogourt égoutté
45 ml (3 c. à s.) de sucre semoule ou de miel liquide
2 ml (1/2 c. à t.) de vanille
10 ml (2 c. à t.) de liant végétal comme du agar-agar (suivre les instructions sur l'emballage) ou de la fécule de maïs
Lait
15 à 30 ml (1 à 2 c. à s.) de graines de pavot

1 Saupoudrez la levure au-dessus du mélange de lait chaud et de sucre. Couvrez et laissez reposer pendant 10 minutes. Mélangez la farine, le fromage quark et le sel; ajoutez le mélange de levure et pétrissez la pâte jusqu'à ce qu'elle soit bien lisse. Couvrez et laissez reposer dans un endroit chaud pendant 50 minutes.

2 Pour la garniture, mélangez les graines de pavot avec le lait et versez le tout dans une casserole; amenez à ébullition, puis faites mijoter à feu doux pendant 2 minutes. Transférez le mélange dans un bol, laissez refroidir quelques minutes et incorporez le fromage quark, le sucre, la vanille et l'agar-agar.

3 Sur une surface de travail enfarinée, pétrissez à fond la pâte et divisez-la en 12 boules. Étalez chaque boule au rouleau pour en faire un disque de 10 cm (8 po). Déposez 15 ml (1 c. à s.) de garniture au centre, repliez la pâte et pressez bien pour sceller les bords. Soulevez délicatement le chausson et plissez le rebord. Déposez les chaussons sur la plaque de cuisson en vous assurant que le rebord plissé se trouve au sommet du chausson. Couvrez et laissez reposer pendant 15 minutes. Allumez le four à 180 °C (350 °F).

4 Badigeonnez les chaussons de lait et saupoudrez de graines de pavot. Faites cuire pendant 15 minutes, jusqu'à ce que les chaussons soient bien dorés.

Chaussons au fromage et aux pistaches

Gras	–	45 min.
Cholestérol	1 mg	(+ 75 min de repos)
Fibre	●	(+ 15 min de cuisson)

Par portion (1 chausson) : environ 137 calories, 8 g de protéines, 1 g de gras, 24 g de glucides

DONNE 12 CHAUSSONS
POUR LA PÂTE
1 sachet de 7 g (1/4 oz ou 2 1/4 c. à t.) de levure sèche
100 ml ou 100 g (1/3 tasse + 2 c. à s.) de lait tiède
30 ml (2 c. à s.) de sucre semoule
500 ml ou 250 g (2 tasses) de farine d'épeautre
100 ml ou 100 g (1/3 tasse + 2 c. à s.) de fromage quark faible en gras, de fromage cottage ou de yogourt égoutté
Pincée de sel

POUR LA GARNITURE
250 ml ou 250 g (1 tasse) de fromage quark faible en gras, de fromage cottage ou de yogourt égoutté
30 ml (2 c. à s.) de sucre semoule
5 ml (1 c. à t.) de sucre vanillé
12 ml (3/4 c. à s.) de liant végétal comme du agar-agar (suivre les instructions sur l'emballage) ou de la fécule de maïs
30 ml ou 50 g (2 c. à s.) de raisins de Smyrne
25 pistaches entières
15 ml (1 c. à s.) de lait
15 ml (1 c. à s.) de pistaches moulues

1 Saupoudrez la levure au-dessus du mélange de lait chaud et de sucre. Couvrez et laissez reposer pendant 10 minutes. Mélangez la farine, le fromage quark et le sel; ajoutez le mélange de levure et pétrissez la pâte jusqu'à ce qu'elle soit bien lisse. Couvrez et laissez reposer dans un endroit chaud pendant 50 minutes.

2 Pour la garniture, mélangez le fromage, le sucre, le sucre vanillé, l'agar-agar, les raisins secs et les pistaches.

3 Sur une surface de travail enfarinée, pétrissez à fond la pâte et divisez-la en 12 boules. Étalez chaque boule au rouleau pour en faire un disque de 10 cm (8 po). Déposez 15 ml (1 c. à s.) de garniture au centre, repliez la pâte et pressez les bords ensemble à l'aide d'une fourchette. Déposez les chaussons sur la plaque de cuisson, couvrez et laissez reposer pendant 15 minutes. Allumez le four à 180 °C (350 °F).

4 Badigeonnez les chaussons de lait et saupoudrez de pistaches moulues. Faites cuire pendant 15 minutes, jusqu'à ce que les chaussons soient bien dorés.

Chaussons aux graines de pavot, en haut
Chaussons au fromage et aux pistaches, en bas

Muffins aux cerises

Gras	●●	30 min.
Cholestérol	26 mg	(+ 20 min de cuisson)
Fibre	–	

Par portion (1 muffin) : environ 183 calories, 4 g de protéines, 8 g de gras, 25 g de glucides

FOUR PRÉCHAUFFÉ À 160 ºC (325 ºF)
MOULES À MUFFINS (12) GRAISSÉS
OU MOULES EN PAPIER

DONNE 12 MUFFINS
240 g (8 oz) de griottes surgelées
ou en conserve
400 ml ou 200 g (1 2/3 tasse) de farine
de blé entier moulue sur pierre
30 ml ou 60 g (2 c. à s.) de noisettes
moulues
12 ml (2 1/2 c. à t.) de levure chimique
2 ml (1/2 c. à t.) de bicarbonate de soude
1 œuf
100 ml ou 100 g (1/3 tasse + 2 c. à s.)
de sucre semoule
75 ml (1/3 tasse) d'huile de tournesol
ou de colza
250 ml ou 225 g (1 tasse) de babeurre

1 Lavez et égouttez les cerises.

2 Mélangez la farine avec les noisettes, la levure chimique et le bicarbonate de soude. Dans un autre bol, fouettez l'œuf avec le sucre, l'huile et le babeurre. Incorporez le deuxième mélange au premier en remuant la pâte au minimum. Coupez les cerises dénoyautées en deux et ajoutez-les à la pâte.

3 Remplissez chaque moule de la préparation et faites cuire au four préchauffé pendant 20 minutes. Vérifiez la cuisson en piquant un cure-dent au centre d'un muffin. S'il ressort propre, c'est que les muffins sont prêts, sinon poursuivez la cuisson pendant 2 minutes encore.

!! **SUGGESTION :** Si vous n'avez pas de moules à muffins, doublez les moules en papier et placez-les sur une plaque de cuisson.

Petits gâteaux aux noix

Gras	●	30 min.
Cholestérol	1 mg	(+ 15 min de repos)
Fibre	●	(+ 15 min de cuisson)

Par portion (1 petit gâteau) : environ 139 calories, 5 g de protéines, 6 g de gras, 16 g de glucides

PLAQUE DE CUISSON RECOUVERTE
DE PAPIER PARCHEMIN

DONNE 10 PETITS GÂTEAUX
400 ml ou 200 g (1 2/3 tasse) de farine
de blé entier moulue sur pierre
75 ml ou 50 g (1/3 tasse) de farine de soya
15 ml (1 c. à s.) de levure chimique
15 ml (1 c. à s.) de sucre
Sel
50 ml ou 50 g (1/4 tasse) de margarine
diète
150 ml ou 150 g (2/3 tasse) de lait froid
30 ml ou 40 g (2 c. à s.) de noix de
Grenoble
Lait

1 Dans un bol moyen, mélangez la farine de blé entier, la farine de soya, la levure chimique, le sucre et une pincée de sel. Déposez de petits morceaux de margarine sur la préparation et mélangez quelques instants. Formez un puits au centre et versez-y le lait. En vous servant du crochet pétrisseur de votre mixeur, pétrissez la pâte jusqu'à ce qu'elle devienne élastique. Hachez finement les noix de Grenoble et ajoutez-les à la pâte. Couvrez et laissez lever pendant 15 minutes. Allumez le four à 160 ºC (325 ºF).

2 Sur une surface de travail légèrement enfarinée, façonnez la pâte en un cylindre d'un diamètre d'environ 5 cm (2 po). Coupez-le en 10 rondelles. Déposez les rondelles sur la plaque de cuisson et badigeonnez-les de lait. Faites cuire au four préchauffé de 20 à 25 minutes. Laissez refroidir sur une grille.

!! **SUGGESTION :** Les petits gâteaux aux noix sont à leur meilleur au sortir du four, garnis d'une bonne confiture, mais ils font aussi de délicieuses collations pour l'école ou le bureau.

Muffins à la vanille

Gras	●	30 min.
Cholestérol	25 mg	(+ 20 min de cuisson)
Fibre	–	

Par portion (1 muffin) : environ 160 calories, 3 g de protéines, 5 g de gras, 37 g de glucides

FOUR PRÉCHAUFFÉ À 160 ºC (325 ºF)
MOULES À MUFFINS (12) GRAISSÉS
OU MOULES EN PAPIER

DONNE 12 MUFFINS
500 ml ou 250 g (1 tasse) de farine
de blé entier moulue sur pierre
10 ml (2 c. à t.) de levure chimique
5 ml (1 c. à t.) de bicarbonate de soude
1 œuf
150 ml ou 140 g (2/3 tasse) de sucre
5 ml (1 c. à t.) de sucre vanillé
5 ml (1 c. à t.) de grains de vanille ou
d'extrait
75 ml (1/3 tasse) d'huile de tournesol
ou de colza
150 ml ou 150 g (2/3 tasse)
de babeurre

1 Mélangez la farine, la levure chimique et le bicarbonate de soude. Dans un autre bol, fouettez l'œuf, le sucre, le sucre vanillé, les grains de vanille, l'huile et le babeurre. Incorporez le deuxième mélange au premier en remuant la pâte au minimum.

2 Remplissez les moules à muffins et faites cuire dans le four préchauffé pendant 20 minutes, jusqu'à ce que les muffins soient bien dorés. Vérifiez la cuisson en piquant un cure-dent au centre d'un muffin. S'il ressort propre, c'est que les muffins sont prêts, sinon poursuivez la cuisson pendant 2 minutes encore.

Muffins aux cerises, en haut
Petits gâteaux aux noix, en bas à gauche
Muffins à la vanille, en bas à droite

Tarte à la crème et aux fraises

Gras	++		20 min.
Cholestérol	78 mg		(+ 3 h de réfrigération)
Fibre	●		(+ 10 à 15 min de cuisson)

Par portion : environ 329 calories, 9 g de protéines, 26 g de gras, 16 g de glucides

MOULE À CHARNIÈRE DE 25 CM (10 PO)

DONNE 12 PARTS
POUR LA CROÛTE
100 ml ou 100 g (1/3 tasse + 2 c. à s.) de farine de blé entier moulue sur pierre
75 ml ou 50 g (1/3 tasse) de farine de soya
50 ml ou 50 g (1/4 tasse) de sucre semoule
Pincée de sel
1 jaune d'œuf
100 ml ou 100 g (1/3 tasse + 2 c. à s.) de margarine diète froide

POUR LA GARNITURE
6 feuilles (1 1/2 sachet) de 22 ml ou 7 g (1/4 oz ou 1 1/2 c. à s.) chacune de gélatine non aromatisée
300 g (10 oz) de fraises
250 ml ou 250 g (1 tasse) de fromage quark faible en gras, de fromage cottage ou de yogourt égoutté
250 ml ou 250 g (1 tasse) de babeurre
45 ml ou 40 g (3 c. à s.) de sucre semoule
Zeste et jus de 1 citron

1 Mélangez la farine de blé entier, la farine de soya, le sucre et le sel. Creusez un puits au centre et versez-y le jaune d'œuf. Coupez la margarine en morceaux et déposez-les dans la préparation. Pétrissez le mélange jusqu'à ce qu'il soit grumeleux. Enveloppez la pâte dans une pellicule plastique et mettez au réfrigérateur pour 1 heure.

2 Allumez le four à 180 ºC (350 ºF). Étalez la pâte au rouleau sur une surface de travail enfarinée. En vous servant du fond du moule à charnière comme guide, formez un disque avec la pâte et placez-le dans le moule à charnière. Piquez la pâte à plusieurs endroits avec une fourchette. Avec la pâte restante, faites un rondin. Installez-le sur le pourtour du moule et pressez-le pour qu'il forme un rebord. Faites cuire de 10 à 15 minutes. Laissez refroidir sur une grille pendant 45 minutes.

3 Pour la garniture, faites tremper les feuilles de gélatine dans l'eau froide pendant 5 minutes ou saupoudrez la gélatine en poudre au-dessus de 50 ml (1/4 tasse) de babeurre. Débitez les fraises en quartiers et mettez-les en purée. Mélangez la purée obtenue avec le fromage quark, le reste du babeurre, le sucre, le zeste et le jus de citron. Retirez les feuilles de gélatine de l'eau (omettez cette étape si vous vous servez de gélatine en poudre) et faites fondre la gélatine dans une petite casserole ou au micro-onde. Ajoutez un peu de la préparation aux fraises, mélangez, puis ajoutez le reste. Réfrigérez pendant 20 minutes, jusqu'à ce que le mélange commence à se gélifier.

4 Retirez la croûte du moule et placez-la sur une assiette à gâteau. Remettez la partie supérieure du moule autour de la croûte. Versez la crème aux fraises et étendez-la uniformément. Réfrigérez pour au moins 2 heures. Coupez en 12 parts et servez.

Gaufres au blé entier

Gras	–		75 min.
Cholestérol	1 mg		
Fibre	●●		

Par portion (1 gaufre) : environ 139 calories, 5 g de protéines, 1 g de gras, 28 g de glucides

DONNE 12 GAUFRES
1 gousse de vanille
500 ml (2 tasses) de lait
Pincée de cannelle moulue
Pincée de sel
75 ml (1/3 tasse) de miel liquide
800 ml ou 400 g (3 1/4 tasses) de farine de blé entier
Huile

1 Fendez la gousse de vanille sur la longueur et grattez les grains. Dans une grande casserole, amenez le lait, la gousse et les grains de vanille à ébullition. Incorporez la cannelle, le sel et le miel. Laissez refroidir quelques instants.

2 Retirez la gousse de vanille. Tamisez la farine et incorporez-la au mélange refroidi et mélangez bien.

3 Faites chauffer le gaufrier et ajoutez un peu d'huile. Versez 15 à 30 ml (1 à 2 c. à s.) de mélange à gaufre dans le gaufrier et étendez la pâte uniformément. Refermez le gaufrier et faites cuire de 2 à 3 minutes, jusqu'à ce que la gaufre soit bien dorée et croustillante.

!! **SUGGESTION :** Les gaufres au blé entier ne sont pas aussi croustillantes que celles faites avec de la farine blanche. Si vous remplacez la moitié du lait par de l'eau, les gaufres seront plus croustillantes.

Gaufres au blé entier, en haut
Tarte à la crème et aux fraises, en bas

Gâteau aux petits fruits

Gras	●●●	25 min.
Cholestérol	25 mg	(+ 30-35 min de cuisson)
Fibre	●●	

Par portion : environ 213 calories, 5 g de protéines, 10 g de gras,
26 g de glucides

FOUR PRÉCHAUFFÉ À 180 ºC (350 ºF)
MOULE À CHARNIÈRE DE 25 CM (10 PO) GRAISSÉ

DONNE 12 PARTS
POUR LE GÂTEAU
125 ml ou 125 g (1/2 tasse) de margarine diète
100 ml ou 100 g (1/3 tasse + 2 c. à s.) de sucre semoule
Pincée de sel
1 œuf
300 ml ou 150 g (1 1/4 tasse) de farine d'épeautre
75 ml ou 50 g (1/3 tasse) de farine de soya
5 ml (1 c. à t.) de levure chimique
60 ml (4 c. à s.) de jus de pomme

POUR LA GARNITURE
750 g (1 1/2 lb) de petits fruits comme des fraises,
des framboises et des mûres
30 ml (2 c. à s.) de sucre semoule
15 ml (1 c. à s.) de fécule de maïs
2 ml (1/2 c. à t.) d'extrait de vanille ou de rhum
75 ml (1/3 tasse) de jus de pomme ou de petits fruits

1 Mettez la margarine, le sucre et le sel en crème. Dans un autre bol, mélangez la farine d'épeautre, la farine de soya et la levure chimique. Incorporez graduellement le mélange de farine à la margarine, en alternance avec le jus de pomme; mélangez bien. Versez la préparation obtenue dans le moule à charnière et faites cuire de 30 à 35 minutes. Laissez refroidir le gâteau.

2 Lavez et égouttez les petits fruits. Tranchez les plus gros en deux. Déposez-les sur le gâteau.

3 Pour le glaçage, mélangez le sucre et la fécule de maïs dans une petite casserole. Incorporez la vanille et le jus de pomme (ou de petits fruits) ainsi que 75 ml (1/3 tasse) d'eau. Amenez le tout à ébullition, jusqu'à ce que le mélange commence à épaissir. Versez sur les petits fruits. Coupez le gâteau en 12 parts et servez.

!! VARIANTE : Avec ce type de gâteau, vous pouvez vous laisser guider par votre imagination et utiliser un seul ou plusieurs fruits, au gré des saisons et selon vos goûts.

Tarte aux coings

Gras	●●	40 min.
Cholestérol	2 mg	(+ 1 h de cuisson)
Fibre	●●	

Par portion : environ 182 calories, 3 g de protéines, 8 g de gras,
24 g de glucides

ASSIETTE À TARTE DE 25 CM (10 PO)

DONNE 12 PARTS
POUR LA CROÛTE
75 ml ou 70 g (1/3 tasse) de margarine diète froide
15 ml (1 c. à s.) de beurre froid
325 ml ou 160 g (1 1/3 tasse) de farine de blé entier
moulue sur pierre
2 ml (1/2 c. à t.) de sel

POUR LA GARNITURE
1 kg (2 lb) de coings ou de pommes en dés
125 ml ou 120 g (1/2 tasse) de sucre semoule
Zeste et jus de 1 citron
125 ml ou 50 g (1/2 tasse) d'amandes effilées

1 Mélangez le beurre avec la margarine. Dans un bol moyen et à l'aide d'une fourchette, mélangez la farine, le sel et la moitié du mélange de beurre et de margarine. Incorporez le reste de la margarine et mélangez jusqu'à l'obtention d'une pâte grumeleuse. Ajoutez suffisamment d'eau mais pas plus de 30 à 45 ml (2 à 3 c. à s.) pour obtenir une pâte que vous façonnerez en boule. Malaxez la pâte brièvement sans toutefois la pétrir, car elle deviendrait dure en cuisant. Enveloppez la pâte dans une pellicule plastique et réfrigérez pour 1 heure.

2 À feu moyen, faites cuire les coings dans 175 ml (3/4 tasse) d'eau de 20 à 30 minutes. Égouttez bien en réservant le jus. Mesurez 125 ml (1/2 tasse) de ce jus, ajoutez le sucre et amenez le tout à ébullition. Incorporez les coings, le zeste et le jus de citron ainsi que les amandes. Allumez le four à 150 ºC (300 ºF).

3 Sur une surface de travail enfarinée, étalez la pâte au rouleau. Elle devrait avoir 2,5 cm (1 po) d'épaisseur et être un peu plus grande que l'assiette à tarte. Déposez la pâte dans l'assiette à tarte en vous assurant que le rebord soit un peu plus épais que le fond. Remplissez avec le mélange de coings et faites cuire pendant 1 heure ou jusqu'à ce que le centre soit bien ferme. Coupez en 12 parts et servez.

Gâteau aux petits fruits, en haut
Tarte aux coings, en bas

Gâteau aux brisures de chocolat

Gras	●	20 min.
Cholestérol	—	(+ 45 min de cuisson)
Fibre	●	

Par portion : environ 227 calories, 7 g de protéines, 6 g de gras, 36 g de glucides

FOUR PRÉCHAUFFÉ À 160 ºC (325 ºF)
MOULE À GÂTEAU D'UNE CAPACITÉ DE 3 L (9 X 13 PO) OU ENCORE 2 MOULES À PAIN DE 2 L (2 MOULES DE 9 X 5 PO), GRAISSÉS ET ENFARINÉS

DONNE 14 PARTS
100 ml (1/3 tasse + 2 c. à s.) d'huile de tournesol
150 ml ou 150 g (2/3 tasse) de sucre semoule
Pincée de sel
300 ml ou 125 g (1 1/4 tasse) d'amandes moulues
100 ml (1/3 tasse + 2 c. à s.) de lait
150 ml ou 150 g (2/3 tasse) de fromage quark faible en gras, de fromage cottage ou de yogourt égoutté
400 ml ou 200 g (1 2/3 tasse) de farine de blé entier moulue sur pierre
15 ml (1 c. à s.) de levure chimique
30 ml (2 c. à s.) de poudre de cacao non sucrée
5 à 10 ml (1 à 2 c. à t.) de cannelle moulue
400 g (14 oz) de chocolat semi-sucré de bonne qualité

1 En vous servant du fouet de votre mixeur, mélangez l'huile, le sucre et le sel pendant 3 minutes. Incorporez graduellement les amandes, le lait et le fromage.

2 Mélangez la farine, la levure chimique, la poudre de cacao et la cannelle; ajoutez au mélange. Hachez grossièrement le chocolat et ajoutez les brisures à la pâte. Versez la préparation obtenue dans le moule à gâteau et faites cuire environ 45 minutes (30 minutes si vous utilisez deux moules à pain). Coupez en 14 parts ou en tranches et servez.

Gâteau à la noix de coco

Gras	+	20 min.
Cholestérol	1 mg	(+ 70 min de cuisson)
Fibre	●	

Par portion : environ 306 calories, 5 g de protéines, 18 g de gras, 32 g de glucides

FOUR PRÉCHAUFFÉ À 160 ºC (325 ºF)
MOULE DE TYPE BUNDT D'UNE CAPACITÉ DE 3 L (10 PO), GRAISSÉ ET ENFARINÉ

DONNE 16 PARTS
300 ml (1 1/4 tasse) de lait
500 ml ou 150 g (2 tasses) de filaments de noix de coco
175 ml ou 200 g (3/4 tasse) de margarine diète
150 ml ou 140 g (2/3 tasse) de sucre
30 ml (2 c. à s.) de farine de soya
75 ml (1/3 tasse) de jus d'orange fraîchement pressé ou de lait froid
800 ml ou 400 g (3 1/4 tasses) de farine de blé entier moulue sur pierre
75 ml ou 50 g (1/3 tasse) de fécule de maïs ou de fécule de pommes de terre
15 ml (1 c. à s.) de levure chimique

1 Faites légèrement chauffer le lait et la noix de coco pendant 5 minutes.

2 En vous servant du fouet de votre mixeur, mettez la margarine et le sucre en crème, en battant le tout pendant 3 minutes. Incorporez la farine de soya, le jus d'orange ou le lait froid et continuez à fouetter jusqu'à l'obtention d'une pâte lisse. Mélangez la farine de blé entier, la fécule de maïs et la levure chimique; ajoutez au premier mélange. Versez la préparation dans le moule Bundt et faites cuire de 60 à 70 minutes, jusqu'à ce que le gâteau soit bien doré. Coupez en 16 parts et servez.

‼ SUGGESTION : Ce gâteau est tout particulièrement savoureux nappé d'un glaçage parsemé de noix de coco. Pour faire le glaçage, mélangez 300 ml ou 150 g (1 1/4 tasse) de sucre en poudre avec 45 ml (3 c. à s.) de jus d'orange fraîchement pressé ou 15 à 30 ml (1 à 2 c. à s.) de jus de citron fraîchement pressé. Fouettez jusqu'à ce que le tout soit bien lisse.

Gâteau aux brisures de chocolat, en haut
Gâteau à la noix de coco, en bas

Petits pains à l'avoine et aux pistaches

Gras	●●●	30 min.
Cholestérol	—	(+ 1 h de repos)
Fibre	●●●	(+ 25 min de cuisson)

Par portion (1 petit pain) : environ 317 calories, 15 g de protéines, 10 g de gras, 43 g de glucides

2 PLAQUES DE CUISSON RECOUVERTES DE PAPIER PARCHEMIN

DONNE 12 PETITS PAINS
300 g (10 oz) de pistaches vertes, écaillées et fendues en deux
500 ml ou 200 g (2 tasses) de gruau d'avoine à cuisson rapide
400 ml ou 200 g (1 2/3 tasse) de farine de blé entier
550 ml ou 300 g (2 1/4 tasses) de farine de seigle à grain entier
5 ml (1 c. à t.) de sel
2 sachets de 7 g (2 1/4 c. à t.) de levure sèche
1 enveloppe de pâte au levain prête à utiliser (facultatif)
30 ml (2 c. à s.) de gruau d'avoine classique

1 Hachez grossièrement les pistaches. Dans un grand bol, ajoutez le gruau d'avoine à cuisson rapide, la farine de blé entier, la farine de seigle et le sel à la moitié des pistaches. Faites un puits au centre et versez-y la levure sèche. Incorporez 60 ml (4 c. à s.) d'eau tiède et mélangez avec un peu de farine. Couvrez et laissez reposer pendant 5 minutes.

2 Ajoutez la pâte au levain (si vous l'utilisez) et pas plus de 500 ml (2 tasses) d'eau tiède à la préparation. En vous servant du crochet pétrisseur de votre mixeur, malaxez la pâte jusqu'à l'obtention d'une texture homogène. Pétrissez pendant encore 3 minutes. Couvrez et laissez lever la pâte dans un endroit chaud pendant 45 minutes, jusqu'à ce qu'elle ait doublé de volume.

3 Donnez un coup de poing dans la pâte pour la dégonfler et pétrissez-la pendant encore 3 minutes. Divisez la pâte en 12 portions, façonnez-les en petites boules et déposez-les sur les plaques de cuisson. Faites quelques incisions sur le sommet de chaque petit pain, badigeonnez le sommet avec un peu d'eau et saupoudrez le reste des pistaches et les flocons d'avoine en pressant quelque peu sur chaque petit pain.

4 Allumez le four à 200 ºC (400 ºF). Couvrez les petits pains et laissez-les lever pendant encore 15 minutes. Faites cuire au four de 20 à 25 minutes. Laissez refroidir sur une grille.

!! Trempette au fromage avec pistaches et ciboulette : Lavez un bouquet de ciboulette et émincez-le finement. Ajoutez-le à 300 ml ou 300 g (1 1/4 tasse) de fromage quark ou de tout autre fromage à la crème faible en gras et à 60 ml (4 c. à s.) de lait. Salez et poivrez. Saupoudrez de paprika. Hachez grossièrement 50 g (2 oz) de pistaches vertes et faites-les rôtir à sec dans une poêle, jusqu'à ce que leur arôme se dégage. Saupoudrez-en la trempette. Servez avec les petits pains à l'avoine et aux pistaches.

Gâteau aux abricots

Gras	●	30 min.
Cholestérol	1 mg	(+ 30 min de cuisson)
Ballaststoffe	●●	

Par portion : environ 251 calories, 8 g de protéines, 6 g de gras, 42 g de glucides

MOULE À CHARNIÈRE DE 25 CM (10 PO), BEURRÉ

DONNE 12 PARTS
800 g (1 1/2 lb) d'abricots bien mûrs ou d'abricots en conserve
60 ml ou 60 g (4 c. à s.) de margarine diète
125 ml ou 120 g (1/2 tasse) de sucre semoule
300 ml ou 300 g (1 1/4 tasse) de fromage quark faible en gras, de fromage cottage ou de yogourt égoutté
675 ml ou 350 g (2 3/4 tasses) de farine d'épeautre
75 ml ou 50 g (1/3 tasse) de fécule de maïs ou de fécule de pommes de terre
30 ml (2 c. à s.) de levure chimique
200 ml (3/4 tasse + 2 c. à s.) de lait écrémé, 1 % ou 2 %
45 ml (3 c. à s.) de pistaches ou d'amandes hachées

1 Fendez les abricots en deux, retirez les noyaux et coupez la chair en petits quartiers, ou encore égouttez les abricots en conserve et tranchez-les finement.

2 Mettez la margarine, le sucre et le fromage quark en crème. Mélangez la farine, la fécule et la levure chimique et incorporez au premier mélange, en alternance avec le lait. Laissez la pâte reposer 10 minutes et ajoutez du lait, si nécessaire. Allumez le four à 180 ºC (350 ºF).

3 Versez la pâte dans le moule et étalez-la uniformément. Déposez les petits quartiers d'abricot sur la pâte. Saupoudrez de pistaches ou d'amandes hachées et faites cuire pendant 30 minutes.

!! SUGGESTION : Ce gâteau est rapide et facile à réaliser. Vous pouvez remplacer les abricots par d'autres fruits de saison, comme de la rhubarbe, des cerises ou des poires.

Petits pains à l'avoine et aux pistaches, en haut
Gâteau aux abricots, en bas

Tableau des valeurs

Aliments	Teneur énergétique kcal/100 g	Teneur en gras g/100 g	Gras polyinsaturés g/100 g	Gras monoinsaturés g/100 g	Cholestérol mg/100 g
Lait					
Babeurre	35	0,5	0,02	0,20	4
Babeurre en poudre	373	2,3	0,10	0,70	8
Lait concentré, au moins 7,5% de gras	132	7,6	0,24	2,30	25
Lait concentré, au moins 10% de gras	176	10,1	0,31	3,00	33
Lait écrémé	35	0,1	0,01	0,02	3
Lait pauvre en gras, de 1,5%, à 1,8%	47	1,6	0,09	0,03	5
Petit-lait	24	0,2			2
Petit-lait en poudre	343	1,2	0,05	0,38	4
Lait entier, au moins 3,5% de gras	66	3,8	0,15	0,08	12
Lait de brebis	97	6,3	0,28	1,50	21
Lait écrémé en poudre	354	1,0	0,03	0,25	3
Lait entier en poudre	481	26,2	0,72	8,40	95
Lait de chèvre	67	3,9	0,11	0,04	11
Produits laitiers					
Bel paese(fromage crémeux)	374	30,2	0,57	8,60	100
Brie (fromage crémeux)	342	27,9	10,00	8,10	90
Beurre de fromage, 50% m.g.	344	28,8	0,90	7,50	68
Camembert, 30% m.g.	216	13,5	0,39	3,60	40
Camembert, 60% m.g.	378	34,0	1,00	9,30	80
Chester, 50% m.g.	397	32,2	0,94	8,60	100
Edam, 40% m.g.	315	23,4	0,57	6,60	70
Fromage bleu, 50% m.g.	355	29,8	0,83	7,70	90
Emmenthal, 45% m.g.	383	29,7	1,02	6,90	90
Fromage à la crème, frais 50% m.g.	270	23,6	0,75	6,40	75
Fromage à la crème, double crème 60% à 85% m.g.	330	31,5	1,00	8,50	105
Gouda, 45% m.g.	365	29,2	0,7	7,70	90
Gorgonzola	358	31,2	1,00	8,50	102
Gruyère	410	32,3	1,70	9,30	74

Aliments	Teneur énergétique kcal/100 g	Teneur en gras g/100 g	Gras polyinsaturés g/100 g	Gras monoinsaturés g/100 g	Cholestérol mg/100 g
Fromage cottage	102	3,0	0,20	1,40	14
Yogourt faible en gras, 1,5% à 1,8% m.g.	49	1,6	0,05	0,40	5
Yogourt, lait écrémé, 0,3% m.g.	36	0,1	0,00	0,03	
Limburger, 20% m.g.	183	8,6	0,16	2,50	21
Limburger, 40% m.g.	267	19,7	0,37	5,90	60
Mozzarella	225	16,1	0,50	4,50	46
Muenster, 45% m.g.	290	22,6	0,49	6,20	70
Romadur, 30% m.g.	218	13,7	0,30	4,10	
Roquefort	361	30,6	1,32	8,20	90
Crème à café, 10% m.g.	123	10,5	0,43	3,10	35
Crème à fouetter, au moins 30% m.g.	308	31,7	1,02	9,20	110
Crème sûre	189	18,0	0,70	5,00	60
Fromage à la crème, fromages au lait sûr et divers fromages artisanaux, au moins 10% m.g.	27	0,7	0,03	0,21	3
Tartinade de fromage, 45% m.g.	270	23,6	0,60	5,30	45
Speisequark, 20% Fett i. Tr.	106	5,1	0,16	1,30	17
Tilsitt, 45% m.g.	355	27,7	0,77	7,20	52
Œufs					
Œuf de poule, entier	155	11,2	1,40	4,70	400
Jaune d'œuf	720	31,9	4,40	13,20	1260
Gras et huiles					
Huile de coton	897	99,7	48,8	19,60	
Beurre crémeux et beurre de crème sûre	752	83,2	3,00	23,10	240
Margarine diète	722	80,0	46,70	10,90	
Huile d'arachide	895	99,4	23,90	53,90	
Margarine partiellement écrémée	368	40,0	17,50	10,10	4
Huile de poisson	896	99,5	3,30	53,50	500
Gras de poulet	896	99,5	23,00	50,00	100

Aliments	Teneur énergétique kcal/100 g	Teneur en gras g/100 g	Gras polyinsaturés g/100 g	Gras monoinsaturés g/100 g	Cholestérol mg/100 g
Beurre de cacao	896	99,5	1,70	33,10	3
Huile de coco	894	99,0	1,40	6,70	
Huile de graines de citrouilles	896	99,5	51,50	23,50	
Huile de lin	896	99,5	68,70	17,20	7
Huile de maïs	900	100	50,90	31,6	
Mayonnaise	540	54,8	6,50	18,40	57
Huile de graines de pavot	896	99,5	73,40	10,00	
Huile d'olive	896	99,6	8,90	73,20	
Beurre de palme	894	99,3	2,40	13,40	2
Huile de palme	888	98,7	11,00	37,90	
Margarine végétale	722	80,0	25,50	29,00	7
Suif	872	96,5	4,70	42,00	100
Huile de colza	891	99,0	27,70	68,50	2
Huile de carthame	896	99,5	74,40	11,90	
Lard	898	99,7	9,60	45,40	85
Huile de sésame	896	99,5	42,50	40,10	
Huile de soya	887	98,6	61,00	20,60	2
Huile de tournesol	898	99,8	60,70	22,40	
Margarine conventionnelle	722	80,0	17,80	32,50	30
Huile de pépins de raisin	896	99,5	66,00	16,70	
Huile de noix	896	99,5	66,00	16,70	
Huile de germe de blé	896	99,5	64,70	15,60	

Viandes et abats

Aliments	Teneur énergétique kcal/100 g	Teneur en gras g/100 g	Gras polyinsaturés g/100 g	Gras monoinsaturés g/100 g	Cholestérol mg/100 g
Lapin, moyen	113	1,0	0,30	0,20	65
Mouton, épaule	306	25,0	1,60	11,50	70
Mouton, filet	112	3,4	0,08	1,50	70
Gibier, moyen	112	3,3	0,20	1,60	60
Veau	92	0,8	0,10	0,30	70
Côtelette de veau	112	3,1	0,20	2,60	70
Ris de veau	99	3,4			250
Cervelle de veau	109	7,6	1,00	1,60	2000
Foie de veau	114	4,1	1,40	0,90	360
Poumon de veau	90	2,2	0,50	0,50	150
Chevreuil	132	1,4	0,10	0,60	60
Bœuf	106	1,7	0,07	0,60	60
Filet de bœuf	116	4,4	0,20	2,30	60

Aliments	Teneur énergétique kcal/100 g	Teneur en gras g/100 g	Gras polyinsaturés g/100 g	Gras monoinsaturés g/100 g	Cholestérol mg/100 g
Rôti de bœuf	188	15,2	0,50	6,70	60
Cœur de bœuf, cuit	121	6,0	0,16	1,60	150
Cervelle de bœuf	128	9,6	1,10	1,90	2000
Foie de bœuf	113	3,1	0,90	0,70	265
Rate de bœuf	100	2,9	0,20	1,30	265
Rognons de bœuf	113	5,1	0,08	1,20	375
Porc	111	3,0	0,21	1,40	65
Côtelette de porc	193	13,0	1,50	6,40	70
Épaule de porc	282	23,9	3,60	5,50	65
Cervelle de porc	123	9,0	1,10	1,80	2000
Foie de porc	134	5,7	0,50	1,20	340
Poumon de porc	114	6,7	1,40	1,40	320
Rognon de porc	113	5,2	0,68	1,40	365

Charcuteries et saucisses

Aliments	Teneur énergétique kcal/100 g	Teneur en gras g/100 g	Gras polyinsaturés g/100 g	Gras monoinsaturés g/100 g	Cholestérol mg/100 g
Saucisse de jambon	235	19,2	10,00	4,40	67
Boudin noir	400	38,5	3,10	12,70	96
Bockwurst	277	25,3	2,40	10,50	65
Bündnerfleisch	262	9,5			
Saucisson de bière	456	43,2	2,80	12,40	101
Corned-beef, américain	209	12,0	1,40	6,20	64
Corned-beef, allemand	141	6,0	0,30	2,40	70
Saucisses en conserve (à réchauffer dans l'eau)	228	19,6	2,00	8,60	88
Pain de viande (style Stuttgart)	299	21,9	2,20	8,80	114
Saucisse de porc	297	27,1	3,00	12,90	55
Saucisse de Francfort	269	24,4	2,10	8,90	65
Saucisse du petit déjeuner	200	13,9	1,30	5,50	58
Gélatine alimentaire	338	0,1			
Saucisson gelbwurst	342	32,7	3,20	13,70	68
Saucisse Göttinger Blasenwurst	373	35,0	3,10	14,10	59
Saucisse fumée	266	15,7	1,50	6,60	82
Saucisse bratwurst	270	25,0	1,90	9,10	72
Pain de viande au veau	318	29,7	1,20	10,30	70
Porc Kasseler	237	17,0	1,10	8,00	79
Saucisse Knackwurst	351	33,7	2,70	11,60	72

Aliments	Teneur énergétique kcal/100 g	Teneur en gras g/100 g	Gras polyinsaturés g/100 g	Gras monoinsaturés g/100 g	Cholestérol mg/100 g
Pâté de foie (à cuire dans l'eau)	314	28,6	3,70	14,10	135
Leberkäse	320	30,4	2,40	10,70	66
Saucisse de foie	420	41,2	1,50	13,70	227
Saucisson lyoner	310	28,8	2,90	12,60	63
Saucisson mettwurst	456	45,0	3,60	15,90	104
Mortadelle	345	32,8	2,40	10,70	63
Plockwurst	482	45,0	2,90	14,20	100
Regenburger	290	21,1	2,10	8,90	72
Salami allemand	447	32,9	3,10	13,70	112
Jambon cuit	201	12,8	1,10	5,50	85
Jambon salé et fumé	372	33,3	2,60	13,50	80
Bratwurst de porc, petit	342	32,4	1,30	5,40	92
Bacon	621	65,0	6,30	27,10	90
Saucisse blanche	287	27,0	2,10	9,90	73
Saucisses fumées	279	24,4	2,40	10,50	65

Volailles

Aliments	Teneur énergétique kcal/100 g	Teneur en gras g/100 g	Gras polyinsaturés g/100 g	Gras monoinsaturés g/100 g	Cholestérol mg/100 g
Canad, moyen	227	17,2	1,90	8,50	80
Oie, moyenne	364	31,0	3,30	160	110
Poulet à rôtir, moyen	133	5,6	1,20	1,60	80
Poulet à bouillir, moyen	257	20,3	3,10	9,10	63
Poitrine de poulet	99	0,9	0,20	0,30	60
Cuisse de poulet	110	3,1	0,60	2,30	75
Foie de poulet	131	4,7	1,00	1,10	555
Dinde, moyenne	216	15,0	4,40	4,10	75
Dindonneau, moyen	151	6,8	1,60	2,00	81
Poitrine de dinde	105	1,0	0,20	0,30	60
Cuisse de dinde	114	3,6	0,80	0,50	75

Poissons d'eau salée

Aliments	Teneur énergétique kcal/100 g	Teneur en gras g/100 g	Gras polyinsaturés g/100 g	Gras monoinsaturés g/100 g	Cholestérol mg/100 g
Hareng Bismarck, hareng mariné	168	10,4	1,90	5,00	56
Hareng frit	204	15,2	2,70	5,30	85
Flet	72	0,7	0,30	0,30	50
Flétan	101	2,3	0,70	0,80	50
Hareng mariné	207	14,9	2,40	6,90	85
Hareng de la Baltique	155	9,2	2,10	3,70	45
Morue	74	0,4	0,30	0,10	50

Aliments	Teneur énergétique kcal/100 g	Teneur en gras g/100 g	Gras polyinsaturés g/100 g	Gras monoinsaturés g/100 g	Cholestérol mg/100 g
Poisson-chat	88	2,8	0,8	1,00	80
Maquereau	182	11,9	3,00	4,70	70
Mulet	120	4,3	1,50	1,30	70
Sardines dans l'huile, égouttées	222	13,9	8,00	5,00	140
Sébaste	105	2,5	0,70	0,90	70
Sardine	124	5,2	2,50	1,50	15
Mollusque	73	0,7	0,20	0,20	60
Plie	76	1,5	0,40	0,50	55
Espadon	130	2,1	0,20	0,80	70
Merlu	77	0,9	0,30	0,30	60
Sole	83	1,4	0,20	0,40	60
Sprat	216	16,6	2,80	6,50	75
Turbot	82	1,7	0,20	0,20	60
Éperlan	85	1,7	0,60	0,60	60
Thon	226	10,0	3,20	2,40	60

Poissons d'eau douce

Aliments	Teneur énergétique kcal/100 g	Teneur en gras g/100 g	Gras polyinsaturés g/100 g	Gras monoinsaturés g/100 g	Cholestérol mg/100 g
Anguille	281	24,5	1,90	14,20	140
Anguille fumée	329	28,6	2,20	17,50	195
Perche de rivière	117	3,6	1,50	0,80	70
Brème	116	5,5	1,20	2,60	70
Truite	102	2,7	0,30	0,40	55
Brochet	82	0,9	0,30	0,20	60
Carpe	115	4,8	0,70	2,30	70
Saumon	202	13,6	2,10	4,50	35
Poisson maigre	100	1,6	0,50	0,50	83
Tanche	77	0,7	0,20	0,30	70
Perche	83	0,3	0,10	0,10	36

Crustacées et mollusques

Aliments	Teneur énergétique kcal/100 g	Teneur en gras g/100 g	Gras polyinsaturés g/100 g	Gras monoinsaturés g/100 g	Cholestérol mg/100 g
Huître	51	1,2	0,20	0,70	50
Crevette	87	1,4	0,30	0,30	140
Homard	81	1,9	0,20	0,20	180
Crabe, écrevisse	65	0,8	0,40	0,30	150
Langoustine	79	1,1	0,30	0,20	200
Moule bleu	51	1,3	0,30	0,40	110
Moule	63	0,8	0,30	0,10	190

Aliments	Teneur énergétique kcal/100 g	Teneur en gras g/100 g	Gras polyinsaturés g/100 g	Gras monoinsaturés g/100 g	Cholestérol mg/100 g
Calmar	73	0,9	0,10	0,10	60

Farines et pâtes

Aliments	Teneur énergétique kcal/100 g	Teneur en gras g/100 g	Gras polyinsaturés g/100 g	Gras monoinsaturés g/100 g	Cholestérol mg/100 g
Céréales et farine d'orge, mondé grain entier	290	2,1	1,20	0,20	
Engrain de petit épeautre	320	2,7	1,30	0,30	
Avoine, décortiquée grain entier	359	7,1	2,80	2,50	
Farine d'avoine	364	7	2,70	2,60	
Millet, décortiqué	316	3,9	1,90	0,90	
Maïs, grain entier	333	3,8	1,70	1,10	
Riz, non décortiqué	348	2,2	0,80	0,50	
Riz poli	347	0,6	0,20	0,20	
Seigle, grain entier	266	1,7	0,80	0,10	
Farine de seigle, type 815	319	1,0	0,60	0,10	
Farine de seigle, type 1800	300	1,5	0,70	0,20	
Sorgho	307	3,2	1,10	1,00	
Blé, grain entier	302	2,0	1,20	0,30	
Blé, semoule	312	0,8	0,50	0,10	
Farine de blé, type 405	331	1,0	0,50	0,10	
Farine de blé, type 1600	327	2,1	1,20	0,30	
Germe de blé	302	9,2	5,00	1,40	
Son de blé	195	4,7	2,40	0,70	

Pains

Aliments	Teneur énergétique kcal/100 g	Teneur en gras g/100 g	Gras polyinsaturés g/100 g	Gras monoinsaturés g/100 g	Cholestérol mg/100 g
Petit pain	263	1,8	0,20		
Biscuit Graham	197	1,0	0,20		
Biscuit sablé	443	11,0	4,20	45,00	
Craquelin	312	2,1	0,30		
Pain de seigle	212	0,9	0,10		
Pain de seigle combiné à un autre ingrédient	228	1,1	0,10		
Pain de seigle et son de blé	216	1,5	0,10		
Pain de seigle à grains entiers		209	1,2	0,20	
Bretzel	345	0,5	0,10		
Pain blanc au blé	244	1,2	0,10		
Pain de blé entier	240	2,4	0,50		
Pain de blé	244	1,2	0,10		

Aliments	Teneur énergétique kcal/100 g	Teneur en gras g/100 g	Gras polyinsaturés g/100 g	Gras monoinsaturés g/100 g	Cholestérol mg/100 g
Pain de blé combiné à un autre ingrédient	240	1,1	0,10		
Pain blanc tranché au blé	266	4,4	0,40		
Biscotte sans œufs	369	4,3	0,60		

Produits céréaliers

Aliments	Teneur énergétique kcal/100 g	Teneur en gras g/100 g	Gras polyinsaturés g/100 g	Gras monoinsaturés g/100 g	Cholestérol mg/100 g
Flocons de maïs (pour le petit-déjeuner)	348	0,6	0,20	0,20	
Pâtes aux œufs (Nouilles, Macaroni, Spaghetti, etc.)	345	2,8	0,90	0,30	95

Légumes

Aliments	Teneur énergétique kcal/100 g	Teneur en gras g/100 g	Gras polyinsaturés g/100 g	Gras monoinsaturés g/100 g	Cholestérol mg/100 g
Artichaut	48	0,1	0,10		
Aubergine	20	0,2	0,10		
Dolique à oeil noir	269	1,4	0,70	0,10	
Céleri	11	0,2	0,12		
Chou-fleur	24	0,3	0,15		
Haricots verts	36	0,2	0,12		
Haricots blancs séchés	291	1,6	0,80	0,10	
Brocoli	23	0,2	0,10		
Cresson de fontaine	23	0,3	0,13		
Champignons, cultivés frais	14	0,2	0,10		
Chicorée	11	0,2	0,10		
Chou chinois	10	0,3	0,13	0,05	
Endive	13	0,2	0,08		
Pois verts séchés	81	0,5	0,10	0,20	
Mâche	332	1,4	0,80	0,10	
Fenouil	14	0,4	0,20		
Cresson	57	0,3	0,20		
Borécole (Kale)	51	1,4	0,60	0,10	
Concombre	30	0,9	0,50	0,08	
Pomme de terre	13	0,2	0,10		
Pois chiche, graines	70	0,1	0,05		
Chou-rave	304	6,4	4,10	0,30	
Rutabaga	25	0,1	0,05		
Laitue beurre	41	0,2	0,10		
Citrouille	11	0,2	0,14		

Aliments	Teneur énergétique kcal/100 g	Teneur en gras g/100 g	Gras polyinsaturés g/100 g	Gras monoinsaturés g/100 g	Cholestérol mg/100 g
Fèves de Lima, graines, séchées	18	0,1	0,06		
Lentilles, graines, séchées	346	1,4	0,80	0,10	
Carde	310	1,4	0,60	0,25	
Raifort	26	0,3	0,17		
Carottes	60	0,3	0,20		
Poivrons	26	0,2	0,10		
Feuille de persil	20	0,3	0,20		
Racine de persil	50	0,4	0,25	0,05	
Poireau	32	0,5	0,30		
Haricots à la française	25	0,3	0,20		
Radis	423	16,2	3,70	5,80	
Rhubarbe	14	0,1	0,05		
Choux de Bruxelles	10	0,2	0,08		
Betterave	9	0,1	0,07		
Choux rouge	36	0,3	0,24		
Choucroute, égouttée	42	0,1	0,05		
Cornichon mariné	21	0,2	0,12		
Ciboulette	14	0,3	0,17		
Salsifis	21	0,1	0,06		
Asperge	14	0,1	0,10		
Épinards	15	0,3	0,20		
Tomate	17	0,2	0,10		
Rutabaga	19	0,2	0,10		
Chou vert	22	0,2	0,10		
Chou de Savoie	32	0,4	0,24		
Courgette	16	0,3	0,10		
Maïs sucré	90	1,2	0,50	0,30	
Oignon	32	0,2	0,10		

Fruits

Aliments	Teneur énergétique kcal/100 g	Teneur en gras g/100 g	Gras polyinsaturés g/100 g	Gras monoinsaturés g/100 g	Cholestérol mg/100 g
Ananas	56	0,2	0,10	0,05	
Pomme	50	0,4	0,10	0,05	
Orange	43	0,2	0,07	0,06	
Abricot	43	0,1	0,02	0,05	
Avocat	227	23,5	2,00	16,50	
Banane	90	0,2	0,06	0,03	

Aliments	Teneur énergétique kcal/100 g	Teneur en gras g/100 g	Gras polyinsaturés g/100 g	Gras monoinsaturés g/100 g	Cholestérol mg/100 g
Poire	44	0,3	0,10	0,10	
Bleuets	83	0,6	0,30	0,10	
Mûres	44	1,0	0,60	0,10	
Dattes, séchées	272	0,5	0,20	0,10	
Fraises	31	0,4	0,25	0,10	
Figue	62	0,5	0,20	0,20	
Pamplemousse	38	0,1	0,04	0,02	
Framboises	29	0,3	0,20		
Groseilles rouges à grappe	36	0,2	0,10	0,04	
Cassis	45	0,2	0,10	0,04	
Griottes	48	0,5	0,10	0,10	
Cerises	57	0,4	0,10	0,10	
Kiwi	46	0,6	0,24	0,10	
Mandarine	46	0,3	0,13	0,06	
Mirabelle	63	0,2	0,10		
Olives vertes, marinées	147	13,9	1,30	10,20	
Pêche	39	0,1	0,04	0,03	
Prune	51	0,2	0,10		
Prune Greengage	56	0,8	0,30	0,06	
Raisins secs	278	0,4	0,10		
Canneberges, groseilles à maquereau	45	0,2	0,10		
Melon d'eau	35	0,2	0,07	0,03	
Raisins	67	0,3	0,10		
Citron	36	0,6	0,30	0,04	
Melon miel	54	0,1	0,04		

Noix

Aliments	Teneur énergétique kcal/100 g	Teneur en gras g/100 g	Gras polyinsaturés g/100 g	Gras monoinsaturés g/100 g	Cholestérol mg/100 g
Noix de cajou	572	42,2	6,80	24,40	
Marrons	194	1,9	0,80	0,70	
Arachide	571	48,1	14,40	22,10	
Noisette	648	61,6	6,50	47,50	
Noix de coco	363	36,5	0,70	2,20	
Amande	598	54,1	10,20	36,80	
Noix du Brésil	666	66,8	24,90	220,00	
Noix de Grenoble	669	62,5	40,90	9,80	

Aliments	Teneur énergétique kcal/100 g	Teneur en gras g/100 g	Gras polyinsaturés g/100 g	Gras monoinsaturés g/100 g	Cholestérol mg/100 g
Boissons					
Jus de pomme commercial	47				
Jus de pomme, d'orange non sucré, commercial	44	0,1	0,04	0,03	
Jus de pamplemousse non sucré, commercial	47	0,1	0,03		
Bière allégée	53				
Bière, brune	46				
Bière, blonde	44				
Bière de blé	45				
Vin rouge, léger	65				
Vin blanc, demi-sec	69				
Sucreries					
Strudel aux pommes	178	5,9	1,50	24,00	
Strudel aux pommes, pâte brisée	216	7,5	2,50	22,00	
Pâte phyllo	450	33,1	8,90	95,00	
Pâtisserie à la pâte phyllo	392	25,7	6,00	76,00	
Gâteau éponge	288	5,0	2,00	248,00	
Bonbon	370				
Sorbet	138	1,8	0,30	4,00	
Pâte à brioche (au levain)	284	6,0	1,70	50,00	
Brioche	316	9,0	2,60	106,00	
Miel	303				
Miel artificiel (sucre inverti)	331				
Gâteau au fromage	296	16,4	0,80	4,70	139
Pâtisserie au fromage	435	32,0	1,20	8,70	86
Poudre de cacao	343	11,7	0,40	3,40	
Beignet	334	11,8	0,80	3,40	126
Pâtisserie aux amandes	506	28,0	1,50	8,80	87
Pâte d'amandes	464	25,0	3,00	10,70	
Lait glacé	153	4,2	0,14	1,20	15
Gâteau aux graines de pavot	379	18,1	7,20	3,20	38
Nougat	494	20,5	1,40	4,70	
Pâtisserie aux noix	506	28,0	9,20	11,00	17
Gâteau aux fruits	202	8,4	2,00	2,80	50
Gâteau au quark (pâte à l'huile)	352	17,2	4,20	5,30	52

Aliments	Teneur énergétique kcal/100 g	Teneur en gras g/100 g	Gras polyinsaturés g/100 g	Gras monoinsaturés g/100 g	Cholestérol mg/100 g
Gâteau (mélange)	293	12,3	0,90	5,00	86
Crème glacée	326	26,7	0,90	7,20	94
Tartelette à la crème	328	21,0	1,00	7,40	116
Sachertorte	343	11,6	0,70	3,60	181
Chocolat, mélange à gâteau	527	31,5	0,80	8,00	
Mélange à gaufres	417	29,2	1,20	8,20	206
Pain allemand aux fruits	412	20,4	1,00	5,90	54
Tarte aux oignons	207	9,7	0,80	3,20	46

PUF = Gras polyinsaturés = recommandés pour la santé

MUF = Gras monoinsaturés = recommandés pour la santé

Référence : « Fettstoffwechstörungen und ihre Foleerkrangungen- Eine Sammlung von Fragen aus der Praxis für die Praxis beantwortet », Lipid-Liga e. V., 80 pages

Glossaire

Agar-agar

Liant d'origine végétale fait à partir d'algues. L'agar-agar, substitut de la gélatine, est riche en minéraux, n'a aucun arrière-goût et est sans calories. On le trouve dans les magasins d'aliments naturels sous forme de poudre, en bâton ou en paquet. Vous n'avez qu'à suivre les instructions sur l'emballage.

Beurre de noisettes

Cette tartinade savoureuse est faite à partir de noisettes moulues. On la sert sur du pain ou des gaufres et elle rehausse avec bonheur la saveur des gâteaux, des pâtisseries et des desserts. N'oubliez pas de remuer l'huile qui se forme à la surface pour garder l'onctuosité de la préparation. On retrouve le beurre de noisettes dans les magasins d'aliments naturels et dans certains supermarchés.

Bicarbonate de soude

Le bicarbonate de soude est un levain qui entre dans la composition de la levure chimique. Comme il possède un arrière-goût très marqué, on ne l'utilise qu'en petites quantités. Disponible dans les supermarchés.

Boulgour

D'abord cuit à la vapeur, séché puis concassé, le grain de blé a une saveur délicate de noix. On le fait cuire à la vapeur ou dans de l'eau et on le sert comme plat d'accompagnement. Il est particulièrement populaire au Moyen-Orient. On le retrouve en gros grains, en grains moyens ou fins dans la plupart des supermarchés, dans les magasins d'aliments naturels et dans les épiceries arabes.

Coriandre

Herbe dont les feuilles ressemblent à celles du persil. Les graines séchées sont utilisées comme épice tant dans les plats salés que dans les desserts. Les feuilles fraîches ont une saveur très prononcée et sont employées principalement dans la cuisine sud-américaine, indienne et asiatique. La coriandre fraîche est souvent vendue avec ses racines, ce qui permet d'en prolonger la durée de vie : il suffit de les mettre dans un verre d'eau, les feuilles recouvertes d'un sac de plastique. Quoique moins aromatiques, les feuilles de persil peuvent remplacer celles de la coriandre. On les retrouve aujourd'hui dans la plupart des supermarchés et dans les épiceries asiatiques.

Courge Hokkaido

L'une des meilleures courges sur le marché. Cette courge, relativement petite et de couleur orangée, donne aux plats une couleur et une saveur incomparables. Elle est disponible durant les mois d'été dans les magasins d'aliments naturels.

Courge musquée

Courge de petite à moyenne dimension en forme de poire avec une chair orangée. Cette courge au goût délicat possède peu de pépins et peut se manger crue.

Couscous

Le couscous est fait à partir de semoule de blé dur compressée pour en faire de petits grains ronds qui ne s'agglutinent pas, la semoule ayant été cuite à la vapeur au cours du processus de transformation. Le couscous est aussi le nom du plat national de l'Afrique du Nord. Le couscous à cuisson rapide jouit d'une popularité sans cesse croissante de ce côté-ci de l'Atlantique. On le retrouve dans les supermarchés et dans les épiceries arabes.

Crème de soya

Faite à partir d'huile végétale, d'eau et de haricots de soya, la crème de soya est un substitut végétal de la crème. Elle rehausse la saveur des soupes et des sauces et est souvent vendue comme succédané de crème pour le café. Disponible dans les supermarchés et les magasins d'aliments naturels.

Cumin

Épice qui libère son arôme et sa saveur lorsqu'elle est rôtie, fraîchement moulue ou concassée dans un mortier. Elle est principalement utilisée dans la cuisine indienne et asiatique. On la retrouve dans les supermarchés, les magasins d'aliments naturels et les épiceries arabes.

Engrain et farine brute de petit épeautre

L'engrain est une céréale produite par une variété d'épeautre (le petit épeautre). Le grain est d'abord décortiqué, séché, puis rôti. Les grains ont un goût particulier de noix un peu fumées. En cuisine, l'engrain est utilisé entier ou moulu grossièrement comme une farine brute. Le grain entier ou la farine brute se cuisent comme le riz et se servent en accompagnement. On l'utilise aussi dans les soupes, les casseroles, les tartinades et les croquettes. La farine sert à épaissir les sauces et les soupes; elle sert aussi à confectionner des crêpes, des dumplings, etc. L'engrain se trouve difficilement à l'extérieur de l'Allemagne; on peut remplacer l'engrain par du kacha et la farine d'engrain, par de la farine de sarrasin.

Farine d'épeautre

L'épeautre est une céréale ancienne, cultivée depuis des millénaires par l'homme. La farine d'épeautre s'utilise comme la farine de blé. Sa particularité tient à son goût délicat légèrement épicé ainsi qu'à sa faible teneur en gluten. Disponible dans les supermarchés et les magasins d'aliments naturels.

Farine de blé

Selon la mouture de la farine, il est possible de savoir jusqu'à quel point l'enveloppe du grain a été conservée. Plus la mouture est grossière, plus l'enveloppe du grain a été conservée; plus la mouture est fine, comme avec les farines à pâtisseries, plus les éléments essentiels du grain auront été écartés. La farine de blé moulue sur pierre, qui est une farine de mouture plus grossière, est riche en fibres et en minéraux. Elle est donc bénéfique pour la santé, mais se prête mal à la cuisson des pâtisseries. Pour être malléable, la farine à grain entier nécessite beaucoup d'eau; la pâte doit donc absorber une certaine quantité d'eau avant d'être utilisée pour d'autres opérations culinaires. Pour cette raison, on ne peut substituer à la farine à pâtisserie de la farine à grain entier, du moins, pas dans les mêmes proportions. Les divers types de farine s'achètent dans les bons supermarchés, dans les magasins d'aliments naturels ou directement de la meunerie.

Farine de soya

Extraite de la cosse des haricots de soya rôtie et moulue. On s'en sert pour faire du pain et des pâtisseries et, à cause de sa haute teneur en lécithine – ce qui veut dire que cette farine peut être utilisée comme substitut aux œufs –, convient particulièrement aux gens soucieux de leur cholestérol. Disponible dans les supermarchés et les magasins d'aliments naturels.

Garam masala

Un mélange d'épices comme des graines de coriandre, du cumin, du poivre, de la cardamome, de la cannelle et des clous de girofle. Sa composition varie ainsi que sa saveur. Disponible dans les magasins d'aliments naturels et dans les épiceries indiennes.

Germe de blé

Le germe de blé est vendu sous forme de flocons. Comme tous les germes de céréales, le germe de blé est une bonne source de protéines de grande qualité et est riche en acide linoléique, en vitamine E et en vitamines du groupe B; il contient aussi des minéraux comme le calcium, le magnésium, le fer et le zinc. Disponible dans les supermarchés et les magasins d'aliments naturels.

Graines de lin

Les graines oléagineuses de forme allongée et plate proviennent d'une plante herbacée à fleurs bleues. Elles sont riches en gras oméga-3, en acides linoléiques et linoléniques. Les graines doivent être concassées ou moulues pour permettre à l'organisme de profiter de leurs vertus.

Gruau d'avoine

Le gruau d'avoine est riche en vitamines du groupe B. On l'utilise pour épaissir, mais aussi pour assaisonner les soupes, les sauces et les salades. En petites quantités, le gruau d'avoine rehausse la saveur des plats de légumes et des tartinades. Pour préserver ses précieuses vitamines, il vaut mieux l'ajouter aux plats une fois cuit. Disponible dans les supermarchés et les magasins d'aliments naturels.

Haricots azuki

Petits haricots rouges faisant partie de la famille des légumineuses qui ont un goût sucré et une saveur prononcée. Le temps de macération ainsi que de cuisson est d'environ 1 heure. Les haricots azuki sont riches en fibres, en protéines et en glucides.

Huiles

Une substance liquide propre à la consommation qui est extraite des fruits, des noix, des céréales ou des graines. Toutes les huiles végétales devraient être conservées dans un endroit frais dont la température ne descend pas sous les 12 °C (54 °F); il ne faut donc pas les mettre au réfrigérateur. Elles doivent aussi être conservées dans un endroit sombre et utilisées le plus rapidement possible, car elles rancissent facilement.

Huile d'arachide : Huile douce, légère, de couleur jaune avec un léger arrière-goût de noix. Cette huile se conserve bien et supporte des températures de cuisson élevées, ce qui en fait un bon choix pour les fritures.

Huile d'olive : Huile dont le goût se décline en une vaste gamme de nuances, qui vont de fines à prononcées. Étant donné que la qualité des huiles d'olive varie grandement, il vaut mieux vous en tenir aux huiles d'olive pressées à froid.

Huile de colza : Huile de couleur jaune pâle, sans arrière-goût. L'huile de colza vient au second rang, tout de suite après l'huile d'olive. Elle renferme des gras de haute qualité et convient aux plats qui demandent une température de cuisson élevée. On peut la remplacer par de l'huile de tournesol.

Huile de sésame (pâle et foncée) : L'huile de sésame est faite à partir de graines crues (huile pâle) ou de graines rôties (huile foncée) de sésame. Elle possède une saveur très franche de noix et est utilisée pour rehausser le goût plutôt que pour la cuisson des aliments. Cette huile très coûteuse doit être utilisée avec parcimonie. Et comme elle ne rancit pas facilement, elle se conserve longtemps. Disponible dans les supermarchés, les magasins d'aliments naturels et les épiceries asiatiques.

Huile de soya : Huile légère, de couleur jaune pâle, qui supporte les températures de cuisson élevées.

Huile de noix : Huile jaune foncé avec un goût prononcé de noisette. On l'utilise principalement dans les vinaigrettes et pour donner de la saveur aux tartinades. L'huile de noix rancit facilement et la bouteille, une fois ouverte, doit donc être utilisée rapidement. On la trouve dans les supermarchés et les magasins d'aliments naturels.

Jus de pomme concentré surgelé et nectar de poire

Utilisés comme succédané du sucre, ils ont un goût presque imperceptible et, surtout, ont l'avantage d'être moins caloriques que le sucre. On les retrouve dans les supermarchés et dans les magasins d'aliments naturels.

Lait de soya et boissons au soya

Le lait de soya, fait à partir des haricots de soya, faible en gras et sans cholestérol, est un bon substitut au lait de vache. Lorsqu'on y ajoute des substances coagulantes, le lait de soya se transforme en tofu. Disponible dans les magasins d'aliments naturels, les supermarchés et les épiceries asiatiques. Assurez-vous que le lait de soya que vous achetez est non aromatisé.

Lentilles jaunes

Ce sont des lentilles au goût légèrement sucré que l'on trouve entières ou cassées. Les lentilles cassées, que l'on appelle des dhals, sont particulièrement populaires dans la cuisine indienne. Disponibles dans les supermarchés, les magasins d'aliments naturels et les épiceries asiatiques et indiennes.

Lentilles rouges

Excellentes dans les soupes et les purées. Les lentilles rouges ont un goût relativement doux et cuisent en un rien de temps. Elles sont utilisées principalement dans la cuisine indienne et asiatique. On les retrouve dans les magasins d'aliments naturels et dans les épiceries indiennes et asiatiques. Vous pouvez remplacer les lentilles rouges par les jaunes (dhal).

Lentilles vertes du Puy

Une petite lentille de couleur vert foncé, qui se distingue par son goût particulièrement fin. Contrairement aux autres lentilles qui ont tendance à se défaire, elles conservent leur forme une fois cuites. On les retrouve dans les supermarchés et les magasins d'aliments naturels. Vous pouvez les remplacer par n'importe quel type de lentilles.

Liant végétal

Une substance qui sert à épaissir ou à gélifier les liquides. Les plus connus sont le agar-agar, la gomme adragante, la farine de caroube, la gomme de guar et la pectine. Les fécules comme la fécule de maïs, entre autres, servent aussi à épaissir les liquides.

Margarine diète

Faite à partir de gras d'origine végétale de bonne qualité, la margarine diète est dépourvue de gras de lait et contient très peu de gras saturés. Elle a une forte teneur en gras insaturés – presque 50 % du gras total. C'est la raison pour laquelle on la recommande à ceux qui veulent réduire leur consommation de gras. Dans ce cas-ci, le mot « diète » veut dire qu'elle est « bonne pour les artères », et non que la teneur en gras ou en calories est moindre que dans les margarines classiques.

Marrons

Ce sont des noix qui ont la forme d'un petit œuf ou d'un cœur, d'une texture et d'une saveur très distinctes. Les marrons cuits ou rôtis ont un petit goût sucré. Achetez-les frais au cours de l'automne ou en conserve le reste de l'année.

Millet

L'une des premières céréales cultivées par l'homme. Le millet est riche en protéines et possède une haute teneur en fer. De saveur douce, le grain entier s'apprête d'une foule de manières, tout comme le riz; on en fait même des desserts. Disponible dans les supermarchés et les magasins d'aliments naturels.

Nouilles de riz

Des vermicelles aux larges rubans, les nouilles de riz existent sous plusieurs formes. Elles sont plus pâles que les pâtes faites à partir de blé dur. On les retrouve dans les supermarchés et les épiceries asiatiques.

Nouilles diaphanes

Faites à partir de farine de fèves mungo, ces nouilles très fines sont blanches, mais deviennent diaphanes à la cuisson. On les retrouve dans les épiceries asiatiques et dans les bons supermarchés.

Pâte de cari

Une pâte épicée qui nous vient de la cuisine thai. Les adeptes de la cuisine asiatique, des plats exotiques ou simplement des plats à saveur plus relevée apprécieront la pâte de cari jaune – la moins épicée et qui accompagne merveilleusement bien les plats de poisson –, la pâte de cari rouge (piquante) et la pâte de cari verte (très piquante). Ces pâtes rehaussent la saveur des plats de légumes, de poisson ou de viande. Elles sont disponibles dans les épiceries asiatiques.

Pâte phillo

La pâte phillo est constituée de feuilles minces comme du papier d'environ 30 x 50 cm (12 x 20 po). On l'utilise pour faire des feuilletées et des tartes. On la trouve au comptoir des surgelés, dans les épiceries grecques et plusieurs supermarchés.

Pois chiches

Ces légumineuses, de couleur chamois et de forme irrégulière, prennent un temps fou à cuire. Le temps de macération est de 8 à 12 heures et la cuisson peut prendre jusqu'à 2 heures. Vous pouvez bien sûr les acheter en conserve.

Pousses de haricots mungo

Le croquant, la fraîcheur, la tendreté des pousses de haricots mungo sont incomparables. Vous pouvez les remplacer par des pousses de fèves de soya. On les retrouve dans la plupart des supermarchés et des épiceries asiatiques.

Protéines végétales texturées

Très riches en protéines, elles remplacent avantageusement la viande. Faites à partir de farine de soya, elles se présentent sous forme de granules, de tranches ou de cubes et sont dépourvues de gras et de cholestérol. Et comme elles se présentent sous forme déshydratée, elles se conservent indéfiniment. Avant de les utiliser, faites-les tremper dans l'eau pendant au moins 30 minutes (elles tripleront et même quadrupleront de volume). Disponibles dans les magasins d'aliments naturels.

Riz parfumé au jasmin (thai)

Un riz à grain long qui dégage en cuisant un doux parfum. Lorsqu'il est correctement cuit, le riz devient moelleux sans s'agglutiner. Il est préférable de le faire tremper 15 minutes dans l'équivalent de son volume d'eau multiplié par deux. Disponible dans les supermarchés, les magasins d'aliments naturels et les épiceries asiatiques.

Safran

Une épice précieuse qui a un goût un peu amer et très prononcé. Le safran authentique confère une coloration jaune aux plats. Dans la cuisine arabe, le safran est utilisé dans les desserts et les plats de riz; en Afrique du Nord, avec les viandes et les volailles. Les stigmates de safran doivent être trempés dans l'eau avant d'être utilisés. Disponible dans les supermarchés et les magasins d'aliments naturels.

Sambal oelek

Un condiment originaire de l'Indonésie et qui est fait à partir de piments très forts cuits à la vapeur. Utilisez-le avec parcimonie dans les trempettes et autres plats ou, mieux encore, utilisez-le comme condiment d'accompagnement. Disponible dans les épiceries asiatiques.

Sarrasin et farine de sarrasin

Un membre de la famille des polygonacées. Quoique le sarrasin ne soit pas à proprement parler une céréale, il est utilisé comme tel. On le retrouve dans les supermarchés et les magasins d'aliments naturels; cette céréale de forme triangulaire a une saveur franche de noisette et se cuit comme le riz. Le gruau de sarrasin, que l'on appelle souvent kacha, a un goût encore plus franc de noisette. On se sert de la farine de sarrasin pour faire des crêpes, des quenelles, etc.; comme la farine de sarrasin est dépourvue de gluten, elle doit toujours être mélangée avec une autre farine pour la cuisson de pains et de pâtisseries.

Sauce chili asiatique

Un condiment piquant fait à partir de piments forts, de sucre et de vinaigre. On l'utilise à table pour rehausser la saveur des plats. On la trouve dans les épiceries asiatiques.

Sauce de poisson asiatique

Un condiment salé avec un goût de poisson et une saveur très caractéristique. Ne pas confondre avec le fumet de poisson. Elle remplace la sauce soya dans plusieurs plats d'origine asiatique. On la trouve dans les épiceries asiatiques.

Sauce soya

Une sauce riche et aromatique faite à partir d'extrait de haricots de soya fermentés. Selon le type de sauce, elle est en partie fermentée, avec du riz ou du blé. Les versions bas de gamme contiennent du sucre, du sel, des arômes artificiels, des colorants, etc. La sauce soya foncée des Chinois a un goût très prononcé tandis que celle des Japonais est moins salée et plus légère. Une vaste sélection est offerte dans les épiceries asiatiques, mais on la retrouve aussi dans les supermarchés.

Sirop d'érable

Originaire du Canada et de la Nouvelle-Angleterre, le sirop d'érable provient de la sève de l'arbre du même nom. Le sirop d'érable a un goût très fin et est un bon substitut du sucre. La plupart du temps, le sirop d'érable sert à napper les crêpes, mais il est également apprécié dans les vinaigrettes, les marinades, les glaçages et la pâtisserie. On le retrouve dans la plupart des supermarchés.

Son d'avoine

Le son d'avoine est particulièrement riche en fibres solubles, qui aident à abaisser le taux de cholestérol. Disponible dans les supermarchés et les magasins d'aliments naturels.

Sparts

Ce sont de petites sardines allemandes qui sont vendues la plupart du temps en conserve. Les plus connues sont les sparts de Kiel qu'on retrouve dans les épiceries fines.

Tofu

Fait à partir de lait de soya coagulé puis compressé, le tofu est la source de protéines la plus importante en Asie. Cet aliment sans goût particulier et complètement dépourvu de cholestérol est vendu sous plusieurs formes – marinée, épicée ou fumée. Il prend le goût des ingrédients avec lesquels il est cuisiné. On peut l'utiliser pour préparer des desserts tout comme des plats épicés. Le tofu s'apprête de mille et une façons. On peut le griller, le frire ou le sauter. Disponible dans les magasins d'aliments naturels et les épiceries asiatiques.

Tofu souple

Contrairement au tofu ferme, le tofu souple n'est pas compressé, mais brassé une seule fois après que les haricots de soya se soient coagulés. La texture est semblable à celle de la crème sûre. Le tofu souple est utilisé dans la préparation de sauces crémeuses, de vinaigrettes et de desserts, ou encore, comme substitut au yogourt. Disponible dans les magasins d'aliments naturels et dans les épiceries asiatiques.

Vinaigre

Un excellent condiment et agent de conservation. Il en existe plusieurs. En voici quelques-uns :

Vinaigre d'estragon : Il se marie bien avec les poissons, les sauces légères, les salades de pommes de terre, les salades de tomates, etc.

Vinaigre de citron : Un vinaigre de vin blanc aromatisé au citron.

Vinaigre de vin blanc : Avec sa saveur intense et fine, le vinaigre de vin blanc doit être utilisé avec parcimonie. Il se marie bien avec le poisson et la volaille.

Vinaigre balsamique, rouge ou blanc
Un vinaigre épicé un peu amer qui provient du jus non fermenté des raisins blancs Trebbiano, quoique d'autres cépages soient quelquefois utilisés. L'authentique aceto balsamico tradizionale di Modena est brun foncé et possède un goût corsé. Comme le bon vin, le vinaigre est entreposé successivement durant plusieurs années dans des fûts de chêne, de merisier, de frêne puis de mûrier. Ce long processus en fait un produit de luxe très coûteux. Aujourd'hui, on le produit plus rapidement et à moindre coût. On le retrouve dans la plupart des supermarchés. Le blanc est plus doux que le rouge.

Index

Index des sujets

Index des valeurs nutritives

Grâce aux symboles suivants, vous serez en mesure de calculer d'un seul coup d'œil les quantités de gras et de fibres contenus dans une portion.

Gras par portion			Fibres par portion		
jusqu'à	3 g	–	jusqu'à	2 g	–
	4–6 g	●		2–4 g	●
	7–9 g	●●		5–7 g	●●
	10–14 g	●●●		8 g et plus	●●●
	15–19 g	+			
	20–29 g	++			
	30–39 g	+++			

Les niveaux de température d'un four au gaz varient d'une cuisinière à l'autre. Veuillez consulter le livret d'instruction du manufacturier pour déterminer les niveaux de chaleur qui correspondent à ceux qui sont proposés.

Abréviations
c.à t. : cuillerée à thé
c. à s. : cuillerée à soupe

Préface

Docteur Werner O. Richter, directeur de l'Institut für Fettstoffwechel und Hämorheologie à Winden, près de Munich, est une sommité dans le domaine de la nutrition et des anomalies du métabolisme des lipides. Depuis 1987, il donne des conférences sur la saine alimentation et les maladies lipidiques à l'Université Ludwig Maximillian, à Munich. Il dirige une étude expérimentale sur les gras alimentaires à la Société allemande des sciences lipidiques; il est à la tête d'une étude portant sur l'hyperlipidémie à l'Association professionnelle des médecins spécialistes de l'alimentation. De plus, il est rédacteur en chef du journal Lipid Report.

Les auteurs des recettes

Angelika Ilies

Originaire de Hambourg, Angelika Ilies habite présentement près de Francfort. Elle débute sa carrière comme rédactrice gastronomique immédiatement après avoir terminé ses études en sciences ménagères et nutritionnelles. Elle a travaillé pour un éditeur de renom à Londres avant de revenir définitivement en Allemagne où elle signe une rubrique de recettes pour l'une des plus prestigieuses revues des arts de la table de l'Allemagne. Depuis 1989, elle poursuit sa carrière comme auteur et conceptrice de recettes à la pige.

Doris Muliar

Autrichienne de naissance, Doris Muliar est bien connue dans le milieu de la radio, de la télévision et de l'édition depuis 1985; elle a écrit plusieurs livres sur la santé et la bonne forme physique. Depuis quelques années, elle s'affaire à développer de nouvelles recettes santé, faciles à réaliser. Doris Muliar habite et travaille dans la ville de Cologne.

Edita Pospisil

Nutritionniste de formation, Edita Pospisil se spécialise dans les troubles liés à l'alimentation ainsi que leur prévention et leur traitement par les seules vertus de l'alimentation. Elle sait traduire en mots clairs les dernières avancées scientifiques sur des sujets comme le diabète, l'hypertension et les anomalies du métabolisme lipidique. Son expertise a été précieuse pour la rédaction et l'évaluation des recettes contenues dans ce livre.

Photographe styliste

Michael Brauner

Fraîchement diplômé de l'École de photographie de Berlin, Michael Brauner a travaillé comme assistant de plusieurs photographes renommés en France et en Allemagne avant de voler de ses propres ailes en 1984. Son style unique est très apprécié dans le milieu de la publicité et de l'édition.